JN098247

イノベーション入門

基 礎 か ら 実 践 ま で

具 承桓・森永 泰史 著
SEUNGHWAN KU YASUFUMI MORINAGA

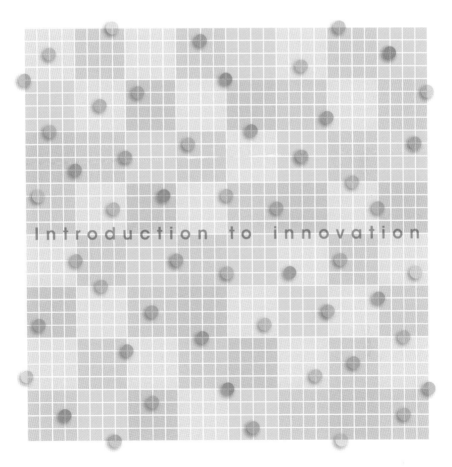

Introduction to innovation

新世社

はしがき

　今日以上にイノベーションが話題に上る時代はなかったと思われます。環境の変化の激しさと不確実性が増す中，企業は「イノベーション」抜きでは，戦略の策定・実行，組織づくり，マーケティングなどを考えることが難しい時代になりました。国家や地方政府にとっても，将来の成長の糧を得るために，イノベーションが政策の柱になっています。

　目覚ましい技術進歩と技術競争の時代に，イノベーションについて理解し，実践的なソリューションを見出すことは，もはや「選択」ではなく「必須」であるといえます。そのため，イノベーションの種をどのように生み出し，育てていくかというイノベーション・マネジメント論への関心が高まり，経営学の中でそれを学びたいと思う人や，学ばなければならない人が増えつつある状況は自然な流れといえるでしょう。

　ところが，イノベーション・マネジメント論という分野は，経営学の戦略論や組織論をはじめ，マーケティング，ファイナンス，企業論，技術史，人的資源管理などの様々な分野と関係しています。また，イノベーションの主体は企業組織だけでなく，国家，起業家，消費者など多様であるため，経済学，心理学，社会学，科学哲学，政策論などの分野とも深く関係しています。その結果，一般的なテキストではどうしても，多様な分野の多彩なテーマをすべて盛り込もうとする傾向にあります。

　しかしながら，そのような多様な内容を網羅的に，また複合的な視点から理解することは，それほど容易ではありません。また，前述したように，イノベーション・マネジメント論への高い関心とその学びの重要性を考えれば，経営学を学ぶ初期から，その学習機会があればと感じる人も多いはずですが，初学者や専門分野外の人々がイノベーションを学ぼうとしても，適切なレベルのテキストが少ないのが現状です。

以上のような問題意識から，本書は，初学者や大学の1・2年生に向けて，イノベーションやそのマネジメントを理解するのに必要不可欠な基礎概念やフレームワーク，考え方などを厳選し，執筆しています。

本書は，Ⅲ部構成になっています。第Ⅰ部では「イノベーションの原理を理解する」をテーマに，イノベーション・マネジメントの基礎的な諸概念や考え方，フレームワーク，マネジメント要素などについて整理し，解説します。第Ⅱ部では「イノベーションを具現化する」をテーマに，イノベーションを具現化しようとする際に，組織が直面する問題や阻害要因，陥りやすい罠などについて解説します。第Ⅲ部では「これからのイノベーションに向けて」をテーマに，現在，日本企業が抱えている問題や弱点を踏まえつつ，今後のイノベーションの方策について考えます。より具体的には，イノベーション・マネジメントに関する最新理論や新しい視点，デジタル化をめぐる諸問題や新興国の動向，国家イノベーションシステム，さらには，近年イノベーションの現場で注目を浴びているデザイン・マネジメントなどについて解説しています。

最後になりますが，本書の企画を引き受けてくださった新世社に感謝いたします。また，編集を担当して頂いた御園生晴彦・菅野翔太氏のご尽力がなければ，本書が世に出ることはなかったといっても過言ではありません。この場を借りて深く御礼を申し上げます。さらに，原稿に目を通して適切なコメントをくださった，京都産業大学大学院マネジメント研究科の李博文氏，程思量氏，鄭北辰氏にも謝意を表します。

企業の将来や日本の将来はイノベーションにかかっているといっても過言ではありません。本書が一人でも多くの読者を，イノベーション・マネジメントの学びの入り口に誘うことができれば，この上ない喜びです。

2021年9月　京都市　神山研究室にて

具　承桓・森永　泰史

目　次

第Ⅰ部　イノベーションの原理を理解する

第1章　イノベーションとは　　*2*

1.1　今はイノベーションの大流行時代？ ……………………………… *2*

1.2　イノベーションとは ……………………………………………… *4*

1.3　新結合の例 ………………………………………………………… *7*

1.4　イノベーションのインパクト …………………………………… *8*

1.5　なぜ，今イノベーション・マネジメントを勉強すべきか ……… *12*

1.6　イノベーション・マネジメント論の範囲と対象 ……………… *15*

第2章　イノベーションのパターン　　*18*

2.1　イノベーションのパターンと分類の意義 ……………………… *18*

2.2　イノベーションのパターン(1)：
　　製品，サービス，プロセス・イノベーション ………………… *19*

2.3　技術の革新性と市場の革新性による
　　イノベーション・パターン ……………………………………… *25*

2.4　技術と市場の相互作用 …………………………………………… *31*

2.5　アーキテクチャル・イノベーション
　　（architectural innovation） …………………………………… *35*

2.6　その他のイノベーション ………………………………………… *37*

第 3 章　イノベーションの普及プロセスと浸透　　*41*

3.1　社会における製品やサービスの普及 …………………………… *41*

3.2　イノベーションの普及プロセス ………………………………… *43*

3.3　普及要因 …………………………………………………………… *47*

3.4　キャズム：ハイテック産業の普及曲線 ……………………… *55*

第 4 章　技術革新のプロセス　　*60*

4.1　イノベーションのダイナミズム ……………………………… *60*

4.2　研究開発と技術進歩の軌跡：S 字曲線 ……………………… *64*

4.3　製品イノベーションと
　　プロセス・イノベーション：A-U モデル ………………… *70*

第Ⅱ部　イノベーションを具現化する

第 5 章　イノベーションの公式　　*80*

5.1　イノベーションの公式 ………………………………………… *80*

5.2　各要素のトリセツ ……………………………………………… *82*

5.3　イノベーション活動に見られる 3 つの特徴 ……………… *88*

第 6 章　アイデアを製品化する難しさ　　*95*

6.1　資源動員の難しさの原因 ……………………………………… *95*

6.2　社内説得の 3 つの方法 ………………………………………… *96*

6.3　資源の多い方が有利か，資源の少ない方が有利か？ ……… *100*

6.4　シリアルイノベーター …………………………………………… *104*

目
次

第7章 〈イノベーションを持続させることの難しさ⑴〉
人間は一度登ると降りられない生き物   109

7.1 人間の厄介な習性 ················ 109

7.2 一度登ると降りられない習性がもたらす弊害 ····· 114

7.3 成功は失敗のもと ················ 120

7.4 例外としてのすみ分け ·············· 121

第8章 〈イノベーションを持続させることの難しさ⑵〉
人間は自らの意思だけでは自由に動けない生き物   125

8.1 企業の行動は顧客の声に縛られる ········ 125

8.2 ジレンマ克服のための処方箋 ·········· 135

第9章 〈イノベーションを持続させることの難しさ⑶〉
人間は目が曇る生き物   140

9.1 "偏り"を引き起こす代表的な5つの要因 ····· 140

9.2 目の曇りを防ぐ方法 ··············· 147

第10章 イノベーションの原動力＝偶然×意図×蓄積   155

10.1 セレンディピティとは何か？ ·········· 155

10.2 イノベーションは偶然と意図のつづら折り ···· 156

10.3 偶然がもたらすイノベーション ········· 157

10.4 イノベーションは更地には生まれない ······ 164

第Ⅲ部　これからのイノベーションに向けて

第11章　イノベーション推進における新たな視点
—「協調」と「環境」—　　*172*

11.1　競争から協調の視点へのシフト ……………………………… *173*

11.2　エコシステム ……………………………………………………… *178*

11.3　オープン・イノベーション：
　　　イノベーションの手法のシフト …………………………… *182*

11.4　イノベーション・システム ………………………………… *186*

第12章　デジタル情報技術の波と新たな動き　　*194*

12.1　デジタル情報技術時代とビジネス変革 ………………… *195*

12.2　デジタル情報技術がもたらすビジネス変革 ………… *200*

12.3　デジタル・トランスフォーメーション ………………… *205*

12.4　残された課題 …………………………………………………… *212*

第13章　デザインとイノベーション　　*215*

13.1　デザインとイノベーションの関わりは古い ………… *215*

13.2　関わり方は様々 ………………………………………………… *217*

13.3　デザイナーとイノベーションの関わり ………………… *221*

13.4　デザイナーはビジネスの加速装置 ……………………… *226*

参 考 文 献 ………………………………………………………………… *230*

索　　引 …………………………………………………………………… *240*

第Ⅰ部

イノベーションの原理を理解する

1 イノベーションとは

今日は「イノベーション」大流行の時代です。新聞や TV, メディアでは, ほぼ毎日「〇〇イノベーション」という言葉が用いられています。実際に, 毎日新しい製品やサービスが登場しており, われわれは, それらの新しい使い方や, サービスの新しい利用法などを何気なく体験しながら使っています。さらには, こうしたものや変化は, これまでの生活様式や意識も変えていきます。

本章では, 「イノベーション」とは何か, またその本質とは何かについて説明します。さらに, イノベーションがもたらすインパクトについて概観した上で, イノベーション・マネジメント論を学ぶ意義とその範囲について考えます。

★ Key Words

イノベーション, シュムペーター, 新結合, イノベーションの対象, マネジメント対象としてのイノベーション

1.1 今はイノベーションの大流行時代？

われわれが生活している今日は, 「イノベーションの時代」と呼んでも過言ではありません。「イノベーション」という語をグーグルで検索してみると, 約 7070 件がヒットします（2021 年 5 月検索）。同じく英語で検索すると, 日本語検索件数よりも多い, 20 億件を超えるものがヒットします。皆さんが検索する時には, これよりもはるかに多い数がヒットするのでしょう。このことは何を意味するのでしょうか。少なくとも「イノベーション」は多くの人が関

心を寄せているものであり，話題になっているということでしょう。そのためなのか，多様なメディアで，「○○イノベーション」という表現で使われており，日常生活と企業活動の中でも「イノベーション」という言葉は浸透しています。

　今から20年前（2000年頃）と比べれば，われわれの日常生活は大きく変わったことを簡単に感じられます。例えば，買い物や店の予約に気軽にパーソナル・コンピュータ（PC）やスマートフォンを使ったり，旅行先の観光名所，ホテルやレストランなどについて，見知らぬ他人から提供された写真，評価や感想を参考にして計画を立てたり，予算を見積もったりすることが普通にできるようになりました。また，映画をインターネット接続の大画面テレビで見たり，電車で移動中に無料の配信ゲームを楽しんだりしています。こうした利便性はイノベーションの成果であるわけですが，もはや私たちはそれらがイノベーションの恩恵ということをあまり意識していません。もちろん，年齢によってはその新しさに困惑する人もいますが，世の中はどんどん新しい変化へと突き進んでおり，人々はより新しいイノベーションに関心を寄せています。

　イノベーションは消費者のみならず，サービスや商品を提供する様々な企業にとっても，重要なテーマになっています。それは会社のキャッチフレーズなどによく表れています。例えば，東芝は「Leading Innovation」を，富士フイルムホールディングスは「Value From Innovation」を，第一三共は「イノベーションに情熱を。ひとに思いやりを」を，京セラは「The New Value Frontier」を掲げ，テレビCMなどに出しています。直接「イノベーション」という言葉は用いていないものの，イノベーションを連想させるような言葉を使っている企業が少なくありません。このように，現在の企業は自社が「イノベーション」に積極的であることや，イノベーションのリーダー的存在であることを消費者にアピールしようとしていることが読み取れます。実際に，社会はイノベーションに積極的に取り組んでいるのはどの企業なのか，高い関心を寄せています[1]。

---

1 2005年より，世界トップクラスのコンサルティング企業，ボストン・コンサルティング・グループ（BCG）が作成，公表するMost Innovative Companiesが代表的なもので，ここでは世界で最もイノベーション活動が活発な企業50社をランキングして毎年発表しています。2021年度ランキングはhttps://web-assets.bcg.com/eb/93/cfbea005442482b0adc64b9f499f/bcg-most-innovative-companies-2021-apr-2021-r.pdfで，また，ここ15年間の最も革新的な企業のランキング変化はhttps://www.bcg.com/publications/most-innovative-companies-historical-rankingsで確認できます。

　一方，イノベーションはその主体の一つである企業だけの関心事ではありません。政府や官庁，地方公共団体などの政策サイドも，イノベーションに高い関心を寄せています。そして，重要な政策の一つとして位置づけて，その活性化を図っています。なぜならイノベーションは，その影響によっては，制度や社会システム，雇用政策，さらには国家競争力まで大きな影響を与えるからです。そのため，多くの国はイノベーションを奨励しており，何らかの形でイノベーションを促す施策を講じています。

1.2　イノベーションとは

　イノベーションとは何でしょうか。実にイノベーションは多様な場面で多様な形で使われています。これからイノベーションを正しく理解し，その重要性を認識するため，まず，その言葉や概念から考えていくことにしましょう。

　innovation の語源はラテン語の「innovare」です。この中で「nov」は英語の「new（新しい）」を意味します。何か新しいことが起こる，あるいは新しいことをやるという意味合いが内包されています。オックスフォード現代英英辞典（*Oxford Learner's Dictionaries*）で，innovation を引いてみると，下記のように書かれています。

・the introduction of new things, ideas or ways of doing something
・a new idea, way of doing something, etc. that has been introduced or discovered

　この説明から分かるように，イノベーションとは，「何かをする際，新しいものや新しいアイデア，新しい方法を導入すること」を指します。

　「イノベーション」という概念が広く知られるようになったのは，オーストリア・ハンガリー帝国のモラヴィア（現在のチェコ東部）に生まれ，後年米国に渡った経済学者シュムペーター（Joseph Alois Schumpeter：1883～1950）の著書 *Theorie Der Wirtschaftliche Entwicklung*[2]（『経済発展の理論』）によるとこ

ろが大きいといえるでしょう。今から百年以上も前の1912年に刊行されたこの本の中で、彼は経済成長の原動力は、「イノベーション」とイノベーションにより経済成長をけん引する「起業家精神」にあるとしました。このようなシュムペーターの着想はどのような背景から生まれたのでしょうか。

19世紀末〜20世紀前半の時期は、様々な領域にわたる科学地域や技術進歩が目覚ましく発展していた時代でした。新しい発明品や新製品の商業化を目指す企業が多く生まれ、人々はそうした新しいものに大きく魅了されました。電気、高層ビル（摩天楼）、道路、鉄道などの新しい社会インフラも拡大し、街や社会の風貌は一変しました。それ以外にも発電機、蓄音機、電話、ラジオ、自転車、自動車、冷凍食品、電灯、ミシンなどの消費財に加え、戦争の最中から航空機、潜水艦、戦艦、毒ガス等々が生まれました。大量生産と大量消費を軸とする資本主義の矛盾と葛藤が露呈され、景気循環に続き、かつてなかった世界大恐慌が起こった時代でした。こうした時代背景に、多くの経済学者は資本主義の発展メカニズムや問題点について究明する作業に取りかかっていました。シュムペーターの目に映った20世紀前半の風景は、イノベーションに形づくられたものだったと思われます。

シュムペーターは、微分的（連続的）な歩みではなく、「新結合（new combination）」による非連続的変化が「創造的破壊（creative deconstruction）」[3]を引き起こし、新たな経済発展や経済循環をけん引するのだと主張しました。彼は、「郵便馬車をいくら連結してもけして鉄道にはならない」[4] といっていますが、この言葉はイノベーションの「非連続性」を象徴するものといえるでしょう。すなわち、蒸気機関車が現れる前の中心的な交通手段であった馬車をいくらつないでも、新しい動力源である蒸気機関を積んだ蒸気機関車のスピードや輸送能力には敵いません。蒸気機関車は馬車の改良品ではなく、従来とは

---

2 本書は1926年に第2版が出版され、1977年にその日本語訳が出版されました（『経済発展の理論：企業者利潤・資本・信用・利子および景気の回転に関する一研究』塩野谷祐一・中山伊知郎・東畑精一訳（岩波文庫））。本書においてはじめてイノベーションに関する概念と機能が言及されました。
3 シュムペーターはこの「新結合」という概念を、1942年に刊行した *Capitalism, Socialism, and Democracy*（『資本主義・社会主義・民主主義』中山伊知郎・東畑精一訳（東洋経済新報社、1962年：第3版の訳））の中において提唱しました。
4 シュムペーター、J.『経済発展の理論（上）』塩野谷祐一・東畑精一・中山伊知郎訳（岩波文庫、1977年）p. 180。

全く異なる種の製品または技術であり，それが「非連続的な変化」を生んでいるのです。

　シュムペーターは，イノベーションの本質を「新結合」として捉えていますが，その中身について見てみましょう。新結合には次のような5つの場合があります[5]。

- ・新しい財貨の生産：消費者の間でまだ知られていない財貨，あるいは新しい品質の財貨の生産で，製品や（原）材料，設備，道具などをターゲットにした「製品イノベーション（プロダクトイノベーション）」ということができます。
- ・新しい生産方法の導入：これまでとられなかった未知の生産方式の導入ですが，科学的な新しい発見に基づく必要はなく，また商品の商業的取り扱いに関する新しい方法をも含んでいます。これは，製品やモノを造る過程，生産手法や工法に関する「工程イノベーション（プロセスイノベーション）」ということができます。
- ・新しい販路の開拓：当該国の当該産業部門が従来参加していなかった市場を開拓することで，新しい市場や顧客層を開拓する「市場イノベーション（マーケットイノベーション）」ということができます。
- ・原料あるいは半製品の新しい供給源の獲得：ある製品の製造のために画期的な部品や材料の発見と採用（マテリアルイノベーション），その供給源を得ることで，既存の供給先（取引先）から新しい供給先を模索，代替する「サプライチェーンイノベーション」ということができます。
- ・新しい組織の実現：独立的地位の形成，あるいは独占の打破をすることで，組織を変える様々な活動である「組織イノベーション（システムイノベーション）」ということができます。

　イノベーションから，「新しい製品」だけを連想するかもしれませんが，この定義から分かるようにイノベーションの範囲はそれだけではありません。ある技術とある技術の新しい結合・融合による製品の企画，生産，流通，販売ま

---

5 シュムペーター（1977）pp. 180-183。なお，次章において各イノベーションについて詳説します。

でに至るプロセス，すなわち製品開発プロセスとビジネスの展開や遂行，さらにそれを行う組織などもイノベーションの範囲となります[6]。経営学では，こうした広義の意味でイノベーションを捉えることが多くあります。

1.3　新結合の例

　前述したように，イノベーションの本質は「新結合」です。新結合とは，あるモノとあるモノを，またはあるコトとあるコトをつなぎ，これまでとは違う，新しい価値を生み出し，新しいニーズを創出，あるいは潜在的なニーズを実現することです。

　回転寿司を例にとってみましょう（伊丹，2015）。日本が誇る食，寿司。本来，寿司は寿司職人に寿司のネタを注文し，握られた寿司をカウンターやテーブル席に座って食べるというものでした。ここに，工場や倉庫でものを自動的に運ぶベルトコンベアーを融合してできたものが「回転寿司」です。カウンターやテーブルの横に配置できるようにベルトコンベアーを小型化し，寿司屋にベルトコンベアーを「結合」したことで，顧客は自分の席に座り，流れている寿司を見ながら自分が選んで食べられ，勘定も簡単にできる仕組みが生まれました。こうした新しい結合によって創造された回転寿司は，日本人だけではなく，外国人にも好評で，楽しい日本食という価値を生み出すことになりました。

　このような観点から考えると，多様な新結合の事例を取り上げることができます。

　例えば，近年増えている，QB ハウスや 3QCUT のような低価格理容店は，「散髪」という基本機能に「ファストフード店の運営ノウハウ」を結合することで生まれたものです。すなわち，理容店の本質的な機能である「カット」のみを提供する形として，店舗を駅や商業施設の中に立地し[7]，自動販売機の導

6　イノベーションはよく「技術革新」という意味で捉えられていましたが，2000 年代に入ってからは，「生産技術の革新・新機軸だけでなく，新商品の導入，新市場・新資源の開拓，新しい経営組織の形成などを含む概念」という，広義の概念として使われるようになりました。広辞苑でもこのことが反映されています。『広辞苑（第 7 版）』は，イノベーションを「刷新。革新。新機軸。」に加えて，「生産技術の革新・新機軸のほか，新商品の開発，新市場・新資源の開拓，新しい経営組織の形成などを含む概念」「日本では狭く技術革新の意に用いることもある」と定義しています。

入により効率化を図ることで，1000円理容店を実現することができたのです。

　また，電子メールを考えてみると，従来の「手紙」にインターネット通信環境技術が結合されたものです。スマートフォンは，電子メールやカメラ，パーソナルコンピュータのインターネット機能などを携帯電話（通称，ガラケー）に結合し，創造された製品です。

　このように，イノベーションの本質である「新結合」は多様な分野の技術知識やモノやコトの新たな組み合わせによって実現されます。実際のところ，われわれが何気なく使ったり，接したりしている道具や機器，モノやサービス，乗り物，コミュニケーション手段や，社会インフラなどの多くは，ある特定の領域に属した特定の知識や技術だけで成り立っているものは少なく，異分野または多様な領域の知識や技術，ノウハウ，方法，材料などの新しい結合によって生まれたものが大半といえます。

1.4　イノベーションのインパクト

　イノベーションが経済発展の動因であることを理解することはそれほど難しくないでしょう。2007年，アップルによって世に出たスマートフォン。当初，0台だったものが，今は年間約13〜15億台が生産される産業にまで成長しました。（2021年現在世界のスマートフォン利用者数は60億を超えています[8]。）スマートフォンの登場は，アプリ開発企業や関連部品産業の発展を促すだけではなく，ケースのようなアクセサリを生産する企業の出現も促しました。その意味で，イノベーションは新しい市場を創造し，関連産業の発展とそれに伴う雇用を生み出し，経済発展をけん引しました。

　ところが，イノベーションの影響は経済発展に寄与するだけではありません。そのインパクトは，新たな製品やサービスの創出だけではなく，主な供給者である企業側と消費者（需要側），さらには社会，制度，生活様式，労働のあり方，

---

[7] QBハウスは，そうした場所で店をあえてトイレの前に置いています。簡易な散髪と割り切る客にはあまり問題にならないと判断し，安いテナント料でコストを低減しているのです。

[8] https://www.statista.com/statistics/330695/number-of-smartphone-users-worldwide/ （2021年6月1日閲覧）

教育内容のあり方などにまで多大な影響を与えます。以下では分野ごとに例を挙げて，イノベーションのインパクトについて考えてみましょう。

1.4.1　通信技術のイノベーションのインパクト

　古代から現代に至るまでのコミュニケーション手段を振り返ると，1990年代以降において，それまでなかった急速で大きな変化があったことに気付きます。

　近世では，煙や音，光，旗などを用いて意思相通を図りましたが，産業革命以後は都市化が進む中，郵便，電信，電報，電話というように通信手段が進化してきました。これらのアナログ通信技術の発展は，多くの情報を速く正確に伝達することを実現しました。

　しかし近年の通信技術のデジタル化は，人々のコミュニケーションそのものを大きく様変わりさせました。インターネット，パーソナルコンピュータ（PC）やスマートフォンの登場が電子メールやビデオ通話，SNS（Social Networking Service），動画などの新しいコミュニケーションの形を生み出したのです。従来の手段や方法を新しい媒体が代替し，時間的・空間的な制約やコストの影響をあまり受けず，より多くの情報を友達や家族，知人と共有できるようになったのです。また，デジタル化は，「テレワーク」と呼ばれる在宅勤務や遠隔勤務なども実現させました。

　さらに，スマートフォンは個人のコミュニケーション手段でありながら，個人を特定するものになり，電子決済の手段にもなっています。そしてSNSに，検索していたものやサービスに焦点を絞った広告が出る手法がマーケティングに採用され，従来の広告方法やビジネスのあり方も変えるようになりました。

　このように，通信技術におけるイノベーションは通信手段や媒体の進化や代替に止まらず，コミュニケーションのあり方自体を変え，やり取りする情報の量や質に飛躍的な進化をもたらしたのです。

1.4.2 交通・積載手段のイノベーションのインパクト

　人間は，交易や商業の拡大を通じて豊かになってきました。その際に繁栄の鍵として役割を担ったのは，交通・移動手段の発展です。馬や牛などの家畜，馬車や小さな木造船が，蒸気機関の発明以後，鉄道，蒸気船，気球，さらには自動車，ジェット機，大型コンテナ船などへと変わってきました。より多くのひとやモノを，より速く，より安全に，より遠くまで運べる手段に変化してきたのです。その背後には，イノベーションによる動力源・エネルギー源の代替や効率化がありました。また，移動に欠かせない航法技術についてもレーダーや GPS というイノベーションがありました。そして，冷凍や冷蔵技術の進化と輸送手段の革新は，より遠くまで鮮度の高いものを届けられることで，市場を拡大する効果を生み出し，商品の大量生産を促すことになりました。

　あまり顧みられませんが，荷物を運ぶ「容器」の変化も大きなインパクトを与えました。すなわち，物流における 20 世紀最大のイノベーションともいえるコンテナ（container）です。コンテナの誕生[9] は荷物の積載や運搬をより容易にできるようにしただけではなく，物流そのものを一変させました。国際的に規格化された箱の中に積み荷を収納するコンテナは，船・鉄道・自動車など輸送手段間の積み荷の積み替えプロセスを省略し，運輸業の形態を大幅に変革しました。そしてコンテナ専用船とコンテナ専用の港湾施設は大量で効率的な輸送を可能にし，コンテナは世界の貿易量の拡大に貢献したのです。

　このように，輸送手段のイノベーションは，動力源の発明と代替による，乗り物の進化だけではなく，市場の範囲の拡大，かつ，取り扱える商品群の拡大を促し，その結果，生産者の生産システムの変化にも連鎖的な影響を与えました。

9　コンテナ（海上コンテナ）は，陸運業に大きな成功を収めた米国のマルコム・マクリーン（Malcolm Purcell McLean）によって考案されました。1956 年 4 月，世界で初めて米国のニューヨークからヒューストンまで，58 個のコンテナを積んだ海運輸送が始まりました。その後，コンテナ輸送は 20 世紀最大の発明品といわれるようになりました。というのも，海運，港，造船，トラックなど多くの産業を一変させる同時に，世界貿易の飛躍的な発展を促す土台となりました（Levinson, 2006）。

1.4.3 流通イノベーションのインパクト

消費者の買い物は，卸小売業の形態の変化と共に画期的に変わりました。すなわち1960〜70年代にかけてスーパーマーケットやコンビニエンスストアなどが登場し，小売業において大きな流通革命がありました。

しかし近年，実店舗を持たない電子商取引（e-commerce）が盛んになっており，無人コンビニ（例：Amazon Go）の運営も始まっています。また，消費者はインターネットを介して商品の画像や動画，投稿された評価を見ることができ，いつでもどこからでも，簡単に欲しい商品を注文することができます。同じくインターネットによって，ホテルやレストラン，航空券，タクシーなどの予約も簡単にでき，利用した後にその評価を発信することもできます。

また，電子マネーの登場により決済手段が現金だけではなくなり，利便性が向上しました。これには決済を取り巻く制度の整備が必要でした。技術発展の成果の応用の具現化には，制度の変更の必要性があります。（例えば，生命工学分野における技術や新薬の開発などは特にそうであるといえます。）

こうした新しい取引形態の登場により，従来とは異なる企業が既存の小売業の市場地位を脅かすようになりました。世界最大のスーパーマーケットチェーンであるウォルマートを電子商取引のアマゾンが猛追しているのです。このような新しい企業の競争力の背景には，インターネットや移動通信技術を活用したビジネスモデルの構築があります。

1.4.4 イノベーションを学ぶための整理

イノベーションがもたらすインパクトとその影響の連鎖についての例を紹介してきましたが，整理すると，それらは3つの側面があります。

- 製品やサービスへのインパクト：製品やサービスのイノベーションは，新しいニーズの発見とそれに対応するビジネスの展開によって事業化されます。そして，従来とは異なる新結合によって生まれる製品やサービスによって新しい市場が立ち上がり，その市場が徐々に精緻化していきます。

その過程において，その製品やサービスに直接関わる技術だけではなく，関連の技術開発が刺激され，さらなるイノベーションが促されます。

・産業へのインパクト：イノベーションによって創出された市場が大きくなれば，当該ビジネスに参加する企業も多くなり，新しい産業が形成されます。従来の産業がこの新産業に代替され，新産業が経済成長のけん引役になります。新産業の誕生は新しい職種や雇用を生み出します。既存産業からの労働力移動が起こり，同時に労働者に求められる技能や知識も変わることになります。そのため，教育機関に求められる教育内容が見直されるようになります。

・社会や生活へのインパクト：新しい利便性や機能は，従来の利便性や効率性の向上と共に，われわれの生活様式に変化を促します。その結果として，消費者の行動や習慣，社会システムや制度，法律，規範，意識，価値観などに変化がもたらされます。

次章からは，この3つの側面を念頭に，イノベーションにおける戦略と組織を考えていきます。

1.5 なぜ，今イノベーション・マネジメントを勉強すべきか

1.5.1 日本と日本企業の立ち位置

これまで説明したイノベーションのメリットから，今日なぜイノベーションが重要なのかが理解できると思います。

グローバル経済時代と呼ばれる今日，日本あるいは日本企業の国際競争力の低下が懸念されています。スイスのローザンヌに拠点を置く IMD（International Institute for Management Development）が，毎年「世界競争力年鑑（World Competitiveness Yearbook）」を作成し，国家競争力を発表しています。経済パフォーマンス（economic performance），政府の効率性（governance efficiency），ビジネスの効率性（business efficiency），インフラ（infrastructure）

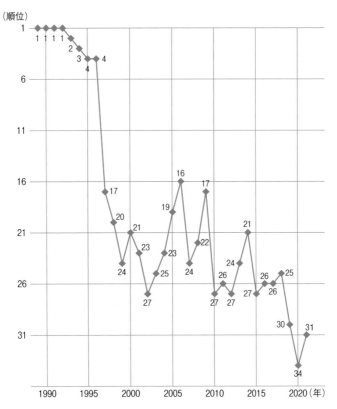

出所：IMD World Competitiveness Yearbook 各年度より。

図 1.1　IMD の国家別競争力推移（日本）

という 4 つの項目を基準に 235 の経済項目を分析した上で，IMD は各国のランキングを発表します[10]。

　その順位の推移を見ると，日本の場合，年々総合的な評価において順位を落としています（図 1.1）。最初の発表の時（日本経済はバブル期），世界 1 位でしたが，1997 年より順位が下落し，2000 年代には 16 位〜27 位の中で変動し，

---

10 IMD World Competitiveness Center。https://www.imd.org/wcc/world-competitiveness-center/。4 つの項目の小分類として，経済パフォーマンスには国内経済，国際貿易，国際投資，雇用，物価を，政府効率性には財政，租税対策，制度的枠組み，ビジネス法制，社会的分析枠組みを，ビジネス効率性には生産性・効率性，労働市場，金融，経営プラクティス，取り組み・価値観を，インフラには，基礎インフラ，技術インフラ，科学インフラ，健康・環境，教育を含めています。同研究所のもう一つの重要な指標として発表しているのが，World Talent Ranking です。

2015 年に 27 位，2019 年に 30 位，2021 年に 31 位となりました。

　日本企業の競争力を見ても類似な現象が見受けられます。フォーチュン 500 社（Fortune 500)[11] にランクされている企業数の推移を見ると，ランクインしている日本企業の数は減りつつあります。バブル崩壊直後の 1993 年に日本企業がその上位 100 社にランクインした企業は 23 社でしたが[12]，2021 年には 10 社まで減りました。

　一方，1993 年に 100 社の中に 1 社もなかった韓国の場合，2010 年に三星電子，LG，現代自動車の 3 社がランク入りしました。中国の場合，トップ 500 社に 46 社がランキングされ，その成長ぶりが顕著となりました。

　こうした日本企業の競争力が懸念される中，未来の競争力を担う産業，とりわけ人工知能（Artificial Intelligence：AI），ビッグデータ，第 4 次産業革命，自動運転（自律運転）などをめぐる各国や各企業のイノベーション競争が活発になっています。ところが，このイノベーション競争の中において，日本企業の存在感がやや薄まってきているのが懸念されます。

　少子高齢化といった社会環境変化の中，日本社会が抱えている様々な問題を解決しつつ，豊かさの水準を継続的に維持するため，持続的な経済成長と未来の国際競争力を獲得することが必要であり，「イノベーション」が不可欠です。これが今日「イノベーション」に注目し，学ばなければならない理由です。

1.5.2　イノベーション・マネジメントの関心事

　ところが，イノベーションの創造は容易ではなく，様々な諸問題を乗り越えないといけません。イノベーションは，優れた「技術開発」だけでは達成できないのです。また，一人の天才のアイデアや発明品によって実現されるものでもありません。そのため，多くの企業や国などはどのようにすればイノベーションを引き起こし，その果実を獲得できるかについて悩んでいます。

---

11 https://fortune.com/fortune500/2020/search/
12 1993 年を見ると，トヨタ（5 位），日立製作所（6 位），松下電器産業（8 位：現パナソニック），日産（12 位），東芝（20 位），ホンダ（24 位），ソニー（27 位），日本電気（29 位），富士通（36 位），三菱電機（37 位），三菱自動車（41 位），三菱重工業（43 位），新日本製鐵（45 位），マツダ（57 位），日本石油（60 位），キヤノン（69 位），NKK（78 位），ブリヂストン（85 位），三洋電機（95 位），シャープ（96 位），ジャパンエナジー（97 位），いすゞ自動車（98 位），住友金属工業（100 位）の順です。

イノベーション活動やそのプロセスには，多様な科学・技術領域に関する知識とノウハウが必要となります。また，イノベーションの成果が具体的な形や成果物が事業化され，社会に浸透していくプロセスには，知識とノウハウなどを含めて，人的および物的資源，資金の調達が必要となり，そうした資源を動員し，円滑に行われるように資源を配置し，状況を把握しながらマネジメントする必要があります。さらに，そのプロセスは高い不確実性と偶然的な要素も絡む複雑なプロセスです。

そのため，より効率的かつ効果的にイノベーションを活性化するためには，誰が，何を結合し，どのような方法とプロセスで進めていけば良いのか，またそこで直面する問題はどのようなものがあり，どのように克服したら良いのか，等々のマネジメントの課題を解決する必要があります。

こうしたイノベーションの諸活動とプロセスに潜んでいる諸問題，また，共通点と異質性，特徴，因果関係，そのメカニズムなどを学び，求められるイノベーションのマネジメントを探るのが「イノベーション・マネジメント論」です。

1.6 イノベーション・マネジメント論の範囲と対象

単純化による誤解を恐れずいえば，経営学は「戦略論」と「組織論」の分野に分けることができます。これに加えて，ファイナンスとアカウンティング分野があります（これらの2つの分野も戦略論の分野に見なすこともあります）。イノベーション・マネジメント論は，経営戦略論と経営組織論がベースになっています。

イノベーション・マネジメント論では，技術的イノベーション（technological innovation）を効率的かつ効果的に遂行するための一連の活動と，プロセスや，そこに動員・配置される諸資源（ひと，モノ，カネ，情報など）をいかにマネジメントするかという問題を取り扱います。

新しい技術を生み出す活動には，①知識の創造活動（その中核は「研究技術開発」と「製品開発」），②事業化または商業化活動とそのための戦略策定や組

織設計，③外部組織や企業との連携，④これらの諸活動に関わる人的・物的資源の動因，配分，それを進めるプロセスの管理と評価，などが含まれます。経営学においては，こうした活動に戦略論や組織論，ファイナンスの観点からアプローチします。また，市場ニーズの発掘と事業化，イノベーションを促進させるための制度やその成果の一つである特許の管理，知識創造と管理，創造性を生み出す人的資源管理論と組織づくり，研究開発力の評価と資金調達等々の分野も含まれます。

　以上のようにイノベーション・マネジメント論は幅広く展開され，多くの関連分野があります。本書でこれらの分野をすべてカバーすることは，本書の趣旨から外れており，筆者の能力を超えています。

　本書の目指すところは，読者が文系であるか理系であるかにかかわらず，共に自分の分野に埋もれることなく，イノベーションの諸現象を認知し，正しく捉え，理解できるようになるということです。そうした狙いから，本書では，イノベーションにおける基礎概念と枠組み，特にマクロレベルの技術革新の一般的なプロセスを解説することに力点を置きます。その上で，イノベーションを促す組織，妨害要因なども説明し，さらに進んだイノベーション・マネジメント論を議論するための力を養成していきます。

■コラム[1]：技術（technology）・発明（invention）・発見（discovery）

　イノベーションにおいて，最も多く登場する言葉（概念）は「技術（techno-logy）」です。それでは「技術」とは一体何でしょうか。

　「技術」は，実は非常に多義的な概念です。技術とは，「製品・サービスと生産・流通販売システムの開発に利用可能な理論的・実用的知識，スキル，人工物」であり，「ひとやモノ，認知的・物理的プロセス，工場，装置，道具に具現化されうる」ものです。また，技術は，長い時間をかけて体現・蓄積され人に埋め込まれた熟練技能と経験でもあり，そうしたことを文字や動画として記録したマニュアルや仕事の手順，ルーチンなども含めて技術を定義する場合もあります[13]。

　イノベーション・マネジメント論において，最も議論となるのは技術的イノベーション（technological innovation）です。技術的なイノベーションには，電子制御燃料噴射装置，液晶，パソコンなど，技術そのものに基づくものと，電子マネーやインターネットバンキングなど技術によって促進されたサービス，新商品開発などがあります。技術的イノベーションの成功の基準は，技術そのものではなく，商業化です。

　「技術」に関連して使われる言葉に，「発明（invention）」と「発見（discovery）」があります。イノベーションは発明や発見から始まりますが，発明と発見そのものがイノベーションではありません。発明・発見は，偶然的な要素が多いため，計画や予測通りに発生するものでありません。一人の天才によって行われているように見える発明・発見ですが，実はその時の科学のレベルや関連技術とつながり合って生じるものです。発明と発見は，特許などの取得により独占的な権利を得ることができますが，それが商業化の成功を意味しているものではありません。発明や発見から収益（費やした時間と費用からのリターン）を得ることを成功と考えるならば，約10年もしくはそれ以上の時間を要する場合が多く，そこまでにかなりのタイムラグがあるのが一般的です。（Burgelman, Christensen, and Wheelwright (2001) pp. 3-4 を参照。）

---

13 資源ベース戦略論（Resource Based View：RBV）ではこの部分，すなわち暗黙知（tacit knowledge）的な要素が，真の競争力的な要因であるとして強調しています。代表的な著書としては，Barney (1997)，Collis and Montgomery (1998) などが参考になります。

2 イノベーションのパターン

　第1章で述べたように，われわれが生活の中で何気なく使ったり，接したりしているモノやコトは，極論すればほとんど何らかの技術・知識創造を伴ったイノベーションの結果です。このように多様なイノベーションも，着目するポイントによっていくつかに分類することができます。本章では，ある基準ごとにイノベーションのパターンを解説します。イノベーションをこのようにタイプに分けて認識すべき理由は，イノベーションのパターンによってマネジメントやアプローチする方法が異なるからです。産業の特徴やその企業の状況を考慮しつつ，イノベーションを促し，競争力向上を図るためには，こうしたイノベーションのパターンと特徴について理解する必要があるのです。

　本章では，イノベーションのパターンを分類し，それらの革新性について述べます。

★ Key Words

製品イノベーション，プロセスイノベーション，サービスイノベーション，インクリメンタル（漸進的）イノベーション，ラディカル（革新的）イノベーション，連続イノベーション，非連続イノベーション，技術の革新性，市場の革新性，生産性のジレンマ，破壊的（分断的）イノベーション，アーキテクチャルイノベーション

2.1　イノベーションのパターンと分類の意義

　企業が適切なイノベーションを遂行できれば，収益性向上の原動力を創り出

し，企業成長の鍵を手にすることができます。イノベーションのパターンは一種類ではなく，様々あります。自社に適切なイノベーションを起こすためにはどのような組織的な取り組みを行う必要があるか，注意を払うべきマネジメント課題は何か。それを考えるためには，イノベーションのパターンを知る必要があります。

それぞれのイノベーションの特徴とそのインパクトを認識し，理解することは，企業が自社に適したイノベーション戦略を見出し，そのイノベーションに適した組織運営を行うために欠かせません。それは自社が置かれている産業の特徴や自社の状況を考慮した上で，適切なイノベーション活動を遂行するマネジメントの出発点になるのです。

以下では，イノベーションを捉えるいくつかの基準から，イノベーションのパターンを解説していきます。(章末に，本章で解説したイノベーションのパターンの整理図を掲載しています。)

2.2　イノベーションのパターン(1)：製品，サービス，プロセスイノベーション

まず，「何が変化するか」という基準があります。この場合，もっとも一般的なのは「製品」であり，これを「製品イノベーション（product innovation）」といいます。近年では製品だけではなく，「サービス」における変化に着目した「サービスイノベーション（service innovation）」もあります。また，企画から様々な生産プロセスを経て，多様な輸送手段に積載・運搬され，販売店または顧客にまで届く「プロセス」の変化があります。これを「プロセス（工程）イノベーション（process innovation）」といいます。

2.2.1　製品イノベーション

製品イノベーションとは，製品の新規性や革新性が高いイノベーションを指します。ウォークマンやスマートフォン，ドローンなどが，その典型例といえるでしょう。

　例えばポータブルオーディオプレイヤーのさきがけとなったソニーのウォークマンは，1980年代に世界的な人気を集めました。1979年7月に発売された初代ウォークマン（TPS-L2）は，カセットテープの再生専用機で，技術的な目新しさは特にありません。しかし，ウォークマンの革新性は「音楽を持ち運ぶ」という，その製品コンセプトにあったのです。スマートフォンの時代である今日では，これは当たり前のことかもしれませんが，当時，音楽は家やオフィスにいて，レコードや卓上ラジオから聴くものでした。そのため，場所や時間に制約されることなく，いつでもどこでも聞きたい音楽を好きに聴けるというのは，革新的なコンセプトだったのです。

　製品イノベーションのもう一つの事例として，スマートフォンについて見てみましょう。

　今は誰もが使っているスマートフォン。スマートフォンのさきがけは，2007年にアップル社の共同創業者の一人であるスティーブ・ジョブズ（Steven Paul Jobs）によるiPhoneです[1]。iPhoneは，製品名に「Phone（電話）」が入っていますが，それまであった携帯電話とはコンセプトが違います。iPhoneのコンセプトは「持ち歩くコンピュータ」です。iPhoneに始まるスマートフォンは，インターネットと通信技術の進化を前提に，「手のひらのサイズの金属の板」というパッケージにおいてPCでできる様々な機能を統合した製品なのです。スマートフォンには電話，インターネット，音楽，カメラ，ゲーム，検索，SNSなどの様々な機能が搭載され，モバイルという新たなジャンルが切り開かれました。当初全くなかったスマートフォンの市場は，今や年間約13〜15億台を超える規模になり，通信手段としても従来の携帯電話と固定電話を代替するものになりました。スマートフォンで使うアプリの開発も盛んに行われ，スマートフォンはわれわれの生活様式や行動まで変えるインパクトをもたらしています。

　このような製品は他にも存在します。洗濯機や炊飯器は，主婦の仕事時間を短縮すると同時に楽にしてくれた製品ですが，女性の社会進出に画期的な影響

1　厳密にいえば，最初のスマートフォンを1996年にノキアが発売した電話機能付きのPDA（携帯情報端末）を指す場合もあります。しかし，同製品は広く市場に浸透されなかったことから，一般的にはiPhoneをスマートフォンのスタート製品と見なします。

を与えた製品でもあります（Jaung, 2011）。CT（Computed Tomography：コンピュータ断層撮影）や MRI（Magnetic Resonance Imaging：核磁気共鳴画像法）のような医療診断機器は，従来診断が難しかった病気をより正確に診断できるようにしてくれました。これら以外にも，新しい発電システムである太陽光発電パネル，高性能の半導体，電気自動車等々が製品イノベーションの例として挙げられます。

　ただ，こうしたわれわれの生活を一新させる製品がある一方で，多くの製品が製品イノベーションを実現できずに消えていっています。第5章で考察するように，魔の川（devil river）・死の谷（valley of death）・ダーウィンの海（darwinian sea）といった，イノベーションプロセスに潜んでいる難関によって頓挫してしまう新製品がはるかに多いのです。

2.2.2　サービスイノベーション

　われわれは「製品（モノ）」だけではなく，様々なサービスを購入し，便益を享受します。情報通信，金融，小売，医療，交通，エンタテイメントなどはサービス業に分類されますが，こうした業種において，サービスの仕組みや手続き方法などを変革し，従来と比べ一段と高い質の満足と便益，効用などを提供し，顧客に新しい価値を提供しようとするのが「サービスイノベーション」です（Tidd, Bessant and Pavitt, 2001）。例えばアマゾンのような電子商取引や，タクシー手配や配達サービスのウーバー（Uber）は，大きなインパクトをもたらしたサービスイノベーションといえます。

　サービスイノベーションとそのインパクトについて，金融機関のサービスの進化を見てみましょう。

　世界ではじめて ATM（Automatic Tellers Machines）を導入したのは1970年代のシティバンク（citibank）です。米国のシティバンクが ATM を導入した理由は，人件費の削減と 24 時間営業という新しいサービスを提供するためでした。入出金機能を有する ATM 導入によって，これまでの窓口業務量を機械に任せることができ，銀行の業務量が低減されました。同時に，顧客自身が，銀行の営業時間に縛られることなく，いつでも必要な金額の入出金を短時間で

直接行える便益を得ることができました。その後，ATM は広く普及し，銀行のサービスは一新されました。これに加えて，オンライン化が進み，取引がリアルタイムで処理ができるようになりました。銀行員の煩雑で複雑な業務が簡素化され，働き方も大きく変わりました[2]。

　近年では，銀行業務やサービスはさらに進化しています。本人確認ができる媒体を用いることで，来店することなく口座開設を短時間で行えるようになったり，自宅やオフィス，スマートフォンから口座の残額確認や振り込みなどができたりする，インターネットバンキングが一般化しています。顧客は銀行の営業時間と関係なく，PC やスマートフォンを通じて，口座の残額確認や振り込み，証券取引などができるようになり，格段に金融サービスの利便性が向上しました。さらに，最近ではフィンテック[3] の導入によって銀行や保険業界では新しい仕組みによる，より質の高い革新的なサービスや商品が開発されつつあります。これまで金融機関がある種独占的に提供し，変化に乏しかった金融商品・サービスに ICT を活用することによって，利用者側にとってより安く，早く，便利なサービスを受けることができるようになったのです。今後もこうした金融機関のサービスイノベーションの進展が期待されます。

　このような例からも分かるように，サービスイノベーションは技術的な要素の進化，その関連製品（部品や機材，装置など）の応用によって，誘発，促進される場合が大きいです。COVID-19 感染の中で，近年利用者数が急速に増えつつあるストリーミング（streaming）・サービスまたは OTT（Over The Top）ビジネスはアンコンタクト（uncontact）時代に適したサービスとして注目を浴びています。代表的な例としては，映画やドラマ，ドキュメンタリー配信サービスビジネスを展開する Netflix，Amazon Prime Video などや，世界のあらゆる音楽配信ビジネスを展開している Spotify，Amazon Music，Apple Music などが挙げられます。場所や時間にとらわれず，これらで映画・動画や音楽などを鑑賞できるようになった背景には，大容量かつ高速インターネット技術の進展があります。

2　日本でも 1960 年代半ばより銀行業務のオンライン化が進み，1973 年以後，給料の振り込みサービスが急速に進展するようになりました。
3　FINTECH（Finance と Technology を組み合わせた造語）。

デジタル技術の進展が目覚ましい時代には，新たなサービスイノベーションが多く創造され，消費者の便益や利便性が向上されます。こうしたサービスイノベーションは関連技術の発展と普及状況を基盤にして展開されますが，その際，従来のビジネスの仕組みの変化を伴います。こうしたビジネスモデルの革新は，独自の競争力を有する新しい企業が台頭することにつながります。これらの詳細については第 12 章で学びます。

2.2.3　プロセスイノベーション

プロセスイノベーションは，製品企画・設計，生産，輸送手段，販売など，製品・サービスが顧客にまで届く過程における変化を指します。

狭義のプロセスイノベーションは，製造業における加工・組立の製造工程の変化を指します。これは製造方法の変化・改善などを通じてパフォーマンス（生産性）を向上させることで，製品イノベーションとならび，古くからあるイノベーションの形態です。

具体例として，大量生産システムがあります。20 世紀初め，フォード自動車は，これまでの手作業を中心とした生産工程について，機械加工を自動化した上，ベルトコンベアーを導入し，流れ作業方式によって大量生産システムの基盤を創り出しました。当時，ベルトコンベアーはシカゴの豚の精肉工場で肉の運搬に使われていましたが，それを自動車生産工場に導入し，車体や加工部品の運搬に活用したわけです。

この分野の研究の第一人者といえる和田一夫は『ものづくりの寓話』（2009年）において，フォード自動車の移動組立方式＝大量生産システムという等式はまちがっていると指摘しながら，そのシステムは一気に確立されたわけでもなく，またベルトコンベアーの導入がそのまま生産性の向上に直結したわけではないと論じます。フォード自動車においては，ベルトコンベアーの導入は分工場から始まり，徐々にメイン工場で使われる形で拡大されました。そしてそれと同時に，メイン生産ラインで装着・組み立てされる部品の仕様と品質を均一にするための互換性（interchangeable）や，標準品質の確保，斜面を利用した部品の運搬方法などの活動もありました。そうしたことを通じて，高い生産

効率を追求したのです。また，このような工程の整備によって，標準原価の計算も可能になりました。フォード自動車の大量生産システムは，このような様々な工程変革を総合的に構築したもので，その成果として大幅なコスト低減を図ることができ，フォード自動車は米国のモータリゼーションを牽引する企業になりました。

　フォード自動車における大量生産システムというプロセスイノベーションにおいて，確かにベルトコンベアーは大きな要因でしたが，プロセスイノベーションの成果は，それ以外の工程の改善があってはじめて得られるものだったのです。つまり，ものづくりプロセスにおける諸活動，すなわち作業方法や部材・半製品の運び方，工程の順番，新しい機械や装置の導入，小道具の改良等々の改善によって生産効率やコスト低減，生産性の向上を図ることもプロセスイノベーションの範囲に入ります。プロセスイノベーションは，ICT（Information Communication Technology）の活用によって一段と期待されるところです。第 12 章で触れる第 4 次産業革命はプロセスイノベーションとして捉えられます。各種センサーやモニター，ロボット化を通じて，生産現場の自動化と作業効率化を図り，生産効率を高めようとする試みです。

　プロセスイノベーションは，生産活動の領域だけが対象ではありません。供給者である企業組織から顧客まで一連のプロセスに着目すると，流通や物流の現場でもイノベーションは起こりえます。それを武器にしている企業も少なくありません。例えば，ZARA は市場需要に最も早く対応できる体制を整えています。アパレル製品，特に服はシーズンごとにどのようなものが流行するか，顧客がどのようなデザインや色，生地などを好むのかを事前に予測することが難しい業界です。ZARA はシーズン前に生産しているものは 15〜20％で非常に少なく，シーズン開始後生産する製品が 50〜60％であるといわれています。このような対応によって売れ残りを少なくし，売れる機会を逃さず，成長を続けています。つまり，市場ニーズの不確実性に対応するために，ZARA はショップの売れ行きの情報とリンクし，デザインおよび製造活動が素早く対応できる体制（fast and market-responsive）を構築しています[4]。

---

[4] https://7innovation.net/2013/11/13/process-innovation-zara/（アクセス日，2020 年 10 月 1 日）

以上で見たように，イノベーションは，製品，サービス，プロセスの領域で起こります。また，製品イノベーションとサービス・イノベーション，そしてプロセスイノベーションはタイムラグを置きながら，それぞれのイノベーションが相互作用し合うことも注目すべき点です。

2.3 技術の革新性と市場の革新性によるイノベーション・パターン

2.3.1 技術の革新性に焦点を当てたイノベーション

次に「技術」に焦点を当てたイノベーションの類型化があります。大きく2つの観点から分けられます。

第一に新規性の度合いや変化（インパクト）の大きさを基準にした分け方があります。技術革新の新規性の程度が高く，変化の度合い（technological change）が認識しやすいイノベーションを，急進的（革新的）イノベーション（radical or revolutionary innovation），逆に技術革新の新規性の程度が低く，変化の度合いが認識しにくいイノベーションを漸進的（改善的）イノベーション（incremental or improved innovation）と呼びます（Freeman, 1974）。

(1) 急進的 vs 漸進的イノベーション

序章で触れたように，産業革命期，蒸気機関や蒸気機関車，それによる鉄道は，速度，走行距離，速さ，積載能力などにおいて，当時の交通手段のメインであった馬車に比べて桁違いのものでした。「郵便馬車をいくら連結してもけして鉄道にはならない」という言葉[5]が象徴するように，蒸気機関車の発明は社会に大きなインパクトを与え，生活や経済を一変させた急進的なイノベーションの代表的な例です。類似の事例として，農耕用家畜からトラクターへ，プロペラ機からジェット機へ，鉛筆からシャープペンへ，手紙からe-mailへ，算盤から電卓へ，といった変化が挙げられます。こうした急進的なイノベー

---

5 シュムペーター（1977）p. 180。

ションは，経済成長の原動力になっただけではなく，町の風景や社会のあり方，制度にまで及ぶ変化をもたらしました。

　一方，漸進的イノベーションは，文字通り，漸進的な形で軽量化や小型化，使用感の良さなどの改善が図られるイノベーションを指します。イノベーションの前後の変化の度合いや顧客の受け取り方においてそれほど新規性を感じられないイノベーションです。例えば，より書きやすく滑らかなボールペン，よく洗える洗剤やシャンプー，より聞きやすいイヤホン，より振動を感じにくいタイヤ，より作業効率向上が図れる工具などが，漸進的イノベーションになります。急進的なイノベーションと比べて，技術の中核的な原理や使い方はあまり変わらず，一定の機能向上や構造改善，効率化を図るイノベーションです。実は，イノベーションの大半はこれに当たります。急進的（画期的）なイノベーションに比べ，持続的で漸進的な変化を無視する傾向もありますが，このイノベーションの持つ潜在能力を無視してはいけません（Tidd, Bessant and Pavitt, 2001）。トヨタ生産システムは，日常的に行われる現場の「改善活動」を通じて高い品質レベルと生産効率の向上を行うことでよく知られています。

⑵連続 vs 非連続イノベーション

　第二に既存の技術的知識を利用する度合いを基準にした分け方があります。既存の技術的知識との関連性，すなわち，そのイノベーションが既存技術知識体系の連続線上にあるか否かで，連続的なイノベーション（continuous innovation）と非連続的なイノベーション（discontinuous innovation）とに分けられます（Tushman and Anderson, 1986）。

　既存の技術的知識に連続線上にあることは，既存の技術知識体系を継承し，その知識を深めたり，精緻化したりすることを意味します。漸進的なイノベーションは，連続的なイノベーションといえます。漸進的イノベーションは「持続的なイノベーション」とも呼ばれます。ある製品やサービスを改良することで，既存顧客の満足向上を狙うイノベーションです。この種のイノベーションは多くの資源動員ができ，現在（既存）の組織能力を強化することで，競争力を維持しようとする大企業が得意とします。

　逆に，非連続的なイノベーションは，トランジスターから半導体へ，固定電

話から携帯電話へ，フィルムカメラからデジタルカメラへ，アナログからデジタルへの変化のように，既存の技術知識体系から断絶された，新しい技術知識体系が基盤になるイノベーションを指します。その点で，急進的なイノベーションは非連続的なイノベーションに当たります。

　既存技術知識体系との断絶か，連続かは，企業の組織能力（organizational capability）とも深く関係します。企業組織が既存の技術的知識の活用，改良，改善を通じた漸進的なイノベーションに成功した場合，その企業の組織能力がイノベーションの前に比べて向上・強化される結果となります。そのようなところから，連続イノベーションは「能力増強型イノベーション（competence enhance innovation）」と呼ばれることがあります（Tushman and Anderson, 1986）。

　逆に，非連続イノベーションは，これまでの技術的知識体系と断絶した，新たな知識体系の創造，融合によって実現されるイノベーションです。そのため，従来の組織能力の強みが通用しなくなり，既存の技術知識体系や強みに固執する企業は能力を活用できず，イノベーションが失敗につながる可能性があります。そのようなところから，非連続的なイノベーションは「能力破壊型イノベーション（competence destroying innovation）」と呼ばれることもあります（Tushman and Anderson, 1986）。さらに，非連続イノベーションは，前述したように，イノベーションの変化の度合いによって漸進的なイノベーションと急進的なイノベーションがあります（章末コラム参照）。

2.3.2　市場の革新性に焦点を当てたイノベーション

(1) 既存市場・顧客との関連性

　前述した，技術に焦点を当てたイノベーションだけが革新性や新規性をもたらすわけではありません。もう一つ考慮しなければならないのが「市場の革新性」です。市場の革新性というのは，既存市場・顧客との関連性（market/customer linkage）を脱した新たな市場づくりを指します（Abernathy and Clark, 1985）。それまで世の中に全く存在しなかった製品の場合，既存顧客がなく，新たに顧客を開拓したり，顧客のニーズを探索したり，市場を創造して

いくプロセスが必要になります。市場の革新性に着目したイノベーションは，「顧客ニーズ」に焦点を当てたイノベーションといえます。

　一般的に受け入れられている製品のコア・コンセプト（core concept）が市場に広がっている時，既存顧客の常識的なイメージや製品コンセプトを打ち壊すことは新たなニーズを掘り起こし，新しい市場を開拓します。技術的な新味が薄くても，製品のコア・コンセプトが変われば，企業は新しい価値を生み出し，顧客に提供することができます。既存顧客が一般的，常識的に思っているものを変えて，新しい市場ニーズを創出し，新たな価値を提供し，新規顧客層を開拓することで市場の革新性を勝ち取れれば，市場の拡大を図ることができるのです。

　例えば，自動車市場の生成期における，1908年に発売されたフォード自動車のモデルT（T型フォード）は顧客を富裕層から農民に置き換え，市場の革新性を果たした良い例といえます。それに対してモデルTの後，1927年導入されたモデルA（A型フォード）は，既に形成されている自動車市場における既存顧客を対象にした製品といえます。

　また，PCは，コンピュータ市場において，既存技術を応用・活用したものですが，既存顧客層である企業や官庁ではなく，主たる顧客層を個人として開発された製品と見なせます。つまり，既存技術を強化される一方で新しい市場を創出したイノベーションです。これは後述する隙間市場創造を通じたイノベーションともいえます。

(2) 市場の革新性の事例：時計を「ファッション品」にしたスウォッチ

　既存の顧客が持つ製品に対するコア・コンセプトを革新した事例として，スイスのスウォッチの時計を挙げて見てみましょう。

　顧客が時計に求めるものは何でしょう。それは時刻を見ることです。正確な時刻を表すのが時計の基本機能です。この基本的な機能を技術的に達成するのは安易ではなかったことが時計産業の歴史を見ると分かります[6]。近代的な時計の技術歴史は1582年頃にガリレオ（イタリア）が振り子の等時性原理の発

---

6 時計産業歴史の概観に関しては，セイコーミュージアム銀座 https://museum.seiko.co.jp/ を参照してください。

見にまで遡ります。ホイヘンス（オランダ）が1656年頃にその原理を時計の振り子に応用し，振り子時計を開発することで，時計の精度は画期的に向上しました。その後，脱進機や調速機をはじめとする様々な部品の改良が加えられて機械式時計が発達しました。

機械式腕時計は，ぜんまいを動力源として伝達輪列を通じて針を動かし，時間を表示するものですが，その精度は1日数秒もしくは数十秒程度遅れるのが一般的でした。もっと正確な時刻を示す時計として生まれたのが，1969年に登場したアナログクオーツ腕時計です[7]。セイコーは，クオーツ（水晶）の特質を活用し，正確な振り子運動を実現し，正確な時刻を表すことを実現しました。また，部品点数の削減と自動組立によって，より安価な製品ができると同時に，機械式腕時計に付き物であった点検修理も不要になりました（新宅，1994）。

このような画期的なイノベーションによって，成熟市場であった腕時計市場のトレンドが機械式時計からクオーツ時計へと変わり，新しい市場ニーズが生まれ，市場規模も拡大されました。第4章で解説する産業の「脱成熟化」が起こったのです。同時に，クオーツ腕時計の正確な精度が広く認識され，世界の腕時計産業の競争力も従来のスイス勢から日本勢に移ることになり，日本の腕時計産業の競争力は約30年間世界トップの地位に君臨しました。まさに，機械式からクオーツ式へという技術の革新性によるイノベーションの典型ともいえるものです。

ところが，1990年代中頃から新しい変化が訪れました。それはスイスのスウォッチは，顧客が時計を着用するのは単に必要な時に時刻を知るためではないことに気づきました。それは時計の有するファッション性でした。そこで，スウォッチは，正確な時刻を表すという時計の本来の機能（すなわち，それまでの時計のコア・コンセプト）に加え，文字盤やベルトなどのデザインや色，素材に洗練されたファッション性を取り入れた時計を創り出したのです（1983年）。スウォッチの事例は，技術的な革新性や新規性はあまりないものの，既

---

[7] 続いて1973年には液晶式デジタルクオーツ腕時計が，1999年および2001年に標準電波送信所が開設され，電波時計が相次いで発売されました。このように，日本企業の場合，イノベーションの焦点が時計の精度向上に置かれたことが分かります。

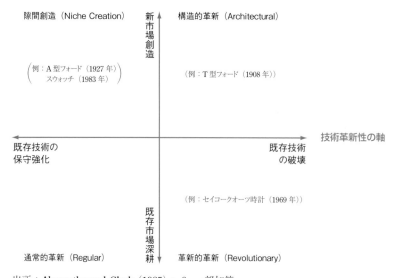

市場革新性の軸

隙間創造（Niche Creation）　新市場創造　構造的革新（Architectural）

$\left(\begin{array}{l}例：A型フォード（1927年）\\スウォッチ（1983年）\end{array}\right)$

（例：T型フォード（1908年））

技術革新性の軸

既存技術の保守強化　　　　　　　既存技術の破壊

（例：セイコークオーツ時計（1969年））

既存市場深耕

通常的革新（Regular）　　　　革新的革新（Revolutionary）

出所：Abernathy and Clark（1985）p. 8. 一部加筆。

図2.1　技術と市場の革新性によるイノベーションの分類

存顧客とは異なる製品コンセプトを有する顧客層の潜在的な顧客ニーズにフィットした製品を発売し，成功したイノベーション事例であるといえます。

⑶ 技術・市場の革新性の統合的なイノベーション分類

　図2.1は，前述した技術の革新性と市場の革新性を統合的に理解しようとしたものです。アバナシー（William J. Abernathy）とクラーク（Kim Clark）は，既存（製品や生産）技術の補修強化か破壊かという「技術の革新性」を横軸として，既存市場との関連性強化か新市場創出かという「市場の革新性」を縦軸として，これらを統合的に認識し，イノベーションを類型化しました（Abernathy and Clark, 1985）。

　彼らは，技術の革新性が高く，新しい市場を創造するイノベーションを「構造的革新」として，技術の革新性が高いが既存市場の顧客やニーズを継承するイノベーションを「革新的革新」としました。そして，既存技術の強化しながら新しい市場ニーズを開拓するようなイノベーションを「隙間創造」として，既存市

場(顧客)を対象とした改善的なイノベーションを「通常的革新」としました。

　アバナシーとクラークが分類した，この4つのイノベーション・パターンにおいては，各企業の内部資源の状況を考慮し，どのようなイノベーションを中心にイノベーション活動を戦略的に遂行するかが重要となります。つまり，成功するイノベーションのためには，自社の能力に加えて，次章で説明する製品のライフサイクル（product life cycle）の段階と産業の発展段階（成熟度），技術の成熟度や変化のスピードなどといった「時間軸」を考慮に入れて取り組むことが緊要なのです。

2.4　技術と市場の相互作用

2.4.1　技術と市場の相互作用

　上で述べたように，技術の新規性や革新性だけではイノベーションは成功しません。技術の新規性は，市場ニーズを反映してはじめてイノベーションにつながります。市場ニーズを的確に発見し，それにフィットするような製品やサービス・イノベーションを引き起こすことが重要です。第5章で説明するように，イノベーションの誘因（テクノロジー・プッシュとデマンド・プル）として，技術側と市場側，どちらもイノベーションのきっかけになります。しかし，イノベーションの進展プロセスにおいては，技術と市場の相互作用によって形成されます。

　ドミナント・デザイン（dominant design）の形成過程がその代表例です。新しい製品やサービスが出現する際，当初から技術が完璧でなく，求める市場ニーズもあいまいです。そのため，ある製品のコンセプトは，技術的な可能性を模索する動きと，顧客（市場）のニーズを満たそうとする動きが影響し合って決まります。技術（供給側）と市場（需要側）の相互作用によって，様々な試行錯誤の中で具現化・精緻化されながら，その結果物として製品コンセプトが決まったものが，市場における支配的な仕様である「ドミナント・デザイン」になります。

このようにして一旦形成された製品コンセプトが市場で継続的に共有されますが，顧客の潜在的な嗜好の変化を読み取り，それを先取りして，既存技術の新しい結合，融合，組合せによって製品のコア・コンセプトを革新することも可能です。それが自社には作れて，他社には作れないものであれば，その企業は優位に立てます。

例えば，日本の自動車産業における軽自動車の例を考えてみましょう。

米国の自動車メーカーは「アメ車」と呼ばれるように，一般的に車台が大きく，日本車より燃費が悪い車を造っています。なぜ，米国の消費者は大きな自動車を好むのでしょうか。米国は，日本に比べて住宅が大きく，駐車場も大きく，それに似合ったサイズの車が求められるのです。一方，日本は米国に比べて，住宅が狭く，駐車場は大きくないのが一般的です。こうした市場の違いの中で，各々の市場ニーズが生まれ，日本の自動車メーカーは自動車の中でも異なるセグメンテーションの自動車，軽自動車を創り出します。

安価で良い燃費の軽自動車を造ろうとしても，そう簡単にはできません。自動車の基本的な構造や機能を実現するためには2〜3万点の部品が必要になります。軽自動車の場合，普及車よりも狭い空間の中に安全性を確保しながらも，多くの部品を組立なければならない。そのため，部品の小型化と軽量化を実現しなければなりません。また軽自動車の場合は国内専用車になるので，安い販売価格で数多く普及しないと利益が出ません。そのため，独自の低コストの製造工法，設計ノウハウや技術が必要になります。このような問題をクリアすることで，日本では自動車の製品コンセプト革新が成功し，軽自動車という製品づくりに優れたメーカーが市場に受け入れられたのです。

2.4.2 破壊的（分断的）イノベーション（disruptive innovation）

技術と市場の相互作用という問題において，近年注目を浴びている概念が「破壊的イノベーション」です。これはイノベーションの分析に時間軸を取り入れ，ダイナミックな観点から企業の競争力との関係を考察した，クリステンセン（Clayton M. Christensen）によって提唱されたものです（Christensen, 1997）。彼は，市場ニーズの変化と技術革新の変化という2つの点から，イノ

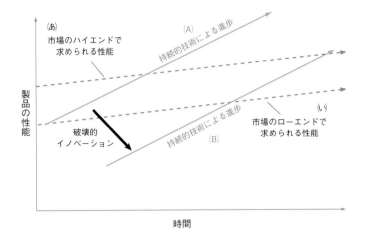

注：文字記号（あ，い，A，B）の記載は筆者による。
出所：Christensen（1997）p. xvi.

図 2.2　持続的イノベーションと破壊的イノベーションの影響

ベーションのパターンを，持続的イノベーション（sustaining innovation）と
破壊的イノベーション（disruptive innovation）とに分けます。

　図 2.2 は，破壊的イノベーションのメカニズムについて説明したものです。
持続的イノベーションは既存市場の顧客を対象にした，製品の性能を向上させ
るための技術改善によるイノベーションを指します。市場が求める製品性能は
ハイエンドの(あ)とローエンドの(い)の間で分布しますが，時間経過と共に製品
に対する期待性能は少しずつ向上していきます。企業は，時間と共に一定の軌
跡に沿って持続的に製品性能向上を図る（改善的な）イノベーションを追求し
ながら（図 2.2 の A），市場が期待する製品性能を満たしていきますが，やが
て製品は市場が求める性能を超えて，過剰性能の領域（(あ)の点線の上段領域）
に入ってしまいます。顧客ニーズを高い水準で満たそうとする絶えない持続的
なイノベーションの追求の結果，製品が市場ニーズとかけ離れた性能（品質や
機能）になってしまい，市場から選択されなくなる「オーバーシューティング
現象」（overshooting: Christensen and Raynor, 2003）が起きるのです（第 8 章
参照）。

　ここで，異なる技術(B)が生まれ，製品性能向上を図る場合を考えてみましょ

う。時間軸で見ると，最初はこの技術(B)は既存技術(A)より，実現された製品性能も低い劣位の状況にあります。そのため，技術(A)を中心にイノベーション活動を行う企業はその将来性を見下してしまいます。のちに，技術(B)は(B)の軌跡のように，持続的に製品性能の向上を行い，やがて顧客が求める製品性能（(あ)と(い)の区間）を満たすことになります[8]。そのため技術(A)が顧客ニーズから離れている時期に，技術(B)が市場ニーズを満たし，(A)を代替してしまうことになります。このような経過をたどって，かつて劣位だった技術(B)が既存技術(A)を代替してしまう現象が，破壊的イノベーションです。

　大企業は持続的なイノベーションを追求し，顧客の声を大事に製品の性能を高めようとする合理的な活動を行います。しかし，後から新しい優れた技術の側面に着目した新興企業が既存の市場とかけ離れた，評価軸で開発を進め，既存の市場をも侵食するようになります。後から既存企業が新技術に乗り換えようとしても，既に新興企業に対応できない状況になっているのです。そしてそののち，既存市場のローエンドだけではなく，ハイエンド市場まで奪われ，高付加価値の市場セグメントからも撤退せざるを得なくなります。このような事態を「イノベーションのジレンマ」と呼びます。

　破壊的イノベーションは，従来の評価軸の市場を対象とした技術の競争力を喪失させてしまうことから「破壊的」なのです。既存の評価軸とは異なる市場評価軸であることから「分断的イノベーション」ともいわれます。したがって，このイノベーションは，既存企業の技術の強みと競争力を根底から変える力を持っています。

　まとめると，破壊的イノベーションは，①従来とは全く異なる価値基準（評価軸）を市場・顧客に提供し，②短期的には製品の性能を引き下げる効果がありますが，別の評価軸で高いパフォーマンスを出す，③のちには，急速に製品性能の向上をさせることができ，既存技術との技術の差を埋めていき，それを代替してしまうイノベーションです。

　既存の大企業が新興企業に競争力を失ってしまう要因には，既存の強みの喪失に対するリスク回避態度や，既存企業からの撤退で生じるサンクコスト

---

8 ハイエンド市場とローエンド市場を考慮した詳細な説明は第8章を参照してください。

(sunk cost), 新市場の将来性に対する軽視風潮, 組織の柔軟性の欠如等々があります。これらについては第7章において触れます。

2.5 アーキテクチャルイノベーション (architectural innovation)

ライバル企業のイノベーションの革新性や新規性の度合いを認知することは, イノベーションをめぐる競争上重要です。しかし, 直ちにライバルのイノベーションの特徴を把握しにくいイノベーションも存在します。

一つは, 製品を構成する部品のイノベーションです。例えば, PC やスマートフォンの性能を飛躍的に向上させる半導体, メモリ (DRAM など), プロセッサー, カメラのレンズなどのイノベーションが, これに当たります。

もう一つは, 部品のつなぎ方, 製品としてのまとめ上げる方法を一新するアーキテクチャルイノベーション (architectural innovation) と呼ばれるイノベーションです。

アーキテクチャルイノベーションの特徴は, ある製品システムの内部で起きるイノベーションです。製品システムは多様な個別部品で構成されて, いくつかのサブシステムで構成されています。そうした多様な個々の部品や要素をつなぎ, 製品システム (全体) としてまとめ上げるかが問われます。

スマートフォンが約1千点, 自動車が約2〜3万点, 旅客機ボーイング747-400 が 400 万点を超える部品で構成されます。構成部品をどのようにつなぐかは, 製品開発において非常に重要な問題となります。部品点数が多ければ多いほどその製品システムの複雑性が増すことになります。また, 部品間のつなぎ方も複雑になる可能性も高くなります。

そこで, 製品の外観やコア・コンセプトは既存のものを維持しながらも, 製品システムの内部において, 部品間のつなぎ方を変えることによって他社より高い製品競争力を獲得することができます。

アーキテクチャルイノベーションはヘンダーソン (Rebecca M. Henderson) とクラークによって提唱されました (Henderson and Clark, 1990)。従来の製品のコア・コンセプトが強化されつつも, 部品間のつなぎ方 (linkage

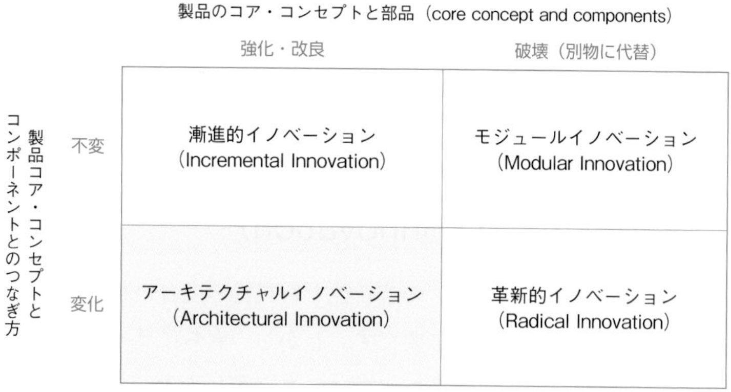

製品のコア・コンセプトと部品（core concept and components）

		強化・改良	破壊（別物に代替）
製品コア・コンセプトとコンポーネントとのつなぎ方	不変	漸進的イノベーション （Incremental Innovation）	モジュールイノベーション （Modular Innovation）
	変化	アーキテクチャルイノベーション （Architectural Innovation）	革新的イノベーション （Radical Innovation）

出所：Henderson and Clark（1990）p. 12.

図 2.3　アーキテクチャルイノベーションの概念図

between concepts and components）が大きく変化することによって起こるイノベーションです。言い換えれば，アーキテクチャルイノベーションは，部品そのものの変化があまり伴わず，部品間のつなぎ方の変化によるインパクトが多いイノベーションを指します。

　図 2.3 で分かるように，製品イノベーションを対象にする場合，製品システム内部におけるコア・コンセプトと部品間の関係性をどのように変えるかによって 4 つのパターンに分けられます。いずれのパターンにおいても，製品システムレベルでのイノベーションを活性化しようとすると，製品全体に関する製品システム知識（system knowledge）と部品に関する知識（component knowledge）が深く関係します（延岡，2002）。個別部品レベルのイノベーションをまとめ，製品として性能を発揮できるようにするためには 2 つの知識が必要となります。

　例えば，SONY のウォークマンも，構成部品は従来に使われた部品を改良し小型化したものですが，製品のコンセプトと構成部品のつなぎ方を変えた革新的イノベーションとしてみなすことができます。

　また，図 2.4 の左のように，19 世紀後半，自転車はペダルのついた大きい前輪と小さい後輪，それをつなぐフレームからなっていましたが（ペニー・ファージング型自転車），その後，右のように前輪と後輪を同じ大きさにした上，

注：(左)初期の自転車（1880年），(右)セイフティー自転車（1886年）
出所：Wikimedia Commons

図2.4　自転車におけるアーキテクチャルイノベーション

逆三角形構図のフレームでつないで後輪をチェーン駆動する構造のセイフ
ティー自転車（**Safety Bicycle**）が登場しました。部品間のつなぎ方を一新し
て乗りやすくなったセイフティー自転車はアーキテクチャルイノベーションの
例といえます。この自転車は広く普及し，これが現在の自転車の原型となりま
した。

2.6　その他のイノベーション

　イノベーションの対象は，製品，サービス，プロセスだけではありません。
イノベーションを遂行する上で，組織の役割は極めて重要です。組織文化や考
え方，仕事のやり方などを変える組織イノベーションは，一種のプロセスイノ
ベーションです。従来の考え方や仕事のやり方，手順などといったことがイノ
ベーションを妨害する大きな壁となり，組織の非効率性を温存させてしまい，
イノベーションが活性化できなくなります。そのため，仕組みのイノベーショ
ンともいえる制度や組織のイノベーションも重要な対象になることを忘れては
いけません。
　制度のイノベーションの典型的な例としては，経営と所有を分離する企業組
織体，「法人」の創出によって企業経営を可能した株式会社制度が挙げられます。

株式会社の起源は 1602 年に設立されたオランダ東インド会社が原点といわれています[9]。株式会社は，①社員の出資に応じた有限責任，②法人格の形成および選挙による経営機関の成立，③資本の譲渡可能な等額株式（配当証券）への分割可能性によって，巨大事業の展開を実現可能とした制度イノベーションといえるのです（一橋イノベーション研究センター，2001）。

---

9 詳細は一橋イノベーション研究センター編（2001）を参照してください。

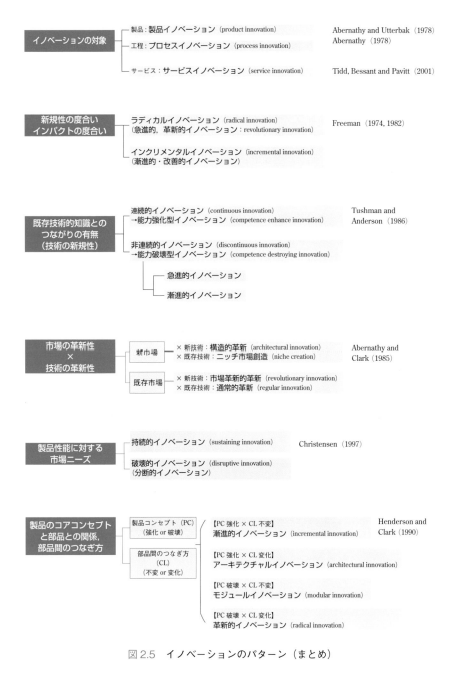

図 2.5　イノベーションのパターン（まとめ）

■コラム[2]：セメント業界におけるロータリー・キルン（rotary kiln）

　建築材料のセメントは古くから使われてきたものですが，産業革命時代に建築用の積載の価格の高騰から新しいセメントの開発が活発になりました。今日のセメント粉の主流はポルトランドセメントかあるいは混合セメントですが，これらはいずれも水と反応させる必要があり，セメントを建築現場で利用する際には，セメント粉と水，砂，石をかき混ぜなくてはなりません。このとき人の手によるセメント粉の焼成のせいで，品質が不安定になる問題がありました。

　この問題を大きく解決したのがロータリー・キルン（rotary kiln）という装置です。この装置は 1900 年代に開発されたものですが，これによって安定したセメント粉の製造ができるようになりました。蒸気機関と同様に，従来の作業方法を画期的に変えたもので，従来の方式とは全く異なる非連続イノベーションでした。その後，ロータリー・キルンは，1960 年代にコンピューター制御技術と融合され，長さ 120〜200 m の超大型ロング・キルンが開発され，以前より生産効率が大幅に向上するようになりました。今日の超大型キルンを技術的知識の連続性の有無から見ると，1900 年代のロータリー・キルンの原理を継承・発展させたものであると判断できます。（Tushman and Anderson（1986）を参照。）

トクヤマの徳山製造所南陽工場のセメント原料を焼成するキルン
出所：時事通信フォト

図 2.6　超大型ロータリー・キルン

3 イノベーションの普及プロセスと浸透

　イノベーションは，新しい製品やサービスなど，その成果が社会に普及し，浸透していくことによって，はじめて完成されます。その後も，さらなる改善と革新が続き，イノベーションは継続されます。

　こうしたイノベーションの成果はどのように社会や利用者に浸透していくのでしょうか。また，その普及プロセスにはどんな特徴があるのでしょうか。本章では，イノベーションの普及プロセスとその要因について学びます。

★ Key Words
イノベーションの普及，普及曲線，S字カーブ，普及要因，普及スピード，イノベーター，アーリー・アダプター，アーリー・マジョリティ，レイト・マジョリティ，ラガード，便益，互換性，ネットワーク外部性，オピニオンリーダー，キャズム

3.1　社会における製品やサービスの普及

　われわれが使っている様々な製品やサービスは，どのようなプロセスを経て，利用者を獲得し，それを増加させて現在に至ったのでしょうか。また，製品やサービスによって，利用者が増えるスピードがどのように異なるのでしょうか。

　まず，実際の製品の普及状況を見てみましょう。図 3.1 は，1955 年から 2020 年にわたって，カラーテレビ，電気洗濯機，電気冷蔵庫，乗用車，エアコン，また近年のデジタル製品（パソコン，デジタルカメラ，薄型テレビ）などの主要耐久消費財の世代普及率の推移を表したものです。グラフは時間の経

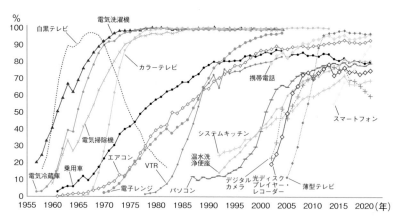

注：単身世代以外の一般世代が対象。1963年までは人口5万以上の都市世代のみ。1957年は9月調査。58〜77年は2月調査。
78年以降は3月調査。05年より調査品目変更。
デジカメは05年よりカメラ付き携帯を含まず。薄型テレビはカラーテレビの一部。
出所：社会実情データ図録「主要耐久消費財の世帯普及率推移」

図 3.1　主要耐久消費財の世代普及率の推移

過に従った，それらの製品の世帯全体に対する保有率の変化を表しています。

　グラフの全体的な傾向として，製品が発売されてから徐々に保有世帯が増え
ていき，普及率が上がっていくことが見て取れます。そして製品によって，世
帯普及率が約80％まで到達するまでにかかった時間が異なることが分かりま
す。短時間で普及（購入・使用）が増えた洗濯機，カラーテレビ，薄型テレビ
などに対して，乗用車，エアコン，電子レンジなどのように，長い時間をかけ
て普及が進展していく製品があるのも確認できます。特に，デジタルカメラや
薄型テレビなどのデジタル製品の普及スピードは，他の製品に比べて相対的に
速いことが分かります。

　このように普及スピードに差が生まれるのにはどのような要因があるのか，
そのマネジメント的な意味やインプリケーション（含意）も含めて，これから
考えていきます。

3.2　イノベーションの普及プロセス

3.2.1　「イノベーションの普及」に関する先駆的なロジャースの研究

　図 3.1 で見たように，各々の製品やサービスは，時期によって，異なる軌跡（傾きの違い）を描きます。ここで注目したいのは，顧客の志向によって製品やサービスなどを購入する時期が異なっていることです。他の人よりも先に購入し，先に使ってみたい人もいれば，周りの人が使っているのを見てから購入する人もいます。こうした顧客の志向が，新しいサービスやアイデア，生活様式，技術がある社会や集団に浸透していくプロセスに関わってきます。

　これに着目した先駆的な研究が 1962 年に出版されたロジャース（Everett M. Rogers）の『イノベーション普及学（*Diffusion of Innovations*）』にまとめられています。ロジャースは，イノベーション[1]，すなわち新しい商品やサービス，アイデア，生活様式，技術などが，社会や集団の中にどのような採用プロセスを経て普及していくのかについて考察しました。

　ロジャースは，「イノベーションがコミュニケーション・チャンネルを通して，社会システムの成員間において，時間的経過の中でコミュニケートされる過程」として，普及を定義しています[2]。分かりやすくいうと，新しい製品やサービス・儀式・慣習は，口コミや評判，メディアなどといった人々のコミュニケーションを通して，社会の中のある人々に受け入れられ，時間の経過と共にそうしたコミュニケーションによって，受け入れる人々が増えていくということです。

　ロジャースは，社会学や人類学，地理学，公衆衛生学，社会学，教育学などの幅広い分野の研究成果[3] を踏まえた上で，2 つのことを明確に示しました。

---

1 ロジャースは，イノベーションを「個人もしくは他の採用単位によって新しいものと知覚されたアイディア，行動様式，物」と定義（ロジャース（1982）p. 18）し，これらの普及プロセスとその決定要因について提唱しました。
2 ロジャース（1990）p. 8 より。
3 「飲み水の沸騰」「家族計画」「一代雑種トウモロコシの種子の利用」など，製品やものだけではなく，社会的な慣習，意識などの変化をもたらすことにまで，集団に浸透していくプロセスや特徴などについて論じています。

一つは，イノベーションの採用（または購入）は，採用者（購入者）の特徴によって，時期に差がある，ということで，もう一つは，普及のスピードに影響を与える4つの重要な要因——イノベーション（製品・サービスそのものの特性），コミュニケーションのチャンネル，時間，社会システム——がある，ということです。

3.2.2　イノベーションの普及理論

それではロジャースの普及理論と5つの採用者グループの特徴について，詳しく見てみましょう（図3.2参照）。

ロジャースは，新しいアイデアやイノベーションの採用者の数とその時間の経過による変化をグラフ化すると，つり鐘型の正規分布曲線[4]（つり鐘型曲線ともいいます）に近くなると考えました。これをロジャースのS字型普及曲線といいます。そしてこの曲線の中を区切って，各区間における採用者のタイプを捉えました。

社会や集団の中の構成員の心理あるいは価値観，学習の差異によって，イノベーションや新しいアイデアの採用時期に差が発生します。ロジャースは，5つのグループに採用者をカテゴリー化しました。それは，採用時期の早い順から，「イノベーター（革新的採用者）」→「アーリー・アダプター（初期少数採用者）」→「アーリー・マジョリティ（前期多数採用者）」→「レイト・マジョリティ（後期多数採用者）」→「ラガード（採用遅延者）」となります。彼は，それぞれの時期の採用者の特徴について以下のように説明しています。

・イノベーター（innovators：革新的採用者）：図3.2の左端の全体の2.5%に相当する人々で，時間的に最も早く採用するグループです。新しいものやアイデアが世に出でからすぐ購入（採用）したいタイプの人です。彼らは，単純に当該製品やサービスなどに熱狂するのではなく，新しい製品や

4　正規分布は，中央が平均値で左右対称の連続的な確率分布を表します。全体の面積を1とすると，左右の面積はそれぞれ0.5となります。中央の平均値から左右に標準偏差値が離れているのか，その比率で表すことができるため，図3.2の割合になります。

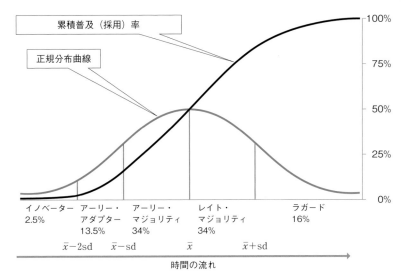

出所：Rogers（1982）p. 247. 一部加筆。

図 3.2　ロジャースの S 字型普及曲線

サービスに関する複雑かつ専門的な知識が豊富でそれを理解しており，かつ購入失敗によるリスクを負うことにも躊躇しない冒険的な人々です。例えば，ある製品の発売前に事前予約をしたり，数日間も店の前に並んだりしながら，誰よりも早く「革新性」の購入をしたがる人を想定すれば良いと思います。彼らは，地理的に離れていても，共通のコミュニティを有しながら常に情報交換を行っていたりします。

・アーリー・アダプター（early adopters：初期少数採用者）：図 3.2 の左端から 2 番目の区分にいるグループで，全体の 13.5％に相当する人々です。平均的な人よりも，流行に敏感な人で，社会の中でのオピニオンリーダー的な存在です。仲間からこういう評価を受けたいので新しいイノベーションやアイデアに賢明な判断をしようとし，主観的な評価を友達や知人だけではなく，社会に積極的に発信しようとします。

・アーリー・マジョリティ（early majority：前期多数採用者）：図 3.2 の左端から 3 番目の区分にいるグループで，全体の 34％に相当する人々です。それほど流行に敏感でありませんが，だからといって流行に鈍い人にされ

たくないタイプの人々です。採用に早い人と遅い人の間に位置する一般的な消費者によく見かけるタイプです。新しいアイデアや物の採用の際，不確実性があまりなく，自分にとっての価値や良さ，その他のサービスなどをよく評価し，採用に慎重な態度をとります。

・レイト・マジョリティ（late majority：後期多数採用者）：アーリー・マジョリティに続く4番目の区分にいるグループで，全体の34％に相当する人々です。平均的な構成員が購入をした後に，経済的な必要性と周りからの視線・圧力などに応じる形で採用を行うタイプの人々です。資金力の不足や既存のものからの切り替えコストをあまり背負いたくない人々もいます。採用に周りの仲間からの圧力が必要とされる採用者グループです。

・ラガード（laggards：採用遅延者）：図3.2の右端にいるグループで，全体の16％に相当する人々です。ほとんど周りの人が採用に至っても，そうした情報の入手があまりできない社会的なポジションにいたり，伝統的な価値観や信念を強く持っているタイプの人々です。情報不足，または資金不足などによって，採用が見送られがちで，最終的にはさらなる新しい製品やアイデアが出る段階にやっと，採用を行う人です。例えば，スマートフォンの普及が7〜8割を超えている時代にもかかわらず，フィーチャー・フォン（別名ガラパゴス携帯[5]）の使用にこだわる人です。

　各採用者カテゴリーの採用時期とその割合は典型的な正規分布曲線に近づきますが，その割合を時間の経過に合わせて累積的に積み上げると，その形は「S字」の軌跡が緩やかに横たわっている曲線になります（図3.2）。これを普及曲線と呼びます。

　普及曲線と次章で詳説する製品ライフサイクルは深い関係性を持っています。製品ライフサイクルには導入期，成長期，成熟期，衰退期という4つの時期がありますが，これらをたどっていく過程において，市場規模が拡大していき，市場における顧客の割合（％）が増えていきます。導入期にはイノベーターが，

[5]「ガラパゴス化」とは，グローバルのトレンドや変化の方向性とは異なった形で，日本市場が孤立した市場になったことを意味するものです。日本市場に適しようとする独自の製品仕様の創造とその進化が，グローバル市場の動向やニーズとはかけ離れてしまったことにより，日本企業の競争力の低下の一つの原因とされる現象を指します（宮崎，2008）。

導入期から成長期においてはアーリー・アダプターが，成長期と成熟期には
アーリー・マジョリティが，成熟期にはレイト・マジョリティが，衰退期には
ラガードが潜在的な顧客層になるため，それに合うマーケティング戦略が必要
になります。企業のイノベーションの事業化プロセスにおいては，ターゲット
となる上記4つの顧客層の顧客特性を認識した上で，マーケティング戦略を展
開することが必要です。それらの顧客をどのように説得するかが，イノベー
ションからの収益を得る上で重要になるのです。

3.3　普及要因

　製品やサービスの普及に影響を与える鍵となる要因は，大きく分けて2つあ
ります。一つは製品・サービスそのものの特性，もう一つは受け入れる社会シ
ステムの特性です。

3.3.1　製品・サービスそのものの特性

(1) 便　益

　当該製品やサービスの普及が進むか否かにおいて，最も重要なことは，消費
者（需要）側が感じる「便益（benefit）」です。便益とは，購入の際に支払う
対価（価格や時間，諸コスト，リスク）に対する，購入によって得られる当該
製品やサービスの利便性や機能性，使いやすさ，サポートなどのサービス，そ
の他（周りの認識など）を指します。当然ながら，対価よりも得られる便益が
高いと思われる場合，購入（採用）することになります。

　製品やサービスが提供する便益が大きければ大きいほど，社会における普及
のスピードは速くなります。便益の大きさの判断は主体によって異なる主観的
なものですが，その判断に影響を与えるイノベーションの性質と普及スピード
との関係は以下の通りです。

　① 相対的優位性：既存のものや代替のものよりも，価格や性能，機能性，

　　利便性，社会的な権威，満足度などが良いと思われる度合い。正（＋）
　　の関係。
② 両立可能性：潜在的採用者の価値，過去の経験，欲求と一致する度合い。
　　正（＋）の関係。
③ 試行可能性：小規模レベルで実験できる度合い。正（＋）の関係。
④ 観察可能性：成果が実感しやすく，人々の目に見える度合い。正（＋）
　　の関係
⑤ 複雑性：理解したり，使用したりすることが難しい度合い。普及スピー
　　ドとは負（－）の関係。

　上記の性質の中で，①～④は普及スピードを速める正（＋）の要因ですが，
⑤は普及スピードに負（－）の影響を与える要因です。また，②は補完関係に
あることです。
　分かりやすくいうと，製品やサービスなどが持つ性質が既存のもの（または，
類似なもので争う場合）に比べて，性能や機能，利便さ，使い方，サポートな
どのサービスが良く，複雑ではなく，簡単で分かりやすい場合，または，使用
者が従来のものやサービスの機能や性能，使い方などを補完することで，便益
が向上されると知覚した場合，心理的な抵抗やリスクの低減につながり，当該
製品やサービスの採用または購入が促進されることになります。

(2) 互換性とネットワーク外部性

　これらの性質以外に，注意を払いたい性質は「互換性」と「ネットワーク外
部性」というものです。これらの度合いが高ければ，普及スピードは速くなり
ます。これは，近年著しい発展が見られる情報通信産業や，IT産業，インター
ネット関連ビジネスなどによく見られます。
　まず，互換性（compatibility）とは，ある製品のものが他社の製品や他の規
格製品にも簡単に適応できる性質，またはある部品やコンポーネントを別のも
のに置き換えても同様な動作と機能性の発揮ができる性質を指します。例えば，
特定企業のモニターが別の会社のコンピュータと簡単につながり機能性を発揮
できることです。これは，モニターやマウス，キーボードなどのハードウェア

だけではなく，ソフトウェアにも見られます。

　次に，ネットワーク外部性（network externality）は，簡単にいえば，使用者数（ユーザー数）の多いグループに加入すればするほど，そのネットワークに参加する使用者の便益は高まることです。ネットワーク効果（network effect）ともいい，直接効果と間接効果の2つがあります。まず，直接効果は，電話やSNS，電子掲示板，チャットなどが好例です。

　米国で電話事業が始まった時，AT＆Tだけではなく多くの電話企業が参入しましたが，新しい顧客は市内回線数と加入者数が多い同社に加入することになりました。というのも，当時は電話会社間で互換性がなく，会社が違うと通話ができなかったため，加入者数が多い会社を選ぶことになったのです。このように，利用者が更なる利用者を呼び掛ける構造をいかに作るかが重要となります。SNSの利用者の側面でみても同様なことが起きています。自分の日常を発信した人がSNSを選ぶ際には，最も閲覧するユーザーが多いSNSを選択するわけです。

　他方，ネットワーク外部性の間接的効果としては，製品やサービスそのものが互換性を持ってつながることで，補完的な役割を果たし，さらに需要が拡大していきます。さらに，ネットワーク外部性を有する標準規格になれば，IT機器間または機器とソフトウェアとの互換性向上につながり，当該製品や関連製品の普及に大きな影響を与えます。これらから，ネットワーク外部性はソフトウェアやPC関連機器の拡張性には欠かせない性質といえます。自社内の製品のみがつながるよりも，業界全体あるいは産業をまたがってつながるほど，利用者にもたらす便益は向上されます。

　近年，IoT（Internet of Thing）技術の普及と活用を目指し，経済産業省が取り組んでいる「つながる家電」や「Connected Industries」は，この性質を利用した代表的なプロジェクトともいえます。そこに重要なものは，システムの「オープン性」です。これによって需要や利用者が増えていく効果を「ネットワーク外部性の間接効果」と呼びます（12.1.2参照）。

3.3.2　受け入れる社会システムの特性①：
　　　　社会システムの構造・基盤・価値観など

　利用者や需要者がメンバーである，イノベーションを受け入れる社会システム[6] の特徴も普及スピードを左右する非常に重要な要因となります。社会の構造や基盤，習慣，価値観，オピニオンリーダーの影響力などによって影響を受けます。社会の構造は封建社会，階層社会，中央集権社会などの社会の階層性の程度，また工業社会と農村社会，都市化率，インフラの整備程度などの産業構造などを指します。さらに，宗教や歴史，文化などで形成される社会的な規範なども構成員の行動に影響を与えます。例えば，宗教によっては，豚肉や牛肉が許されなかったり，妊娠中絶手術，輸血などができなかったりする国や地域，民族もあります。これらのことが，普及に影響を与えます。いくつかの例を挙げて考えてみましょう。

　1995 年以後，使いやすくなった Windows95 の発売とインターネットの普及によって，PC が一般家庭にも広く普及が進みました。デジタル化が進むにつれ，企業や官公庁における書類はほとんどがデジタルデータとして作成され，電子メールなどで伝達されたり閲覧されたりするようになりました。しかし，多くの日本企業や組織は，最終版は紙ベースで文書を保管したり，探したりしており，また，決裁者の「印鑑」がいまだに決済の証になっており，デジタル署名などを含むデジタル決済はあまり普及していません。日本社会の習慣や観念は，まだ伝統的な印鑑にとらわれており，なかなか進展していないのが現状です。

　同じく，スマートフォンの普及によって，多くの国では，個人認証と共に銀行口座をつなぎ，決済システムの進化によって，電子マネーの普及が進んでいます。しかし，日本の場合，他の諸国に比べて，電子マネーの普及も遅れています。2019 年後半から政府の旗振りやインセンティブもあり，少しずつ普及はしていますが，やはり現金重視や割り勘の文化などが影響していると思われます。

　伝染病対策の一環としてのマスク着用も，国によって異なる普及傾向を見せ

6　ロジャースによれば，社会システムとは「共通目的を達成するために，共同的問題解決に従事している相互に関連する単位のセット」と定義されています。(Rogers（1983）p. 37)

ています。2020年初頭から全世界的にCOVID-19が広がりましたが，その予防・拡散抑制処置として，アジア諸国とは違って欧州の国では，初期段階になかなか浸透しませんでした。欧米ではマスクをするのは病人か犯罪者というイメージがあったからです。

　ここで取り上げた例は受け入れる社会における観念や価値観などが影響したものですが，技術そのものにおいても，受け入れる社会の特徴によって，異なる普及のパターンが示されます。スマートフォンの普及がその典型的な例です。中国の場合，固定電話の普及は遅く，日本よりもその世代別普及率は低かったものの，スマートフォンにおいては，固定電話の段階を飛び越して短期間で普及が一気に進みました。後発国はより先進的な技術を先に採用しようとする「後発者の優位性」が影響したものと見られます。

3.3.3　受け入れる社会システムの特性②：
オピニオンリーダーの活用など

　芸能人が登場し，靴やバック，服，さらには家電や自動車，スポーツドリンク，サプリメントなどの広告をするのをCMで見るのは珍しくありません。その中でも，特定の製品分野やサービスに詳しい人が出て，マニアックな説明を加えながら，購入を促すのをよく見ます。特定分野や製品に詳しい芸能人の説明から，安心感を覚え，購入に踏み切る人も少なくないでしょう。

　こうした活動をする人，つまり，多くの人々の行動モデルになる人を「オピニオンリーダー（opinion leader）」といいます（Katz and Lazarsfeld, 1955：図3.3）。分野によっては専門家のような知識を持っている場合もあり，消費者への影響力は大きいものがあります。それによって，普及が促される場合があります（コミュニケーション・チャンネルの2段階流れモデルと呼ばれています）。

　例えば広告戦略の一つとして，その製品やサービスを採用した人を起用して意図的に採用を促すパターンがあります。TV，ラジオ，新聞，雑誌などのマスメディアの広告媒体において，家電や自動車などに詳しい芸人がテレビ番組に出て紹介したり意見をいったりするようなケースです。

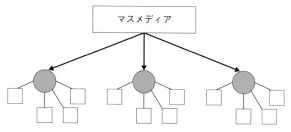

注：○はオピニオンリーダー，□一般人。人はオピニオンリーダーと社会的な接触ある個人を表します。
出所：Katz and Lazarsfeld（1955）を参照して筆者作成。

図3.3　コミュニケーション・チャンネル：2段階流れモデル

　近年には，オピニオンリーダーがSNSやYouTubeを通じて多くの人々とコミュニケーションを図り，影響を与えることも増えています。SNSやYouTubeのチャンネルのフォロワーが多くなるのもこの例に当たります。SNS，YouTube，ウェブページなどの拡散によって，注目を浴びている人物が意図的にまたは自発的に製品やサービスの体験談や感想を掲載したり，評価したりしたことが，そのSNSネットワークに入っている人に影響を与え，購買に結びつくことがあります。

　さらに，それを見た人が自分の周りの人や知人，SNSを使って不特定多数の人に伝播することも少なくありません。いわゆるネット上の口コミがこれに当たります。すなわち，マスメディアの情報から製品やサービスを購入し，それについて実体験を述べたり，見せたりするSNS上のオピニオンリーダーがいて，そのSNSを見た人が製品やサービスについての評判をさらに他の人に伝播していくプロセスです。

　これはコミュニケーション・チャンネルの「3段階流れモデル」であり，このような仕組みによって普及が拡散したり，普及スピードが速くなったりします（図3.4では，SNSを介さない2段階流れモデルと比較して3段階流れモデルを示しています）[7]。

---

[7] アマゾンやエアビーアンドビーなどは，多数の顧客のデータを集め，レビューを書かせたりすることで，オピニオンリーダーだけではなく，一般の利用者による評価などを示して，新しい顧客の購入意思決定をしやすくしています。

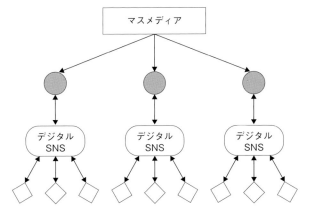

注：○はオピニオンリーダー，□一般人。人とオピニオンリーダーとデジタル SNS ネット
ワークを媒介し，3 段階構造でコミュニケーションを行います。
出所：Jensen（2009）を参照して作成。

図 3.4　コミュニケーション・チャンネル：3 段階流れモデル

　このように新しい製品やサービスの普及に成功し，イノベーションから成果
を収益化するためには，これらのモデルを効率よく駆使した方が望ましいとい
えます。もちろん，どのような顧客層をターゲットにするかによって，使うべ
き広告媒体も変わることに注意を払うべきです。

3.3.4　経路依存性

　普及要因を考える際に重視しなければならない要因としては，経路依存性
（path dependence）もあります。経路依存性とは，「あらゆる状況において，
人や組織がとる意思決定や決断は過去の人や組織が選択したものに制約を受け
て選択する」（David, 1985）ことをいいます。つまり，過去の歴史の中で形成・
選択された経験や偶然などが現在または未来の意思決定や行動，選択を左右す
ることです。
　例えば，私たちが今日使っているキーボードの文字配列を見ると，上段左側
の配列が，Q，W，E，R，T，Yの順になっています。このような文字配列の
タイプを QWERTY 式配列と呼び，これが世界の標準規格になり，広く普及し

ています。この配列はなぜ定着したのでしょうか，そこに何らかの効率的な要素があるのでしょうか。

実は，QWERTY式配列は，タイプライターが1870年代に発明されたときの配列です。このような配列になったのは諸説ありますが，当時のタイプライターの機械的構造に由来するところがあったようです。必ずしもタイピングに最善でなかったため，QWERTY式配列は文字を打つスピードが遅くなる不満がありました。その問題の改善のため，1936年にドボラク（August Dvorak）によって，Dvorak式配列が提案されました。ところが，技術的に優れて効率性の高いDvorak式配列キーボードはあまり普及せず，昔からのキーボードが継続的に選択され，今日に至っています。理由は，ある技術の優位性よりも，既存のものから新しいものに乗り換えるためには，既存の使用者が新たな配列を覚え直さなければならないためです。つまり，スイッチングコストが高く感じたユーザーが多かったため，既に社会に広く普及していたものが継続的に選択，採用されたわけです（David, 1985）。

顧客にとってスイッチングコストが高いと，既存の製品やサービスから離脱せず，既存のモノやサービスを維持することで，便益を高めようとします。いわゆる，ロックイン現象が起こります。この性質が働くと，企業側にとっては好都合であり，既存のもの（配列）を維持することができます。さらに，タイプライターで使ったQWERTY式配列を，コンピュータのキーボードにも採用することができました。つまり，過去の製品利用経験の延長線で，タイプライターと異なるコンピュータのキーボードでも，同じくQWERTY式配列が選択されました。これは経路依存症の好例といえます。

QWERTY式配列のように，代替可能な技術や製品，サービスの効率性や経済性，優位性があるものの，従来のものが続けて採用される事例は多々あります。例えば，電気自動車の充電器の形状は，ガソリンスタンドの給油ノズルと類似しており，利用者の過去の習慣を継承して発展した形になっています。

3.4　キャズム：ハイテク産業の普及曲線

　ロジャースの研究は，普及理論の体表的なものとして，今日でも経営学をはじめ多様な分野で古典として援用されています。しかしながら，生まれた新しい製品やサービスは，必ずしも理論通り順調に普及していくとは限りません。

　例えば，1991年にソニーによって発売，翌年に製品化されたミニディスク（MiniDisc: MD）は，もはや同年代の日本人しか覚えていない存在かもしれません。ミニディスクは60〜80分の音楽を録音できる，縦68mm×幅72mm×横5mmの小型化された媒体で，傷つきにくく取り扱いやすい構造のメディアでした。アナログコンパクトカセットを代替するものとして，多様な再生機（カーオーディオやMDウォークマン）と共に普及しました。しかし，ミニディスクの仕様は，世界標準の規格となることができず，海外での普及は進まなかったのです。また，MDは従来のラジカセを愛用していた中高年層にあまり浸透せず，コンパクトカセット並みの普及はできず，その後，録音媒体としてはCD-Rに，また再生機としてはiPodなどフラッシュメモリを使ったデジタルオーディオプレイヤーに押されて，オーディオ製品の表舞台から消え去りました。

　このように，最新の技術を商品化したものでも，普及できず消え去るものは多々あります。このような事態を回避し，研究開発費や事業化投資額を回収するためには，どのような努力をしなければならないのでしょうか。

　テクノロジーイノベーションの視点からロジャースの理論を発展させた研究に，ムーア（Geoffrey Moore）の著作『キャズム（*Chasm*）』（1991年)があります。ムーアは，ロジャースの理論を踏まえた上で，数多くのハイテク製品が普及できず，頓挫し，市場から衰退してしまう現象に着目し，その理由を明らかにしようとしました。そこには，「16%」という壁が存在しており，ムーアはそれを「キャズム」と呼びました。

　図3.5を見てください。ここでは先のロジャースの図が2つに分けられています。ムーアは，同一製品やサービスであっても，ハイテク製品が生まれ，市場が形成され始まる段階の「初期市場」と，市場規模が拡大され成熟期に入

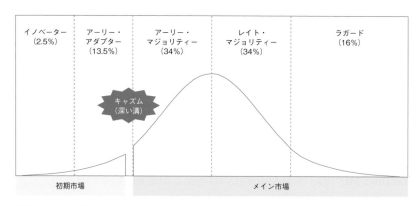

出所：Moore（2014）p. 12.

図3.5　テクノロジーアダプション・ライフサイクル

る段階の「メイン市場」に分けられると述べています。そして，初期市場とメイン市場の間に，キャズムと呼ばれる深い溝（キャズム）が存在している問題を考察しました。

　キャズムがある理由は，受け入れる社会全体・集団において，初期の採用者の16％（イノベーターの2.5％とアーリー・アダプター13.5％の合計）と，それらの採用者より遅く採用をする消費者集団との間に，異なる特徴と性向が存在するためです。つまり，初期市場を構成する消費者層は積極的に新しいものを採用し，消費活動を行うのですが，アーリー・マジョリティとレイト・マジョリティ，ラガードの層はどちらかといえば，周りの採用状況を気にする，受け身的な消費傾向を有しており，全く異なる価値観を有しています。このことに気づかず，初期の採用者に対するマーケティング手法をメイン市場の顧客にも同じく講じてしまうと，普及率16％の壁を乗り越えて市場を成長させることができず，普及もできなくなるとムーアは指摘します。ここが普及の障害要因となるため，ハイテク技術系企業にとっては，16％の壁をどのように乗り越えるかが重要な課題となります。

　したがって，企業は，2つの市場の異なる顧客層を認識し，それに合ったマーケティング戦略を講じる必要があります。例えば，初期市場は，まだ市場規模が小さいため，製品を売り込もうとすると苦労することになり，その結果とし

て販売コストが上がり，売り上げは不安定になります。そのため，自社製品だけではなく，ホールプロダクト（顧客の目的を達成するために必要な一連の製品やサービスのこと）の販売も兼ねたビジネス形態と可能な販売チャンネルを利用するマーケティング戦略が有効となるのです。

■コラム[3]：普及曲線の事例から考えよう

3 イノベーションの普及プロセスと浸透

グローバル化が進展している今日では，新興国（emerging country）の経済成長が，所得増加をもたらし，多様な製品に対する購買力を高めています。どこの国や地域で，どのような製品がどのくらい普及しているかは，海外輸出や海外生産・販売を行っている日本企業をはじめ，海外市場を模索している企業にとっては，重要な問題に違いありません。

図 3.6 は，2013 年調査時点のもので，やや古いですが，普及を理解する上で依然有用な示唆を与えてくれます。この図は内閣府が作成し，経済産業省の『通商白書 2013』に掲載されたものです。日本における耐久消費財の普及曲線（図 3.1 参照）に，新興国の普及率状況を合わせて表したものです。例えば，冷蔵庫の場合，ブラジルが 95.9％普及したのは日本の 1973 年に当たります。乗用車の場合は，ロシアが 49％普及時期は日本の 1977〜8 年であることを指します。

普及理論を念頭に置いて，現在の普及状況を見れば，まだ普及していない割合，すなわち潜在的な顧客の規模や市場の大きさを推測できますし，それに合う市場

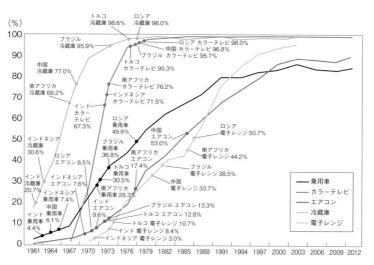

資料：内閣府「消費動向調査」，Euromonitor International 2013 から作成。
出所：経済産業省「通商白書 2013」（https://www.meti.go.jp/report/tsuhaku2013/2013honbun/i2210000.html
アクセス日：2020 年 4 月 29 日）

図 3.6　我が国の一般家庭における耐久消費財普及率の推移と
2012 年時点の各国の耐久消費財普及率

の攻略を立案する時に，普及理論や普及曲線は役に立ちます。また，普及理論は，現在の日本と同じではなく，現地の状況を念頭に置きつつ，新しい市場や顧客を獲得するための基礎的な情報も提供します。

4 技術革新のプロセス

技術革新はイノベーションの中核を担うものです。これはどのようなプロセスを経て成長していくのでしょうか。技術は時間の経過と共に，市場ニーズとの相互作用の中でダイナミックな変化を見せます。そのため，企業組織は技術変化の本質を認識し，将来を見据えた企業のイノベーション活動を遂行しなければなりません。さもなければ，企業は競争力を失ってしまいます。

　本章では，技術革新とその活動を理解するために必要な諸概念を解説しながら，技術革新のダイナミズムについて見ていきます。

★ Key Words
製品ライフサイクル，研究開発，新製品開発プロセス，技術進歩曲線，技術移行期，代替技術，製品イノベーション，プロセスイノベーション，生産性のジレンマ，脱成熟化，パラダイム転換，模倣

4.1　イノベーションのダイナミズム

4.1.1　イノベーションのダイナミズム

　本章では「時間」という変数を入れてイノベーションのダイナミズムを捉えます。われわれを取り巻くすべての「もの」や「こと」は，時間の経過の中で変わります。イノベーションも同じです。イノベーションも時間によって，それを遂行しようとする主体の能力が変わり，また市場ニーズや企業規模，規制なども変わってきます。

また，技術そのものも少し長い目で見ると，ダイナミックな変化を起こします。最初に世に出たばかりの技術には，使い道も分からないほど粗悪な，不完全なものであることが少なくありません。しかしながら，時間の経過に伴って科学や関連技術が進歩し，そこから恩恵を得ることで，技術が生まれた時の不完全な状態から，より完全なものへ精緻化されていくことがあります。そうしていくうちに，その技術を使う用途が見つかり，その技術が顧客へ高い利便性と便益をもたらし，社会に大きなインパクトを与えることになるのです。

そのような技術的変化のプロセスにおいては，市場ニーズを獲得しようとする技術間の競争があり，熾烈な企業間競争との相互作用があります。この点で，企業がイノベーション競争で勝ち抜くためには，第2章で論じたような，様々なイノベーションのパターンをよく理解する必要があります。

さらに，イノベーションを通じて事業を成功させるためには，時間経過に伴う市場の状態，産業および製品の成熟度の変化を考慮し，そのイノベーションの特質を踏まえた上で，とるべき戦略の方向性を考えねばなりません。

「時間軸」を考慮すること，また，イノベーションのダイナミズムを理解することは，イノベーションの本質を理解することであり，イノベーション競争において成功する近道になります。

4.1.2 製品ライフサイクル

イノベーションのダイナミズムを理解するためには，「製品ライフサイクル」というものを知る必要があります。

生物と同じように製品も時間的経過に伴って幼年期，成人期，中年期，老年期というような特徴的な段階を経ると考え，そのような観点から製品の誕生から終焉までを捉えるアプローチを，製品ライフサイクル（Product Life Cycle: PLC）の理論と呼びます。

製品ライフサイクルの理論においては，製品は導入期・成長期・成熟期・衰退期という4つの段階をたどると考えています。図4.1は，売上高と利益，製品単価の3つのスケールから，この4段階を見たものです。

製品の売り上げは，導入期以降徐々に向上にしていき，一定のレベルで限界

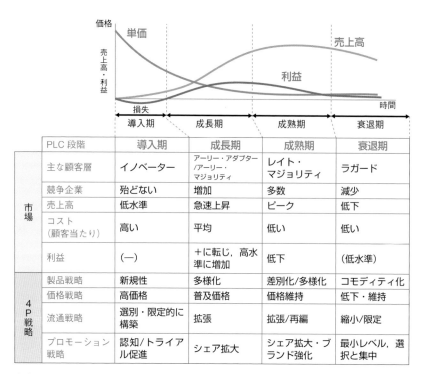

出所：Kotler and Armstrong（1980）p. 288, 297. 一部修正。

図 4.1　製品ライフサイクル

となり，その後低下していく軌跡を描きます。利益は，導入期はマイナスですが成長期からプラスに転じ，成熟期を経て低下していきます。製品単価は，導入期が最も高く，時間の経過に伴って低下していきます。

　このように段階ごとに売上高と利益が変わることから，企業は各期に応じてマーケティング戦略をとる必要があります。

　以下では単純化による問題を恐れず，前章で説明したイノベーションの普及曲線の4つの顧客層の特徴や割合も踏まえ，市場規模の大きさと製品ライフサイクルとの関係を見ていきます。製品のライフサイクルの進展につれて市場規模が変化し，それに対応したマーケティングの4P戦略をとることになるのが分かります（図 4.1）。

①導入期：研究開発の成果を製品化した新製品が市場にはじめて導入される時期を指します。この時期は，売上高が低く，利益はマイナスの状況です。なぜなら，新製品が市場に導入されても市場の消費者はその新鮮さや革新性をまだ認知していません。そのため，当該製品を市場に投入した企業は，製品の性能や用途などに関するプロモーションを積極的展開し，市場拡大を図ります。購入する顧客層は「イノベーター」です。そのため，市場規模は小さく，規模の経済性がまだ働かない時期なので製品単価も高く，売上高は低い状況です。研究開発や事業開始に伴う投資資金をまだ回収できていない状況なので，利益はまだ出ていない時期です。

②成長期：徐々に製品が認知され，市場が徐々に大きくなり，成長期に入ります。それに伴い，普及曲線で見た「アーリー・アダプター/アーリー・マジョリティ」の顧客層が増え，それをビジネスチャンスとして捉えた多くの企業が市場に参入し，価格競争により，導入期に比べて価格は下がるなど，企業間競争が激しくなります。激しい競争の中で，価格低下の圧力がかかると共に，大量生産体制を構築し，スピードのある成長を図る企業が市場支配力を高めることになります。そしてこの段階には，自社のブランドを固める動きが強まります。他方，各企業は自社の製品の差別化戦略をとりながら，販売チャンネルを増やし，販売促進策を講じ，市場シェアの拡大を狙います。産業全体では，売上高が増えることにつれ，利益が増加していく段階です。

③成熟期：この段階になると，製品の購入を遅らせてきた顧客層（「レイト・マジョリティ」）だけが残りますが，買替需要がメインの市場になります。そのため，企業が市場シェアを奪い合うことになります。企業間では互いに熾烈な競争を転展する中で，原価を下げながら，一層製品差別化が強化されていきます。その結果，場合によっては製品セグメンテーション別に，企業間で市場をすみ分けることも生じます。技術の成熟度が見極められる時期でもあります。

④衰退期：顧客層は「ラガード」になります。成熟期を経て，需要量が減少し，企業の生産は稼働率を落とすことになります。業界全体の売上高が減少し，利益も低下していく時期です。この時期になると，一般的な製品の

場合，様々な理由，とりわけ製品のコモディティ化（commoditization）により，顧客は価格重視の購買行動をとります。または，他の製品に代替されてしまい，本来の製品の市場は縮小していきます。場合によっては，その市場から撤退する企業や製品も現れます。

産業の成熟プロセスも製品ライフサイクルに類似していると考えられており，製品や産業の発展段階に伴い，それに適したイノベーションがあることが示唆されます。つまり，産業発展段階によって，活性化するイノベーションのタイプが違い，企業の焦点となるイノベーションが変わってくるのです。

なお，製品ライフサイクルの導入期から成熟期までかかる時間は，第3章で紹介した普及曲線と同様，製品や社会の状況などによって異なります。

4.2　研究開発と技術進歩の軌跡：S字曲線

4.2.1　企業の研究開発と技術開発の意義

ここで新製品の開発プロセスを見てみましょう。新製品の開発においては，まず市場ニーズの調査を行います。そして，そこから製品コンセプトを企画し，その機能と構造を具体的な形にする基本設計を行います。その後，製品をつくるために必要な様々な要素技術を考慮しながら，詳細設計を行い，試作品をつくり，検討を繰り返します。そこで問題を発見し，その問題を解決していって，はじめて量産に入ります。量産に当たっては，製造活動に必要な装置や機械，作業員の動員・配置などを計画する生産準備（量産エンジニアリング）を行います。問題がなければ，量産が開始されます。

こうした具体的な新製品活動に欠かせないのが研究開発活動です。一般的に，研究開発力の高い企業は，技術力が高まり，将来得られる収益性が高まることが期待されます。そのため，多くの企業は研究開発を重視し，市場も同じ目で評価をします。

研究開発活動は「研究（research）」と「開発（development）」に分けられ

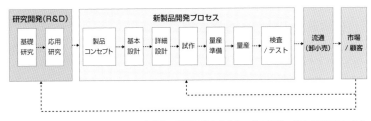

注：新製品開発プロセスにおいて，各段階で問題が発生すると，前の段階，前々の段階という具合でさかのぼって，フィードバックや修正が求められることになります。

図 4.2　研究開発と新製品開発プロセス

ます。「研究（R）」活動は，具体的な製品化のために必要な科学的な新知識や原理を探索する活動です。研究活動は，さらに基礎研究と応用研究があります。基礎研究は自然科学・社会現象に関する科学的知識の獲得を目的とする活動です。応用研究は，基礎研究をベースに実用化の可能性を探索する活動で，製品化のために必要な要素技術の確立のための活動も含まれます。一方，「開発（D）」活動とは，製品事業化の前（上流段階）で，人や設備，装置，試薬などを備える投資をし，市場に出すための新製品・新工程などの設計，試作，実験などに関する活動を指します。

　企業組織における研究開発活動は，開発部門あるいは研究所，開発センター，研究センターなどといった組織が担います。企業組織に加え，政府傘下の組織（例：国立研究開発法人産業技術総合研究所）なども研究開発活動を担います。大学は教育機関の一面を持つ一方で研究開発活動の拠点としての役割を持ち合わせています。そして，これらの主体の共同開発体制としての「産官学連携」が注目されています。また，国の科学技術の方向性や現状を毎年まとめたものとして『科学技術・イノベーション白書』（旧科学技術白書，2018年より書名変更）が刊行されています。

　なお，研究開発力の評価に，研究開発投資額や売上高対比研究開発投資額の比率が使われます。また，特許件数，国際科学誌の論文掲載数や引用件数などが研究開発の成果指標として用いられます。

4.2.2 技術進歩の軌跡：S字曲線

　新しい技術を獲得し，その技術を進歩させようとする研究開発活動は，製品開発を通じた事業展開に欠かせないものです。その技術を獲得する方法には，①自社開発，②共同開発（いくつかの組織体が共同で開発する），③ライセンシング（他社の技術を購入）の3つを挙げることができます。

　ところが，①と②の方法で技術を開発し，精緻化していくプロセスは容易ではなく，長い時間と資源を投じなければなりません。

　経営コンサルティング会社マッキンゼーのコンサルタントであるフォスター（Richard N. Foster）は，一般的な技術の進歩の形態はS字の軌跡を沿って進歩していくと説明しました。このような軌跡は，技術進歩のS字曲線（カーブ）と呼ばれています。フォスターによれば，S字曲線とは「ある製品もしくは製法を改良するために投じた費用と，その投資がもたらす成果との関係を示すグラフ」とされています[1]。

　図4.3がこのS字曲線です。横軸はインプット（技術開発のために費やされる時間と開発にかかる諸資源（ひとを含む）にかかったコスト（≒投資額）），縦軸はアウトプットとしての技術成果（performance）を示し，時間経過に伴うそれぞれの関係性が示されています。

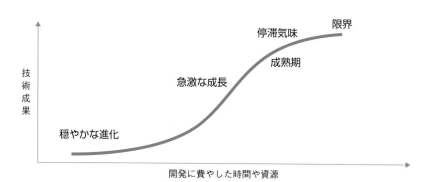

出所：Foster（1986）p. 31. 一部加筆。

図4.3　技術進歩のS字曲線

1　フォスター（1986）p. 27。

技術の進歩は，なぜこのようなＳ字形になるのでしょうか。

新製品や新製法の開発に資金を投じてもなかなか開発の初期はその成果が現れず，技術成果は遅くゆっくりと，緩やかな進化を見せます。その理由は知識の不足や欠如が関係します。そこから一定の知識が蓄積され，鍵となる知識情報が集まると，制約条件を突破してテイクオフ（take off：離陸）し，成長期に入り，技術成果（進歩）が急激な進化を遂げるようになります。その後，時間と資源投入による成果が段々停滞され，技術の限界（成熟期）に達することになります。

技術進歩のＳ字曲線は，技術開発に費やした時間と資源に対して，緩やかな進化→急激な成長→停滞（限界）といった軌跡をたどっていく傾向があることを示し，技術開発において一定の予測可能性を与えるものです。またそれは，ある種の技術は，限界を迎えてしまうことも示唆しています。

4.2.3　技術交代：限界に達した技術の宿命

ある技術がその限界を迎えた時，新しい技術が現れ，その技術に代替されていきます。旧技術よりも，初期の新技術は技術成果が低く，緩やかな進化をします。のちに，新技術はＳ字の軌跡を描きながら急速に進歩します。新技術の非連続的なイノベーションが旧技術の技術成果を追い越して，より高いレベルにまで進化し，旧技術を交代することになります。しかしながら，この新技術も限界を迎えることになり，更なる新技術によって交代されていきます。これを図解したものが図 4.4 です。

図 4.4 から分かるように，旧技術と新技術が重なる「移行期」（横軸の A 領域）に，技術間競争が起こり，それぞれの技術を選択した企業間の競争力や運命が決せられることになります。その際，技術成果の縦軸を中心に見ると，新技術の初期には旧技術よりもその成果が劣ります。そのため，新技術の潜在的な発展可能性に無視してしまう，一種のジレンマ状態に陥ってしまうことが，旧技術を軸にビジネスを展開する企業においてよく起こります（縦軸の B 領域）。

実際に，自動車のタイヤの耐久性の向上のために使われるタイヤコードの素

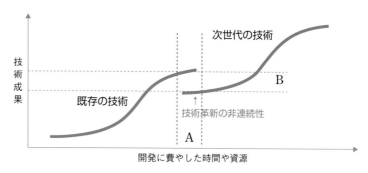

図内のテキスト:

次世代の技術

技術成果

既存の技術

技術革新の非連続性

A

B

開発に費やした時間や資源

注：A 領域は「移行期」, B 領域は「ジレンマゾーン」。
出所：Foster（1986）p. 102. 一部加筆。

図 4.4　技術進歩曲線の交代

材の変化から技術進歩曲線の交代を確認できます。タイヤコードの素材は，自然物である木綿から，合成繊維であるナイロン，レーヨン，ポリエステルの順に変化してきました。それぞれの素材の累積研究開発努力（横軸）と技術成果（相対的なコード性能：縦軸）を図示したのが図4.5です（フォスター，1986）。

　技術進歩のS字曲線を提唱したフォスターは，タイヤコードの素材技術の交替を以下のように説明をします[2]。タイヤコードの素材として当初木綿があったところ，それと交替したのが新素材レーヨンでした。数年にわたるレーヨンの改良には1億ドル以上がかかりました。しかし，その後現れたナイロンは，非常に少ない投資額で高い技術成果が得られました。レーヨンは限界に到達し，非常に少ない努力（投資）で，高い技術成果を上げたナイロンに交代されます。しかしその後，ナイロンもより少ない努力を行い，高い技術成果を上げたポリエステルに代替されました。

　ここで，それぞれの技術の交替期をめぐる企業状況について見てみましょう。レーヨン製のタイヤコードはアメリカン・ビスコースとデュポンが長年にわたって競い合いながら性能を改良してきました。

　しかし，1960年代に入り，ナイロン製の台頭とその技術限界が高かったため，アメリカン・ビスコースはシェアを落とし，衰退した反面，デュポンはレーヨ

2　フォスター（1986）pp. 115-123。

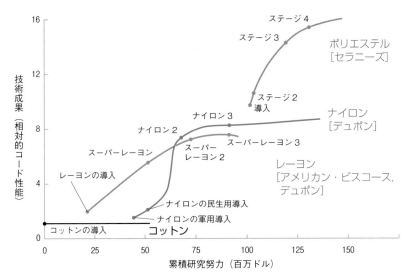

出所：Foster（1986）p. 124.

図 4.5　タイヤコードにおける技術進歩の変化

ン製から自社専売のナイロン製に切り替え，市場で優位な地位を維持することができました。

　ところが，ナイロン製には寒い日になると硬化してしまい，「フラットスポット」という現象が起こり，走行するとガタガタと揺れが発生するという問題がありました。そこでデュポンとセラニーズなどはナイロンの代替素材として，当時，洋服の素材であったポリエステルを検討しました。ただ，デュポンはその一方で，これまでの高い成果を上げていたナイロン製の柔軟性の強化を通じて問題を解決しようと力を入れていました。

　しかし結果的にはポリエステルに優位性があり，デュポンはポリエステルに力を入れたセラニーズに市場地位を譲るしかありませんでした。デュポンは，ナイロン製タイヤコードの技術進歩がカーブの最後に位置しているのを認識できなかったといえます。すなわち技術の限界を知らなかったことが，多くの研究開発額を投じたものの成果を得ることができず，市場シェアを奪われてしまった敗因となりました。

　旧技術から新技術に代替された例は多く存在します。例えば，電子計算機

（コンピュータ）の部品で演算速度を左右する部品であった真空管がトランジスター，また半導体へと代替されたのが代表的な例です。また，製品レベルでは帆船から蒸気船，さらに鉄鋼船への代替などがあります。

　以上を整理すると，技術進歩の特徴を3つの点にまとめることができます。①技術進歩はS字のカーブを経て進歩していく。②旧技術は非連続的な技術革新によって新技術へと交替する。③技術移行期において旧技術を駆使する企業は，新技術の潜在的な技術成果の発展可能性に気づきにくく競争力の逆転が起こる可能性がある。

4.3　製品イノベーションとプロセスイノベーション：A–U モデル

4.3.1　産業の形成とドミナント・デザイン

　次に，産業レベルでイノベーションのダイナミズムについて考察します。以下では，アバナシーとアッターバック（Abernathy and Utterback, 1978; Abernathy, 1978）によって示されたアバナシー–アッターバックモデル（Abernathy-Utterback model：A–U モデル）を中心に解説していきます。

　彼は，実際に初期の自動車産業で起きた様々なイノベーションを調べた上，「製品イノベーション」と「プロセス（工程）イノベーション」に分けて，時間経過の中での変化を分析しました（図4.6）。そこにおいて彼は，時期によって主要なイノベーション（発生頻度の多いイノベーション）が変わることを指摘しています。その時期（段階）は，流動期，移行期，固定期の3つになります。これらの時期によって主要なイノベーションの発生率が変わるのです。その上で，各段階の主要イノベーションを見ると，流動期には製品イノベーション（増加）が主要となりますが，移行期には製品イノベーションが減少し，プロセスイノベーションが増えていきます。固定期には，2つのイノベーションが共に減っていくが，製品イノベーションよりプロセスイノベーションが重視される，と説明しています。以下ではこの3つの段階について説明しますが，4.1.2で説明した製品ライフサイクルも併せて考えていただけると興味深いと

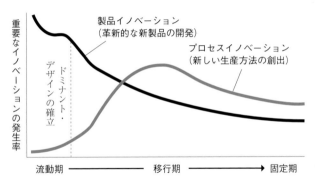

重要なイノベーションの発生率

製品イノベーション
（革新的な新製品の開発）

プロセスイノベーション
（新しい生産方法の創出）

ドミナント・デザインの確立

流動期 ——————— 移行期 ——————→ 固定期

出所：Abernathy（1978）p. 72.

図 4.6　イノベーションの発生率の変化パターンとダイナミズム

思います。

⑴ 流動期（産業の生成期）とドミナント・デザイン

　これまで世に存在しなかった真新しい革新的な製品が創造されると，新しい産業が形成されます。その産業の生成期には，製品に求める機能性や構造などに関する顧客側（市場）のイメージは，まだあいまいで漠然とした状態です。市場に参入しようとする企業側も，どのような製品コンセプトが市場に受け入れられるかが分からない時期です。そのため，製品として，どのような製品機能が求められるのか，どのような形（構造）が良いのかなどに焦点を当てたイノベーションが頻繁に起こります。

　各々の企業（供給側）は，多様な機能と形の製品コンセプトの製品を試作的に少量で生産し，市場に送り出して市場ニーズを捉えようとします。多くの企業が標準的な製品を勝ち取るために熾烈な競争を行う一方で，市場の消費者層（需要側）に受け入れたい製品設計の標準的なものがまだ形成されていない状態です。そのため，企業も大量生産を前提とした大型の固定的な設備投資が困難な時期です。企業と市場，両方が容認する標準的な製品設計が決まらず，模索する段階ということで，この時期を流動期（fluid stage）といいます。

　いわば産業の生成期に当たりますが，製品イノベーション率がプロセスイノベーション率を上回る時期です。したがって，イノベーションの焦点は「製品」

そのものです。様々な製品が生み出され，市場や消費者の興味が探索される中で，顧客が受け入れたい製品コンセプト，すなわち顧客のニーズに合致した一定の製品の形（構造）と期待する機能性などについて方向性が固まっていきます。

　このようにして，多様な製品コンセプトの中で市場の支配を勝ち取った機能と構造を有するデザインが形成されます。これをドミナント・デザイン（dominant design）といいます（Abernathy, 1978; Abernathy, Clark and Kantrow, 1983）。「支配的デザイン」もしくは「標準デザイン」と呼ばれる場合もあります。例えば，フォード自動車のモデル T や QWERTY 式配列が，自動車産業とタイプライター市場（のちにはコンピュータ市場）のドミナント・デザインになりました。

(2) 移行期：イノベーションの焦点のシフト

　一旦ドミナント・デザインが決まると，企業は少しの機能や構造の改良を行うものの，「いかに効率良く造るか」にイノベーションの焦点が移ります。そのため，製品イノベーション率が減り，プロセスイノベーション率が飛躍的にアップし，製品イノベーション率を超えるようになります。この時期を移行期（transition stage）といいます。

　移行期は，製品ライフサイクルの「成長期」に当たります。企業は需要拡大に伴い，大量生産の遂行のために機械設備が導入され，自動化が追求されます。市場では，製品の普及が急速に進む時期で，企業間の競争圧力も増し，さらに生産効率（生産性）の向上を図る取り組みが強化されます。

(3) 固定期（特定化段階）と生産性のジレンマ

　やがて産業は移行期から製品イノベーションとプロセスイノベーション率が共に下がっていく固定期（specific stage）と呼ばれる段階に入ります。この時期は製品ライフサイクルの「成熟期」に当たり，激しいコスト競争が企業間競争において起こる時期です。

　ここにおいて企業は，特定製品（設計）モデルを中心に，これまでの製造活動から得られた学習効果を活かし，大量生産による便益を持続的に発揮させた

いというモチベーションを持ちます。仮に製品設計の変更により生産プロセスが変更されると，これまでの学習効果による利点が十分に得られなくなり，生産性の低下につながる可能性があります。そのため，大きな製品設計の変更が伴われる製品イノベーションを拒む傾向になるのです。つまり，企業側は，製品のライフサイクルが標準化されるこの時期に入ると，製品設計をあまり変えずに，既存の大量生産システムを活用し，生産性の向上にさらに専念するようになります。ここでは主なイノベーションの形態は，生産工程における品質や作業効率の改善などを図る漸進的なイノベーションになります。

　その結果，生産性は高まりますが，革新的な製品のイノベーションには目が向けなくなる傾向が強まり，次第に市場変化に対応して製品設計を変えるフレキシビリティ（柔軟性）を失ってしまうジレンマに直面します。これを生産性のジレンマ（productivity dilemma）と呼びます（Abernathy, 1978）。固定期には学習効果を活かす「生産性の向上」の動きと，様々試行錯誤とリスクを伴う「（製品）イノベーションの生起」との間にトレードオフが生じるため，企業側はイノベーション戦略のかじ取りが難しくなります。

　以上が，アバナシー–アッターバックモデル（A-U モデル）の概要です。これは，産業の発展段階が進むにつれ，イノベーションの焦点とパターン，市場状況，企業行動などがダイナミックに変化していくことを示しています[3]。

4.3.2　脱成熟化と新旧技術の戦い

　「ドミナント・デザイン」が確立してプロセスイノベーションが主流となり，成熟期を迎えた産業において，再び製品イノベーションが主流になることがしばしばあります。脱成熟化（de-maturity）と呼ばれる現象です（Abernathy, Clark and Kantrow, 1983）。脱成熟化の多くは，産業の基盤となる技術の変化

---

[3] ところが，すべての産業にこの仮説が適応されるわけではありません。産業の特徴によって相違点があることを考慮する必要があります。アッターバック（Utterback, 1994）は，産業の特徴を反映しつつ，またプロセスイノベーションの具体的な中身が組立加工産業とプロセス産業によって異なる点も指摘しつつ，A-U モデルを精緻化しました。とりわけ製造業は，大きく組立加工産業とプロセス産業に分けることができますが，板ガラスのようなプロセス産業の場合，組立加工産業よりも多様な素材が使われていないため，製造工程における技術的な努力と実験などがイノベーションの焦点になると指摘します。

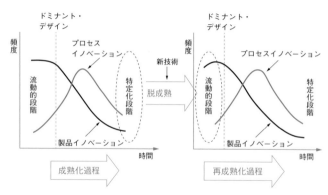

出所：桑田・新宅（1996）p. 165。一部修正。

図 4.7　産業の発展パターンと脱成熟

によって起こされます。すなわち，技術の変化が製品の標準的な設計を見直す
契機になって，また製品イノベーションが盛んになるのです。脱成熟化により
固定期（特定化段階）から再び流動期が生まれ，もう一度移行期，固定期へと
移行していくことを「再成熟化」と呼びます。

　脱成熟化は，4.2.2 の技術進歩の S 字曲線が交替することによる，非連続的
なイノベーションによって起こります。例えば，新技術はその初期においては，
特定の（製品）機能は画期的なものですが，他の側面やコストにおいては旧技
術に劣っている場合が多くあります。しかし，技術が改良され，精緻化してい
くと，市場での大部分の評価軸（機能，コスト，品質など）において新技術が
旧技術を超えるようになります。こうした技術転換によって脱成熟化が起こる
のです（図 4.7 参照）。

　表 4.1 は，（製品）技術転換による脱成熟化の代表的な例です。この他に自
動車においても，進展が進む EV 化や自動運転技術により，脱成熟化が起こる
かもしれません。デジタル技術の進展の中で，産業がリセットされ，再び脱成
熟化を迎える製品や産業が多く現れると思われます。

　脱成熟化を引き起こす技術転換を促す要因としては，流動期にはなかった科
学の新たな知見によって生まれた技術的選択肢の出現が挙げられます。既存の
研究領域においても，新たな応用手法やさらなる研究の精緻化の成果から，タ
イムラグをおいて新しい技術的選択肢が出現することがあります。

表 4.1　製品分野別技術転換の例

製品分野	旧技術	新技術
家庭用 VTR	VHS/β マックス方式	S-VHS/8mm →デジタル VTR
繊維	天然繊維	化学繊維→合成繊維
腕時計	機械式	デジタル式→クオーツ式
照明	白熱電球/蛍光ランプ	LED（発光ダイオード）
顕微鏡	光学顕微鏡	電子顕微鏡 →走査型プローブ顕微鏡（SPM）
ディスプレイ	ブラウン管	液晶→ OLED（有機 EL）
電子スイッチ部品	真空管	トランジスター→ IC → LSI → VLSI
録音媒体	カセットテープ	DCC/MD → MP3，MP4
移動式電話	アナログ携帯電話/自動車電話	デジタル携帯電話→スマートフォン
自動車	ガソリン/ディーゼル車	ハイブリッド車→電気自動車(EV) →燃料電池車（FCV）

　また，市場ニーズや消費者の選好の変化によって脱成熟化が起こることもあります。新たな技術的選択肢と市場ニーズの相互作用によって，脱成熟化が促されることもあるのです。

　さらに政府や国際機関による規制が，脱成熟化のような非連続的なイノベーションを起こす誘因になることがあります。例えば，CO_2 や NO_x などの環境規制による電気自動車（EV）の出現・普及による，ガソリンエンジン車の代替です。

　技術転換は，4.2.3 のタイヤコードの事例で示したように，市場ニーズの変化と共に企業の競争力に影響を及ぼすことを忘れてはいけません。例として，アナログからデジタルへの技術転換は，従来の知識や企業の強みを，極端にいえば消滅させてしまいます。デジタル化は，天動説から地動説へのシフトのように，これまでの考え方や知識，スキルなどを一変させるのです[4]。

4　アメリカの科学哲学者クーン（Thomas Samuel Kuhn）は，ものや事象の土台となるものが根底から大きく変わることを「パラダイムシフト（paradigm shift）」と呼んでいます（Kuhn, 1962）。彼の言葉を借りれば，ある時期に一般的に認知，共有される「正常科学（normal science）」に深刻な異常が出現し，危機的な状況に直面すると，既存のパラダイムから否定され，新しい「正常科学」に代替されることがパラダイムシフトです。彼のいうパラダイムは明確に定義するのは難しいですが，ある科学分野の基本理論や法則，概念，標準的な実験技術や装置などがパラダイムの要素に含まれます。これだけではなく，価値観，共有観念や慣習なども含まれます。

■コラム[4]：模倣（imitation）からイノベーション（innovation）へ

　アマゾンで「トヨタ」を引くと，7千以上（「Toyota」の場合，4千以上）の書籍がヒットします。このように関連書籍が多いのは，エクセレント・カンパニーである「トヨタ」の様々な仕組みや管理ツール，戦略，組織，システムなどを勉強し，真似し，「わが社もそのような企業になったら」という気持ちの人が多いことの反映です。つまり，上手くやっている企業を学習し，模倣し，自社の競争力やイノベーションにつなげたい企業が多い証です。

　模倣は悪いことではありません。模倣は単なる「パクリ」ではなく，「学習を伴うプロセス」であり，模倣が成長の道筋を示してくれる場合が少なくありません。そこから力をつけて，創造的なイノベーションが生まれます。後発企業が先進企業の製品やサービス，システムなどを模倣して，学習し，キャッチアップに成功しつつ，更なる創造的なイノベーションにつなげていった事例は数多く存在します。また，加工組立産業でよく見られる他社製品を分解する，リバース・エンジニアリング（reverse engineering）という手法は典型的な模倣と学習プロセスの例といえます。

　戦後，多くの日本企業が欧米から技術を輸入し，それを模倣しながら，自社版に変えて技術力を高め成功を収めました。例えば，スーパーマーケットの販売のやり方を導入し，逆転の発想で展開，適時供給（just in time）の生産システムを構築したトヨタがそうです。また近年，注目されている自転車シェアリングビジネスも同様です。自転車シェアリングのアイデアは，元々フランスの公設レンタルバイクだったのですが，それが広まったのは中国においてです。中国の自転車シェアリング企業 Mobike は，フランスのアイデアを模倣し，その上にスマートフォンと QR コードを新たに結合させ，新しいシェアリングの仕組みを構築し，ビジネスを成功させました。このビジネスモデルが日本に導入され，洗練されつつあります。この例はまさに模倣から技術学習，創造へのプロセスを表しています。

　模倣はパクリと悪いイメージを持ちがちですが，「ベンチマーク」の設定であり，立派なイノベーション活動といえます。他社や異業種について，「何を学ぶか」「その本質は何か」「それをどのように活用できるか」という視点を伴った模倣プロセスは，イノベーションにつながります。そこから他社の強みの本質やその原理を見抜き，模倣すべきところが何かをしっかり定め，自社の条件に適用，活用することが重要です。

しかし，多くの企業人は「他から学びたい」ことと別の側面も持っています。「現場が大事」「うちとは違う」という意識が強く，自社の特殊性と業種の違いを強調するあまり，他社のやり方を学ぼうとしない場合もあります。自社の特殊性ばかりに目を向けるのではなく，目的を明確にした上で業種を問わず模倣のターゲットを捉えて，その本質を見抜いて学習することが，新しいイノベーションを生み出します。模倣は学習プロセスであり，立派なイノベーションの活動の一つといえます。（模倣からイノベーションへの重要性とその必然性についての議論は，Kim（1997），Shenkar（2010），井上（2012）を参照してください。）

コラム

第Ⅱ部

イノベーションを具現化する

5 イノベーションの公式

　第1章でも見たように，イノベーションとは社会に価値をもたらす革新のことです。つまり，いくら新しくても社会に価値をもたらさないものはイノベーションと呼ぶことができません。

　さらに，その価値の中身も常に一定というわけではありません。社会を構成する人間が時間と共に変化していくように，価値の中身も刻々と変化していきます。したがって，企業が生き残るには絶えず革新を起こして，社会に受け入れられる価値を生み出し続けなければなりません。

　それでは，企業がそのような価値を生み出すには，どのような作業が必要になるのでしょうか。また，その際に注意すべき点はどこでしょうか。本章では，イノベーションの公式に沿って，それらの疑問に答えてみたいと思います。

★ Key Words
テクノロジー・プッシュ，デマンド・プル，リニアモデル，連鎖モデル，魔の川，死の谷，ダーウィンの海

5.1　イノベーションの公式

　イノベーションは，次の3つの要素の掛け算で成り立っています（伊丹，2015）[1]。第一の要素は，新しいものを生み出すこと。第二の要素は，それを製品化し市場に出すこと。そして，第三の要素は，それを売れるようにするこ

1　イノベーションを3つの要素に分解するというアイデアは，伊丹（2015）を参考にしました。ただし，本書での各要素の名称と定義はオリジナルのものとは若干異なっています。

図5.1　イノベーションの公式

とです。本書では，これら3つの要素の掛け算を指して，イノベーションの公式と呼んでいます（図5.1参照）。

　さらに，経営学では，第一の要素のことを知識創造と呼び，第二の要素のことを資源動員と呼んでいます。知識創造はほぼそのままの意味ですが，資源動員とは新しく生まれたアイデアを製品化するために，開発要員や予算などの経営資源を動員（投入）することを意味しています。そして，第三の要素のことは普及と呼んでいます。売れるとは要するに，世の中に製品を行き渡らせることだからです。これら3つの要素が揃ってはじめて，イノベーションが実現したといえます。

　もう少し詳細に見てみると，イノベーションの出発点は，新しいアイデアの創造です。しかし，そこで立ち止まってはいけません。世間には面白いアイデアは出すけれども，実行力が伴わない人が時々いますが，そのような人は単なるアイデアメーカーであって，イノベーター（イノベーションの実行者）ではありません。

　また，ある会社からヒット商品が出ると，実は似たようなアイデアを自分も考えていたと悔しがる人も時々いますが，それはイノベーションの世界では負け犬の遠吠えに過ぎません。イノベーションの世界では，製品化まで持ち込んだ人や企業が偉いのです。

　さらに，新しい技術やアイデアを製品化しただけで満足してもいけません。厳しいようですが，イノベーションは"売れてなんぼ"の世界です。売れるということは，それだけ広く社会に行き渡ったことを示すからです。逆にいうと，新しく生み出したものを自分や仲間内だけで享受していては，社会に価値をもたらしたことにはなりません。そこで留まる人はイノベーターではなくオタクです。つまり，その新しい価値を社会に行き渡らせてこそ，イノベーションな

のです。

5.2　各要素のトリセツ

　以上のように，イノベーションの実現には，知識創造，資源動員，普及の3つの要素が必要になりますが，以下ではそれぞれの要素にまつわる論点やポイント，注意点などを見ていきます。

5.2.1　知識やアイデアはどこで生まれ，どう育っていくのか

　先にも述べたように，新しいものを生み出すことを経営学では知識創造と呼んでいますが，それでは知識やアイデアはどこで生まれ，どう育っていくのでしょうか。ここではイノベーションの出発点とその育成プロセスについて考えてみたいと思います。

⑴技術が先か，それともニーズが先か

　イノベーションの出発点というと，新しい技術のことを思い浮かべる人が多いかもしれません。しかし，実際のイノベーションの出発点は，必ずしも新しい技術ばかりではありません。むしろ，そのようなタイプのイノベーションは少数派です。ある調査によると，新しい技術が出発点となったものは，イノベーション全体の2-3割程度に過ぎず，残りの7-8割は市場のニーズが出発点になったといわれています（永田，2015）。

　そして，経営学では，前者のような「技術の進歩が企業を刺激し，その結果としてイノベーションが生まれる」とする考え方のことをテクノロジー・プッシュ（technology push）と呼び，後者のような「何らかの環境の変化が引金になって新しいニーズが生まれ，それに気づいた企業が課題に取り組み，その結果としてイノベーションが生まれる」とする考え方のことをデマンド・プル（demand pull）と呼んでいます。

　ただし，現実の世界では，これほどきれいに割り切れないことの方が多いよ

うです。実際は，技術の進歩と市場ニーズの双方が相互に影響を及ぼし合いながらイノベーションが誕生していくことがほとんどで，一方的なテクノロジー・プッシュや，一方的なデマンド・プルはあまり存在しないといえます（近能・高井，2010）。

(2) プロセスは直線的か，それとも連鎖的か

　以上で見てきたように，イノベーションの出発点といっても，必ずしも新しい技術ばかりではなく，市場のニーズから出発することも少なくありません。さらに，それが育っていくプロセスも実に多様です。

　しかし，世間では暗黙のうちに，新しい技術が出発点となり，かつそれが直線的に成長していくモデルが想定されている場合が多いようです。特に日本企業では技術信仰が強く，画期的な技術の発明がイノベーションを生み出すと考える傾向にあります（これは，日本ではイノベーションのことを「技術革新」と誤訳してしまったことに一因があるのかもしれません）。そのため，研究開発や技術開発には巨額の予算をつけるものの，それ以外の活動にはあまり予算をつけたがらない企業も多く存在します。

　経営学では，このような「画期的な技術が生まれると，それを応用した製品が自然と生まれ，それがやがてイノベーションに結びつく」とする考え方のことをリニアモデル（liner model）と呼んでいます（Bush, 1945）。ここでいうリニアとは「直線」という意味で，迷いなくまっすぐに進んでいく様子を表しています[2]。しかし，このリニアモデルは幻想に過ぎないばかりか，以下のような様々な弊害を生む原因にもなります。

①リニアモデルは，多様なイノベーションの生成プロセスの 1 つの側面のみを示しているに過ぎず，現実的ではない（ほとんどの場合，イノベーションの生成プロセスはまっすぐには進まない）[3]

②リニアモデルは，イノベーションの生成プロセスにおいて研究開発活動へ

2　日本で「リニア」というと，リニアモーターカーのことを指す場合が多いですが，そもそもリニアモーターとは，直線運動をするモーターのことです。このリニアモーターを使い，車両を磁気浮上によって支えるのが磁気浮上式のリニアモーターカーです。リニア中央新幹線はこれに当たります。
3　ただし，創薬など，一部にはリニアモデルの方が当てはまりやすい業界もあります。

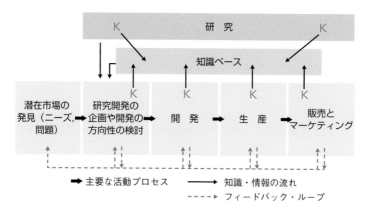

注：図表中の K は知識（knowledge）を表します。
出所：Kline and Rosenberg（1986）p. 290.

図 5.2　連鎖モデル

の過度な期待を生む

③リニアモデルは，イノベーションの生成プロセスにおける他の役割や機能
に対する誤解（例えば，研究開発以外は重要でないなどの誤解）を生む

　それに対して，実態に即した考え方として経営学で提唱されているのが，連
鎖モデル（chain-linked model）です（図 5.2 参照）。このモデルは，イノベー
ションの生成プロセスが複雑で多様であることを表しています（Kline and
Rosenberg, 1986）。しかし，その結果，図の形状も複雑になってしまい，初見
では分かりづらいという欠点があります。

　この連鎖モデルの特徴は，次の 3 点にまとめることができます。1 つ目は，
潜在市場の発見が出発点とされている点です。ただし，"市場"という言葉が
使われているからといって，このモデルではデマンド・プルだけを想定してい
るわけではありません。ここでいう潜在市場には，「今はまだだけど，実現で
きたら儲かる技術」などのテクノロジー・プッシュの要素も含まれています。
このように，連鎖モデルはリニアモデルと異なり，イノベーションの出発点を
多様に捉えています。

　2 つ目は，研究がイノベーションの生成プロセスの外側に置かれ，直接的に

それに影響を与えるだけでなく，知識を通じて間接的な影響も与える存在として描かれている点です。その結果，リニアモデルでは，研究はイノベーションの出発点でのみ作用する存在として描かれていたのに対し，連鎖モデルではそれ以外の場面でも作用する存在として描かれています。また，連鎖モデルではリニアモデルとは異なり，研究以外の様々な活動（例えば，生産や販売・マーケティングなど）を通じて蓄積された知識もイノベーションの生成プロセスに影響を与えると考えられています。

　3つ目は，リニアモデルは単一の流れのみで表現され，フィードバック・ループを持っていないのに対し，連鎖モデルには多くのフィードバック・ループ（図 5.2 中の破線の矢印）が存在する点です。その結果，連鎖モデルでは，知識や情報が行ったり来たりを繰り返しながら前に進んでいく，複数で多様なイノベーションの生成プロセスが描かれることになります。

5.2.2　資源動員はなぜ難しいのか

　次に注目するのは，資源動員です。5.1 でも述べたように，経営学では，アイデアを製品化して市場に出すことを資源動員と呼んでいますが，ここで多くのプロジェクトがつまずきます。アイデアは生み出すことができても製品化には至らない場合が多いのです。ここでは，アイデアを製品化することがなぜ難しいのかについて考えてみましょう。

　通常は，多くの人々にとって資源動員は遠い世界の話で，実感がわきにくいと思います。しかし，日本では一時期，誰もが毎週のように，この資源動員の場面を目にすることができました。

　少し古い話になりますが，「マネーの虎」という番組をご存知でしょうか。2001 年 10 月から 2004 年 3 月まで日本テレビで放送されたリアリティ番組で，ビジネスを始めたい一般人が事業計画をプレゼンテーションし，投資家である審査員が出資の可否を判断するという番組です。しかし，実際に出資を受けられた人はわずかしかいません。むしろ，この番組での風物詩は，審査員から厳しい質問や罵声を浴びせられた挙句，一銭もお金を出してもらえないまま，スタジオを去る人々の姿です。

なぜ，これほど資源動員の許可を得ることは難しいのでしょうか。もちろん，誰が見てもアイデアが魅力的でなかったり，計画の見通しが甘過ぎるなどの致命傷がある場合もありますが，それ以外にも考えられる理由が2つあります。一つは，未来のことは誰にも分からないからです。特にアイデアが斬新であればあるほど，それと比べるものがない分，成否を予測することが困難になります。そして，もう一つは，経営資源には限りがあることです。企業の持つ経営資源が有限である以上，すべてのアイデアに資源を配分するわけにはいきません。選択肢を絞る必要があります。

このように，実際の企業では不確実性が高い状況下で，経営資源の配分先を決めなければならないため，本当は良いアイデア（今にして思えば，その当時製品化しておけば大儲けできたはずのアイデア）であるにもかかわらず，資源動員が見送られてしまうケースが度々発生します[4]。

例えば，三洋電機ではアップルに先行して「iPod」と似たアイデアを温めていたにもかかわらず，資源動員に失敗し，大きなチャンスを逃がしてしまいました[5]。オーディオ部門トップの黒崎正彦（当時）は，携帯音楽プレイヤーを使って音楽を配信するビジネスの計画を進めていました。しかし，その計画は会長からの「音楽？　コンテンツ？　あきまへん。これからは情報システムでっせ」の一言で，お蔵入りになりました。

5.2.3　普及には非技術的要因も重要

最後に注目するのは，普及です。5.1でも述べたように，経営学では，世の中に製品を行き渡らせることを普及と呼んでいますが，実はここが一番の難関です。様々な困難を乗り越えて製品化に成功しても，そのほとんどがこの段階で失敗してしまいます[6]。具体例を見てみましょう。

皆さんは，「Lモード」や「モバHO！」といったサービスをご存知でしょうか。前者は，NTT東日本と西日本が2001年に開始した固定電話に簡易イン

4　ここをどう突破するのかについては，第6章を参照してください。
5　『日本経済新聞』（2007年2月28日）。
6　ここをどう突破するのかについては，第3章を参照してください。

ターネットを提供するサービスで，「i モード」の固定電話版のようなものです。一方，後者は，モバイル放送株式会社が 2004 年に開始した専用モバイル端末向けの衛星放送サービスです。衛星波により全国どこでも有料放送を楽しめることをセールスポイントにしていました。しかし，残念ながら，これらのサービスは共にあまり普及しませんでした。なので，ほとんどの人は知らないと思います[7]。

このように，新しい製品やサービスを普及させることは容易ではありません。ビジネスの世界には昔から，「千三つ」という言葉があります。これは，1,000個の新商品のうち，1 年後に生き残るのは 3 個程度しかないということを言い表した業界用語です。様々な困難を乗り越えて販売にこぎつけた製品の大半が，販売不振のため 1 年も持たずに店頭から姿を消してしまいます。それほど生き残ることは難しいのです。

それでは，製品が普及して生き残るための条件とは，一体何なのでしょうか。真っ先に思いつくのが，技術やアイデアの優秀さです。確かに，機能や性能，中身でライバルに見劣りするものは消費者には選んでもらえないでしょう。しかし，優れた技術やアイデアを持つ製品であれば必ず普及するというわけでもありません。

その代表例が，プラズマテレビです。プラズマテレビは黒の映像表現では液晶テレビを上回り，その他の機能では（一長一短はあるものの）それほど大差はありませんでした。にもかかわらず，普及を阻まれました。それはなぜでしょうか。

主な敗因の一つは，参加企業数の少なさです[8]。液晶テレビを作る企業に比べ，プラズマテレビを作る企業の数は限られていました。その結果，部品や材料などの量産効果が働かず，値段が割高になっただけでなく，売り場作りでも液晶テレビに見劣りしてしまいました。商品数が少ないため，家電量販店などでまとまったスペースが取れず，消費者にアピールしにくかったのです。さらに，なぜ参加企業数が少なかったのかというと，プラズマテレビには放電などの技術的な扱いにくさや，ガラス素材ゆえの輸送のしにくさなどの問題があっ

---

7 L モードは 2010 年に終了し，モバ HO！は 2009 年に終了しました。
8 『日経トレンディ』（2014 年 7 月号，pp. 122-124）。

たからです。その意味では，失敗の原因は，初期段階における技術選択にあったといえるかもしれません。

　このように，普及には技術やアイデアの良し悪しだけでなく，関連企業やライバル企業の動向，価格設定の仕方，市場投入のタイミングなど，非技術的な要因が深く関わっています。しかし，これらの要因は意外と見落とされがちです。特に技術力に自信がある企業や人は，この点を軽視して普及に失敗することが多いのです。

5.3　イノベーション活動に見られる 3つの特徴

　5.2.1でも見たように，イノベーションの生成プロセスは複雑で多様です。しかし，イノベーションを起こすための活動には，国や業種，企業の違いに関わらず共通する部分があります。ここでは，そのようなイノベーション活動に共通して見られる3つの特徴を取り上げてみたいと思います。

5.3.1　次の段階に進むのが大変

　1つ目の特徴は，次の段階に進むのが大変ということです。イノベーションのプロセスは大きく，研究・技術開発活動，製品開発活動，事業化活動の3段階に分けることができます。最初の研究・技術開発活動とは，新しい製品の基礎となる面白いアイデアや優れた技術を生み出す活動のことで，次の製品開発活動とは，面白いアイデアや優れた技術を具体的な製品の形に結びつける活動のことです。そして，事業化活動とは，開発された製品を生産・販売し，利益を上げる活動のことです。

　このように，イノベーションのプロセスは3つの段階を経て進んで行きますが，実は，それぞれの段階と段階の間には大きな溝が横たわっており，そう簡単には次の段階に進むことができません。多くのアイデアや事業プラン，試作品などが，その溝を乗り越えることができずに脱落していくのです。さらに，それぞれの溝には名前がつけられており，先頭から，魔の川，死の谷，ダーウィ

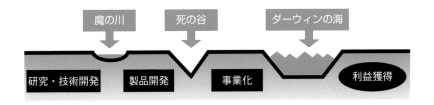

図5.3　イノベーションのプロセスに横たわる3つの溝

ンの海と呼ばれています（図5.3参照）。以下では，それぞれの中身について説明したいと思います。

(1) 魔 の 川

　1つ目の魔の川とは，研究・技術開発段階と製品開発段階の間に存在する溝のことで，より具体的には，面白いアイデアや優れた技術を生み出すことと，それらを製品の形に結びつけることとの間に横たわる溝のことです。研究を研究だけに終わらせないようにするためには，具体的なターゲットや製品像を構想する必要があります。しかし，それに失敗することも多いのです。実際，苦労して開発したものの，活用されずに社内に眠り続ける技術は日本だけでも，60万件以上あるとされています[9]。

　しかし，そもそもなぜ最初に直面する困難のことを「魔の川」と呼ぶのでしょうか。この造語の生みの親は，東北大学の出川通とされていますが（近能・高井，2010），現在では多くの経営学者やビジネスマンが，その言葉を絵や写真と共に利用しています。そして，それらのビジュアル資料に共通するのが，川幅が狭く流れの速い渓谷のイメージです。確かに急流を渡るのは危険で，時に失敗し流されることもあるでしょう。しかし，川に固執する理由は他にもあります。それは，後に続く溝との関係です。谷や海に比べると，川は渡りやすいからです。

　魔の川の次に待ち構えている死の谷は，川とは比べ物にならないほど広大な

9　特許登録件数をベースにすると，国内の有効特許数，約135万件のうち，5割弱が休眠特許であるとされています。ただし，これには他社の技術開発を牽制する目的で登録されたものもあるため，本当の意味での死蔵特許の数は不明です（『日本経済新聞』2013年9月22日）。

面積を持っており，渡りきるのが大変です。モデルとなった米国のデスバレー国立公園の総面積は 13,158 平方キロメートルで，長野県の面積とほぼ同じ大きさです。しかし，その死の谷も海の広さには敵いません。地球の表面の約7割が海だからです。このように，先の段階に進もうとするほど溝のサイズは大きくなり，渡りきるのが困難になります[10]。それぞれの溝の名前には，このことが暗示されているのです。

(2) 死 の 谷

　2つ目の死の谷とは，製品開発段階と事業化段階の間に存在する溝のことです（近能・高井，2010）。開発した製品を生産・販売するには，資金や人材などの経営資源の投入が必要になります。しかし，5.2.2 でも述べたように，未来のことは誰にも分かりません。どれほど開発者本人に自信があっても，それが確実に売れるという保証はないのです。加えて，企業が保有する経営資源にも限りがあります。その結果，多くの試作品が資源動員を受けられず，製品化を前に脱落していきます。

　しかも，前述したように，死の谷の面積は魔の川に比べ格段に広く，渡りきるのが容易ではありません。その上，この谷は過酷な砂漠環境にあります。モデルとなったデスバレー国立公園は，地球上で最も乾燥した地域で，気温が50℃を超えることもあります。それゆえ，魔の川を渡る時以上に，多くのプロジェクトがここで脱落していくのです。

(3) ダーウィンの海

　3つ目のダーウィンの海とは，事業化段階を無事に突破して，利益を獲得するまでの間に存在する溝のことです（近能・高井，2010）。事業を成功させるには，多くのライバルとの生き残り競争に勝つことが必要になりますが，これが最も難しいのです。だからこそ，死の谷よりも遥かに広大で，渡りきるのが困難な「海」に例えられているのです。

　しかし，どうして単なる海ではなく，わざわざ生物学者の"ダーウィン"の

---

10 なお，先に進むほど溝が大きくなる理由については，4.2 を参照してください。

名前を冠しているのでしょうか。それは，彼が唱えた「適者生存」や「淘汰」などの考え方と，市場での熾烈な競争の様子が似ているからです。5.2.3 でも述べたように，ビジネスの世界には古くから「千三つ」という言葉があります。もちろん，これは少し誇張し過ぎだとしても，市場での生き残りをかけた競争は自然界のそれと同じくらいに厳しいのです。

　例えば，ある大手菓子メーカーによると，コンビニにおけるチョコレート系新商品の発売 3 週間後の生存確率は約 27％とされています（小川，2010）。これは逆にいうと，新商品の 73％が 1 か月もしないうちにコンビニ側の発注カット（在庫品がなくなった時点での追加発注の打ち切り）の対象になってしまっていることを意味しています。

5.3.2　先に進むほど大変

　2 つ目の特徴は，先に進むほど大変ということです。かつてソニーで研究所長を勤めた中村末広は『経営は「1・10・100」』というタイトルの著書を出版しています。

　その中で，新しい商品やビジネスを花開かせるには，次の 3 つのステージをクリアする必要があると述べています。まずは，どのようにして創造的な商品を開発するのか。次に，その商品をいかにして生産するのか。最後に，どうやってたくさんの消費者に買ってもらうかです。

　さらに，彼はその著書の中で，それら 3 つのステージをクリアするのに必要な経営資源（エネルギー）の量について次のように述べています。

> 「キーテクノロジーを見つけるために必要なエネルギーが 1 とするなら，実際に商品を製造してゆく過程で必要とされるエネルギーはその 10 倍，消費者に商品を買ってもらうためのマーケティングにおいては 100 倍のエネルギーが求められる」（中村末広（2004）『経営は「1・10・100」』日本経済新聞社，p. 23）

　つまり，先の段階に進むほど，より多くの経営資源（エネルギー）の投入が

必要になると述べているのです。

そもそもアイデアを考えるだけであれば，一人でもできます。そして，それを製品の形に落とし込むのも，数人から数十人いればできます。また，そのために必要な設備もミーティングを行うための会議室や実験室，簡単な工作機械などで十分です。しかし，それを大量生産するには，巨大な工場と大掛かりな製造装置，たくさんの工具などが必要になります。さらに，製品をたくさん販売するには，世界中で営業職を雇ったり，広告宣伝が必要になったりするだけでなく[11]，修理や部品供給などのアフターサービス網の構築も必要になります。

このように，先の段階に進むほど多くの経営資源の投入が必要となるため，プロジェクトが先の段階にあるほど，そこから先に進むかどうかの判断はより慎重に行われます。失敗した場合のリスクが大きくなるからです。

5.3.3　一人ですべてのことはやれない

3つ目の特徴は，一人ですべてのことはやれないということです。世間にはイノベーションは一人の天才による所業という誤解がはびこっています。このような誤解は孤独の天才の神話ともいわれます[12]。

この種の誤解は古くからあり，例えば，英国の歴史家トマス・カーライル（Thomas Carlyle）は，1840年代に「世界の歴史は偉人たちの伝記だ」と語っています（Shenk, 2014）。その他にも，映画やアニメ，SF小説などに登場する天才科学者の姿もそのような誤解を助長しているのかもしれません。彼らは，革新的なものをたった一人で作ってしまうからです[13]。

しかし，実際のイノベーションは，チーム・スポーツによく似ています。そ

---

11 なお，宣伝広告費の目安は，全国放送のTVCMを1回流すと，15秒で約200万円。また，CM製作費が1本で約5000万円。さらに，新聞広告の場合は1ページの全面広告だと少なくとも約2000万円といわれています（『南英世の政治・経済学教室』http://homepage1.canvas.ne.jp/minamihideyo/gensya-CMryoukin.htm）。

12 例えば，米国の科学者であるフォン・ノイマン（John von Neumann）のことを「コンピュータを作った男」と呼んでみたり，米国の映画監督であるデイヴィッド・グリフィス（David Wark Griffith）のことを「ハリウッドの父」と呼んでみたりと，今でも至る所に様々な神話が残されています。しかし，彼らが飛び抜けて優秀であったことは確かですが，一人ですべての偉業を成し遂げたわけではありません。そのため，学問の世界ではそのようなモノの見方は現在では否定されています。

13 例えば，人造人間の生みの親であるフランケンシュタイン博士やアトムを生んだ天馬博士，『名探偵コナン』に登場する阿笠博士などがこのケースに該当します。

の実現には，複数のプレイヤー間での連携が重要になるのです。これまでも述べてきたように，イノベーションとは新しい技術の開発に留まることなく，それをニーズと結びつけて製品化し，普及させるまでの一連のプロセスです。そのため，それらの複雑で膨大な作業をたった一人でこなすことは不可能に近いといえます。イノベーションの実現には，異なる役割を持った複数のプレイヤー同士の連携が必要なのです。

　このように，イノベーションの実現には最低2人以上の人間の関与が必要になります。また実際に，イノベーションが実現された裏側をのぞいてみると，そこには核となる二人組がいる場合が多いようです。さらに，その組み合わせの中身で多いのはギークとスーツです（中島，2008）。ここでいうギーク（geek）とはオタクのことで，やたら技術に詳しく，新しい技術の追求に貪欲で狂気じみた情熱を持っている人物のことを指します。一方，スーツとは（スーツをビシッと着こなした営業マンのように）社交的で交渉が上手く，お金儲けに長けた人物のことを指します。

　例えば，アップルはスティーブ・ウォズニアック（Stephen Gary Wozniak）とスティーブ・ジョブズ（Steven Paul Jobs）の2人によって設立されましたが，前者はギークの役割を演じ，後者はスーツの役割を演じていました（Isaacson, 2011）。また，創業当時のホンダの中心には，本田宗一郎と藤沢武夫がいましたが，前者はギークで後者はスーツでした。藤沢はホンダの財務面を支え，「大番頭」と呼ばれていました（伊丹，2015）。同様に，創業当時のソニーの中心には井深大と盛田昭夫がおり，前者はギークの役割を演じ，後者はスーツの役割を演じていました（中島，2008）。

■コラム[5]：ハルロックとアイアンバディ

　できることなら，経営学関連の本や資料などをたくさん読んで，本章で習った
ことを理解・実感・定着させてほしいのですが，もっと手軽な方法として，関連
する漫画を読むという選択肢もあります。ここでは，その一助となりそうな 2
つの作品を紹介してみたいと思います（少しネタバレする部分が含まれています
が，その点はご了承ください）。

　まずは，西餅の『ハルロック』です。この漫画は，オタクからイノベーターへ
の脱皮を描いた漫画です。本章では，新しく生み出したものを自分や仲間内だけ
で享受していてはオタクに過ぎず，イノベーターではないと述べましたが，この
漫画にはその部分が描かれています。主人公の向坂晴は，電子工作好きの少し変
わった女子高生です。彼女は当初，その知識を活かして家族や友達の困りごとだ
けを解決していましたが，やがて起業するようになります（というか，周りから
そう仕向けられます）。ビジネスと趣味の違いとは何かをユーモラスに教えてく
れる漫画です。

　もう一つは，左藤真通の『アイアンバディ』です。この漫画は，ギークとスー
ツの組み合わせを描いた漫画です。本章では，イノベーション実現の裏には，核
となる二人組がいる場合が多いと述べましたが，この漫画にはその部分が描かれ
ています。主人公の西村はロボット開発者で，いわゆるギークです。彼はエベレ
ストを登頂するためのロボット「ロビンソン」の開発に狂気じみた情熱を持って
います。その元パートナーで，現在は袂を分かった椎野はスーツの役割を演じて
いました。彼は資金集めに奔走しますが，西村のあまりの無茶ブリについに愛想
をつかしてしまいます。そして，資金繰りに困る西村の前に現れたのが，ベン
チャーキャピタル社長の星山です。彼との新たなギーク＆スーツの関係が始まり
ますが…。

6 アイデアを製品化する難しさ

　この章を始めるに当たり，改めて資源動員の定義を確認しておきたいと思います。資源動員とは，新しく生まれたアイデアを製品化するために，開発要員や予算などの経営資源を動員することです。しかし，第5章でも述べたように，資源動員の決定を下す（あるいは，その許可を得る）ことは容易ではありません。

　本章では，まずその難しさの原因から説明していきたいと思います。その上で，資源動員を成功させる方法や，企業が保有する経営資源の多寡によって生じる諸問題について解説していきます。

★Key Words
資源動員，新しさのジレンマ，シュムペーターの2つの仮説，シリアルイノベーター

6.1 資源動員の難しさの原因

　資源動員の決定を下す（あるいは，その許可を得る）ことは容易ではありません。なぜなら，次の2つの制約条件があるからです。一つは，未来のことは誰にも分からないからです。特にアイデアが斬新であればあるほど，それと比べるものがない分，成否を予測することが困難になります。そして，もう一つは，経営資源には限りがあることです。企業の持つ経営資源が有限である以上，すべてのアイデアに資源を配分するわけにはいきません。選択肢を絞る必要があります。

　このように，企業は見通しが利かない状況下で，経営資源の投入先を決めな

ければなりません。経営学では，このような場面で遭遇する困難のことを新し
さのジレンマと呼んでいます（武石・青島・軽部，2010）。新しさゆえに，誰
にも結果は分かりません。けれども，選択肢のどれかに的を絞る必要があるの
です。

その結果，社内ではしばしば資源動員をめぐる争いが起こります。そして，
この争いに勝たないとアイデアは製品化されず，魔の川や死の谷に沈んでしま
います。それでは，成功する保証がない中で，資源動員の許可を得たい開発担
当者たちは，どうやって社内を説得するのでしょうか。次節では，その方法に
ついて説明したいと思います。

6.2　社内説得の3つの方法

成功の保証がない中で社内を説得する方法としては，大きく次の3つがあり
ます（図6.1参照）。

1つ目は，支持者を開拓することです（図6.1の「支持者の数」の部分）。
これは，自らのアイデアを支持してくれる人（潜在的な支持者）を探し出し，
その数を増やしていく方法です。成功するという直接的な証拠は示せなくても，
支持者の数が多ければ，自らのアイデアに経営資源を投入するよう社内を説得
しやすくなります。

2つ目は，技術やアイデアの応用範囲を拡大することです（図6.1の「技術
やアイデアの応用範囲の拡大」の部分）。これは，最初に思いついたアイデア
を途中で変化させ，使い道（用途）を広げることで，支持者の出現確率を上げ
る方法です。使い道が増えれば，それに興味を持つ人も増え，支持者が現れる
確率も高くなります。そして，支持者の数が増えれば，1つ目の場合と同様に，
経営資源の投入を促しやすくなります[1]。

3つ目は，支持者一人当たりの資源動員量の増量です（図6.1の「支持者一

1　その他にも，使い道が1つしかなければ，失敗した時のダメージは大きくなりますが，いくつもの
使い道があれば，リスクを低減することができるため，自らのアイデアに経営資源を投入するよう社
内を説得しやすくなります。

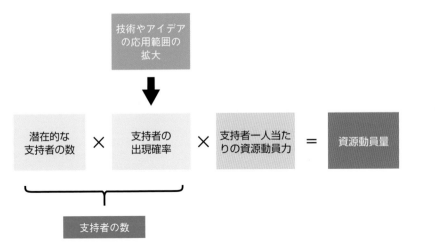

出所：武石・青島・軽部（2010）p. 130。

図 6.1　社内を説得する３つの方法

人当たりの資源動員力」の部分）。これは，支持者の数は変えずに，支持者一人当たりから投入される経営資源の量を増やす方法です。より具体的には，社長や事業部長などの会社の偉い人たちから，より多くの経営資源を引き出そうとする試みです。会社では偉くなればなるほど，多くの予算や人を動かす強い権限（人事権）を与えられています。その豊富な資源所有者にターゲットを絞って，説得を試みる方法です。

　以下では，それぞれの方法を用いて資源動員に成功した事例をいくつか紹介してみたいと思います。

6.2.1　支持者の開拓

　まず，支持者を開拓する方法で資源動員に成功したのは，セイコーの「キネティック」とキヤノンの「ファックスホン」です。

　セイコーのキネティックは 1988 年に発売された高級腕時計で，機械式（自動巻き）とクオーツ式を掛け合わせた独自機構を持つところにその特徴があります（武石・青島・軽部，2010）。しかし，開発当初は社内で製品化に難色が

示されました。なぜなら，キネティックは機械式とクオーツ式双方の機構を合わせ持つがゆえに，部品点数が多くなり，「厚く，重く，高い」時計になってしまっていたからです。加えて，当時の腕時計の流行は薄型化であり，その流れにも逆行していました。

開発者の一人は失意の中，別の仕事で欧州に向かいました。ところが，訪問先のセイコードイツ支社でキネティックの話をすると，ドイツ人たちから大絶賛されます。ドイツ人は正確な時間を知りたいので，クオーツ式が好きです。その一方で，ボタン電池を使わない機械式も環境にやさしいので好きです。その両方の性格を併せ持つキネティックは，彼らにとって最高の製品でした。ドイツ支社という強力な支持者を得たことで，キネティックはその後，製品化が決定します。

一方，キヤノンのファックスホンは，1996年に発売された同社初の家庭用FAX付き電話です（酒井，1997）。このアイデアは，デザイン部門が発案しました。しかし，事業部は提案を受けた当初，家庭用は利益が少ないと製品化を渋っていました。その一方で，販売会社の方は高価格帯のものばかりではなく，安価で良いものがないとキヤノンのブランドイメージやシェアの維持が難しいと考えていました。そこで，デザイン部門は，独自に試作品を開発して，それを販売会社に提案し，彼らを仲間に引き入れることで製品化にこぎつけました[2]。

6.2.2 技術やアイデアの応用範囲の拡大

次に，技術やアイデアの応用範囲を拡大する方法で資源動員に成功したのは，松下住設機器（現・パナソニック）の「座シャワー」とソニーの「ウォッチマン（当初の名称はフラットテレビ）」です。

松下住設機器の座シャワーは，1997年に発売された新しいタイプのシャワー設備です。この製品では，セカンドバスから介護へと使い道を拡大することで製品化に成功しました[3]。当該製品はもともと，デザイン部門の自主研究から生まれたアイデアで，デザイナーが5年がかりで性能やコンセプトを磨き，製

---

2 『日本経済新聞』（1997年5月5日）。
3 『松下のかたち』（2000年版），日本インダストリアルデザイナー協会（2006）。

品化にこぎつけました。

当初は，お風呂代わりのセカンドバスを開発する目的でプロジェクトをスタートさせましたが，売れるかどうかの判断がつかず，様々なデータの収集に奔走しました。その結果，「介護」がキーワードとして浮上してきます。さらに，コスト面から当初の作り付けタイプを諦め，後付けタイプに変更するなど，様々な修正を加えてようやく製品化に至りました。

一方，ソニーのウォッチマンは 1982 年に発売された超小型のポータブルテレビです。この製品では，スポーツ観戦用へと使い道を拡大することで製品化に成功しました。元々はテレビ番組制作者向けのプロ用商品として考案されましたが，それだと市場はあまり大きくありませんでした。

そこで，開発メンバーは様々な市場に照準を向け，使い道を広げることで製品化を目指しました。そのうちの一つが，スポーツ観戦用です。特に，米国ではアメリカンフットボールや野球の観戦時に（スタジアムで現場の雰囲気を楽しみつつも），手元のラジオで解説を聞くという人が多くいました。そこで，超小型のポータブルテレビを開発すれば売れるだろうと考えました。会社は当初乗り気ではありませんでしたが，いざ製品化してみると想定の倍以上も売れるヒット商品となりました。

6.2.3 支持者一人当たりの資源動員量の増量

最後に，支持者一人当たりの資源動員量を増量する方法で資源動員に成功したのは，次の3つの製品です。

まずは，松下電器（現・パナソニック）の「ハイクリーンデラックス」です。この製品は，1965 年に発売された業界初のプラスチックボディ採用の掃除機です。この製品のアイデアはデザイン部門が何年も前から提案し続けていたものの，技術部門からは「プラスチックは割れやすく，傷つきやすい」と拒否され，なかなか製品化にこぎつけずにいました。しかし，社内展示会に出品されていた模型を松下幸之助会長が見て，「これ，ええやないか」と発言したことで一気に製品化が決まりました[4]。

また，1981 年に発売されたソニーの「ウォークマンⅡ（WM-2）」の場合は，

社内で埋もれていた小型テープレコーダーの模型を盛田昭夫会長が気に入ったことで，ウォークマンの2号機に急きょ抜擢されました[5]。さらに，2016年に発売された三菱電機のエアコン「霧ケ峰 style-FL シリーズ」の場合は，デザイナーが自主研究で作った技術的裏づけのない模型を事業部門長が見て一目ぼれし，製品化が決まりました[6]。

6.3 資源の多い方が有利か，資源の少ない方が有利か？

これまでも述べてきたように，資源動員が難しいのは，会社の保有する経営資源が有限だからです。しかし，一口に有限といっても，会社ごとに量の多寡はあります。経営資源の多い会社と少ない会社では，どちらが有利なのでしょうか。

6.3.1 シュムペーターの2つの仮説

イノベーション研究の泰斗であるシュムペーターは1912年に出版した著書『経済発展の理論』の中で，イノベーションの担い手は経営資源をあまり持たない起業家（企業家）であると述べています（このような主張をシュムペーター Mark I と呼びます）。その理由は，起業家は何ものにも縛られない自由な存在だからです。独創的な発見や発明の源泉は自由な創造的活動にあり，大企業に見られるような硬直的で官僚的な組織の下では，そうした活動を行うことは困難だというのです。

しかし，1942年に出版された著書『資本主義・社会主義・民主主義』の中では，経営資源の豊富な大企業こそイノベーションの担い手であると述べるなど（このような主張をシュムペーター Mark II と呼びます），当初とは矛盾する主張を展開するようになります。新しい主張の根拠は，イノベーションの遂行には大規模な研究開発投資が必要になる場合があるからというものです。い

---

4 日本インダストリアルデザイナー協会（2006）。
5 『デザインの現場』（1987年 Vol.4, pp.114-121），渡辺＋「超感性経営」編集委員会（2009）。
6 『日経デザイン』（2016年4月号，pp.7-8）。

くら起業家が自由で独創性に溢れていても，経営資源がなければどうしようもない場合があるというのです。

　このような相矛盾する主張はシュムペーターの2つの仮説といわれ，今なおどちらが正しいのかについての論争が続いています。

6.3.2　お金があれば何でもできる？

　シュムペーター Mark II が示すように，確かに豊富な経営資源は魅力的です。特に，お金があれば何でもできます。

　例えば，エンジンに代わる次世代動力源の本命が定まらない中，トヨタでは，ハイブリッド自動車（HV），プラグインハイブリッド自動車（PHV），電気自動車（EV），燃料電池自動車（FCV）と，現時点で考えられるすべての選択肢の技術開発を手がけています。こんなことができるのは，トヨタには大量の開発資金が蓄えられているからです[7]。

　しかし，お金のある方が常に勝つとは限りません。その理由は大きく3つあります。1つ目は，何でも手がける全面作戦をやると，どうしても甘えが生じるからです（伊丹，2015）。一点突破を試みる企業と比べると必死さが足りません。彼らは背水の陣を敷いているため，がむしゃらに突き進んでいきます。そして，その必死さこそがイノベーション実現の原動力になるのです[8]。それに対して，全面作戦をとる企業では，「どこかが上手くやるだろう」と互いに他の技術開発グループをアテにする危険があります。

　2つ目は，全面作戦は経営資源の分散を生み，中途半端な取り組みに陥る恐れがあるからです（伊丹，2015）。仮にトヨタに開発資金が16兆円あったとして，それを4つの候補技術に均等に配分すれば，一候補あたりの配分金額は4兆円となります。それに対して，開発資金は6兆円しかないものの，その全額を電気自動車の技術開発に投入する企業があれば，その分野の技術開発でトヨタは後れを取る危険があります（図6.2参照）。

7　トヨタの2017年時点での内部留保は17兆6千億円といわれています（『日本経済新聞』2017年10月18日）。もちろん，この金額がすべて研究開発投資に使えるわけではありませんが，使えるお金の一つの目安にはなります。

8　一点突破を試みる企業の必死さについては，6.3.3を参照してください。

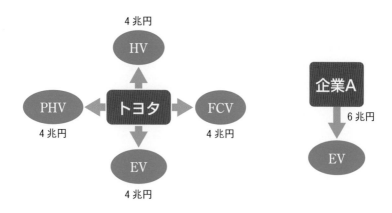

図6.2　全面作戦型の技術開発と一点突破型の技術開発

　そして，3つ目は，経営資源が豊富な企業ほど，比較的スムーズに技術開発が進むため，思いがけない発見が生まれる機会を逸してしまうからです（松本，2011）。前にも述べたように，多くのアイデアが魔の川や死の谷に沈むのは，経営資源に限りがあるからです。しかし，企業に豊富な経営資源があれば，相対的に多くのアイデアに資源動員がなされることになります。これはこれで良いことですが，あまりにすんなりと資源動員がなされると，開発担当者たちは試行錯誤したり，工夫したりしなくなります。その結果，意外な発見が生まれにくくなるのです。

　以上のような理由から，ビジネスの現場では弱小な者が強大な者を打ち負かすケースが必ず出てきます。例えば，1990年代のマイクロソフトは，IT業界で圧倒的な存在感を示していました。同社はその優位な立場をより強固なものにするため，大量の経営資源を投入して，IT技術が今後どのように進化するのかを調査・予測すると共に，考えうるあらゆる技術の開発に取り組みました（加護野，1999）。しかし，結局は，検索エンジンを軸に一点突破を図ろうとするグーグルに逆転されてしまいます。

　グーグルは2004年に株式を上場したばかりの新しい会社で，2005年頃までの株式時価総額はマイクロソフトの1/4程度しかありませんでした。ところが，2012年にははじめてマイクロソフトの時価総額を抜き[9]，2017年3月には，ついにインターネット上におけるOS（Operation System）の世界シェアでも

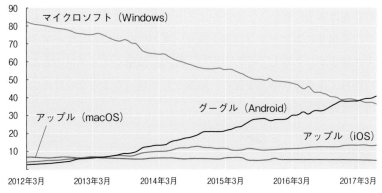

(%：シェア率)

90
80 マイクロソフト（Windows）
70
60
50
40
30 アップル（macOS） グーグル（Android）
20 アップル（iOS）
10

2012年3月　　2013年3月　　2014年3月　　2015年3月　　2016年3月　　2017年3月

出所：Statcounter Global Stats. 一部修正。

図6.3　インターネット上におけるOS（Operation System）のシェアの変遷

マイクロソフトを逆転しました（図6.3参照）[10]。

6.3.3　厳しい条件がイノベーションを本物にする

　経営資源の少ない企業では，それが多い企業に比べ必然的に資源動員の審査が厳しくなります。貴重な経営資源を無駄にしないため，審査員からは様々な角度から厳しい質問や意見が飛んできます。またそれと同時に，資源動員を受けたい開発担当者の側も様々な工夫を凝らして必死に説得しようとします。そして，このような切磋琢磨が，当初は考えもしなかった技術の応用や進化につながるのです（松本，2011）。

　厳しい条件が技術を磨き，革新的な製品やサービスを創出する。このような考え方は，イノベーションに限らず古くから世界中に存在します。例えば，日本には「麦は踏まれて強くなる」という言い方があります。これは直接的には，麦を踏むことで霜柱を防ぎ，根の張りを良くする伝統的な麦の栽培方法の一つですが，時として「困難に立ち向かうことで，より大きく成長できること」の意味で用いられます。

9　『IT media NEWS』（http://www.itmedia.co.jp/news/articles/1210/02/news028.html）
10　『Statcounter Global Stats』（http://gs.statcounter.com/os-market-share）

そして，このように考えていくと，経営資源が少ないことや，魔の川や死の谷の存在は本当に悪いことなのかよく分からなくなってきます。経営資源の少なさは選出されるアイデアの数を絞り，魔の川や死の谷に沈むアイデアの数を増大させます。しかし，その一方で，社内に技術やアイデアの有用性を示すための創意工夫や試行錯誤を促し，結果として思いもよらない技術的な成果を生み出す可能性を高めるのです。

6.4　シリアルイノベーター

これまでも見てきたように，資源動員の許可を勝ち取ることは容易ではありません。しかし，世の中には連続してプロジェクトを立ち上げ，次々と資源動員の許可を勝ち取り，何度も繰り返してイノベーションを起こす人材も存在します。経営学では，そのような人材のことをシリアルイノベーターと呼んでいます（Griffin, Price and Vojak, 2012）。

ここでいうシリアルとは「シリアルナンバー」などの「シリアル」のことで，連続した（serial）の意味です。このように，一度コツをつかんだ人材は何度でも（知識創造に加え）資源動員の許可を勝ち取ることができるのです。それでは，彼らは具体的にどのような製品やサービスを手掛け，どのような手口で資源動員を勝ち取ってきたのでしょうか。以下では，シリアルイノベーターの実例とその手口を見ていきたいと思います。

6.4.1　実際のシリアルイノベーターたち

シリアルイノベーターの存在に注目し，調査・研究を進めてきたのは米国の経営学者たちです。そのため，彼らの著書に出てくるシリアルイノベーターは米国人（ないし米国企業を舞台にしたもの）ばかりですが，日本企業や日本人にもそのような人材はたくさんいます。

例えば，パナソニックの濱口秀司（当時）は，1994 年に，日本初の企業内イントラネットをサイボウズ創業者の高須賀 宣と共に考案・構築しました[11]。

表6.1　シリアルイノベーターの一例

企 業 名	部署・職名	人物名	製 品 名
タカラトミーアーツ （タカラトミー子会社）	玩具や雑貨の 企画・開発	遠藤千咲	電子貯金箱「人生銀行」 置き時計「どこでもハト時計」
日立アプライアンス	家電事業部 商品計画部長	漆原篤彦	洗濯機「ビッグドラム」 高級レンジ「ヘルシーシェフ」
三菱電機	デザイナー	中町　剛	掃除機「ラクルリ」 炊飯器「蒸気レス IH」
東　芝	デザイナー	松本博子	デジタルカメラ「ソラ」 IH 調理器具「IH NABE」

出所：遠藤千咲と漆原篤彦については『日本経済新聞』（2013 年 4 月 16 日），中町剛については三菱電機ホームページ（http://www.mitsubishielectric.co.jp/corporate/randd/list/design/index.html），松本博子については『日経デザイン』（2002 年 6 月号，pp. 76-78）および『日経流通新聞』（2003 年 1 月 11 日）を参考に作成。

さらに，1998 年には，米国のコンサルタント会社「Ziba Design」に異動し，世界初の USB フラッシュメモリを開発するなど，数多くのイノベーションを生み出してきました。

　その他にも，表 6.1 に示すように，何度も連続してイノベーションを起こした経験を持つ人材はたくさんいます。

6.4.2　シリアルイノベーターの 4 つの手口

　このように，シリアルイノベーターは様々な国や企業に存在しますが，彼らの真骨頂はその資源動員の巧みさにあります。ここでは，その代表的な 4 つの手口を見たいと思います（表 6.2 参照）。シリアルイノベーターはこれらの手口をその時々で使い分けて，魔の川や死の谷を渡っていきます。

　1 つ目は，人を巻き込み賛同を得るという手口です。特にここでは，経営幹部の巻き込みに注目してみたいと思います。この手口は，プロジェクトが想定するターゲットと経営幹部との間に大きなギャップがある場合などに用いられます。例えば，10 代の若者やクラブ音楽愛好家など，極端なターゲットを想

---

11 『TEDx SEEDS』（http://tedxseeds.org/Speaker/濱口%e3%80%80秀司/）。なお，企業内イントラネットとは，インターネットと同じ技術を利用して構築された企業内ネットワークのことです。イントラ（intra）とは「内部」のことを指しています。

表 6.2　シリアルイノベーターによる資源動員のための 4 つの手口

代表的な 4 つの手口	その詳細
①人を巻き込み 　賛同を得る	a. 同僚を巻き込む
	b. 経営幹部を巻き込む
②プロジェクトを 　的確に位置づける	a. 自分の提案の方がライバルの提案よりも魅力的だと示す
	b. 余裕のありそうな別の事業部に話を持っていく
	c. あきらめたり, 強引に通そうとしたりせず, やり過ごす
③ソフトな影響力を 　行使する	a. 種まきをする
	b. 水をやる
④ハードな影響力を 　行使する	a. 意見を受け入れてもらうためのデータの活用
	b. 顧客からの支持を示す
	c. 企画を実証するための小型プロジェクト (デモ) の実施

出所：Griffin, Price and Vojak（2012）を参考に作成。

定した製品の場合, 経営幹部を説得して資源動員の許可を得ることは難しくなります。そのような時, シリアルイノベーターは経営幹部をターゲットがいる繁華街やクラブなどに連れ出して, そのギャップを埋めようとします。現場を見せれば, 彼らの理解も進み賛同を得やすくなるからです[12]。

　2 つ目は, プロジェクトを的確に位置づけるという手口です。これは, 自分のプロジェクトに資源動員がなされやすいようにコントロールするやり方です。例えば, 自分の所属する事業部では経営資源に余裕がない場合, 余裕のありそうな別の事業部に話を持っていったり, 資源動員されやすいタイミングまで待ったりします。このように, シリアルイノベーターは, 魔の川や死の谷の幅や深さは場所や時期によって違うことを知っており, 渡りやすい部分やタイミングを狙ってトライします。

　3 つ目は, ソフトな影響力を行使するという手口です。これは, 強く主張したり相手に即決を求めたりせず, 忍耐力で勝負するやり方です。例えば, 普段の会話の中で, それとなくアイデアを披露したり (表 6.2 中の「種まきをする」), 繰り返しアイデアを話し, フィードバックをもらいながらアイデアを育てたりします (表 6.2 中の「水をやる」)。魔の川や死の谷に少しずつ橋をかけていく方法です。

---

12 なお, このような経営幹部を巻き込む方法は, 6.2.3 で見た「支持者一人当たりの資源動員量を増量する方法」に該当します。

4つ目は，ハードな影響力を行使するという手口です。これは先ほどとは反対に，早く資源動員してもらいたいときに，資源所有者の心配の種を強引に取り除くやり方です。例えば，あるシリアルイノベーターは，家電量販店を夜間借り切って，お客さんに模擬の買い物をさせることで，その製品が売れるという証拠を作り出しました[13]。このように，シリアルイノベーターは時として，魔の川や死の谷を強引な方法で渡りきろうとします[14]。

6.4.3 でも，社員全員のシリアルイノベーター化は困る

以上で見てきたように，シリアルイノベーターは困難にぶつかっても簡単にはあきらめず，手を変え品を変え，それに立ち向かうタフ・ネゴシエーターです。そして，次々と資源動員の許可を勝ち取り，何度も繰り返してイノベーションを起こす偉大な存在です。

しかし，だからといって，社員全員が彼らと同じような行動をとれば良いのか（あるいは，とるべきか）と問われると，答えに窮してしまいます。なぜなら，シリアルイノベーターがとる行動は，以下に示すようにルール違反すれすれの場合も多いからです。

①直属の上司を飛び越えて，幹部や重役に接触
②他にやるべき仕事がある人に協力してもらう
③正式に承認されていないプロジェクトに取り組む
④マーケティング部門や営業部門を通さずに顧客に接触

それゆえ，会社の中であまりに多くの人が彼らと同じ行動をとり始めると，別の問題が生じてきます。社内にルールも秩序もなくなり，最悪の場合は，会社が崩壊してしまいます。その意味では，何事もバランスが大事といえます。彼らと似たような行動をとる人材は，ある程度までなら増えても良いでしょうが，多数派になっては困るのです。

---

13 BizZine セミナー（2017 年 12 月 14 日開催）内での報告に基づいています。
14 なお，このような証拠作りの方法は，6.2.1 で見た「支持者を開拓する方法」に該当します。

■コラム[6]：ダビデとゴリアテ

　本章では，豊富な経営資源を持つ方が常に有利とは限らないと述べましたが，この手の話は古くから何度も繰り返されてきました。

　古いところでは，旧約聖書のダビデとゴリアテの話が有名です。ゴリアテはペリシテ人の巨人兵士で，身長約3メートルの大男です。それに対して，ダビデはユダヤ人の羊飼いの少年です[15]。この両者が（諸々のいきさつがあって）一騎打ちで戦うことになります。普通に考えれば，少年ダビデに勝ち目はありません。しかし，彼は剣ではなく，投石機を使って戦いに勝利します。肉体や腕力ではなく，頭を使って勝ったのです[16]。

　ちなみに，ジブリ映画の『天空の城ラピュタ』に出てくる軍隊側の巨大飛行戦艦を劇中では「ゴリアテ」と呼んでいます。それは海（空）賊ドーラー家の「タイガーモス号」に比べて，圧倒的に大きいためです。ここでもゴリアテとダビデの比喩が使われています（ですから，この場合は，ドーラー家がダビデに該当することになります）。

　ダビデとゴリアテの話はあくまで故事ですが，本章で見たように実際のビジネスの世界でも，弱小な者が強大な者を打ち負かすケースがあります。また，国家レベルでもフィンランドやシンガポールのように，人口や国土面積からすれば小さな国が，世界で大きな存在感を示しているケースもあります[17]。労働力や地下資源などはなくとも，立派に戦うことができるのです（ただし，両国とも教育や研究には力を入れています）。

　とはいっても，現実の世界では経営資源を多く持つ方が勝つ確率が高いのも事実です。ただし，それが常に100%ではなく，逆転の可能性が残されているからこそ面白いのです。

---

15 このダビデは，ミケランジェロの有名な彫刻「ダビデ像」のモデルです。あの像にも，（よく見ると）背面にかけて投石器が彫り込まれています。

16 サッカーなどで番狂わせが起こった場合に，「ジャイアント・キリング（巨人殺し）」という言葉が使われることがありますが，ダビデとゴリアテの話は，その言葉の起源となった故事です。

17 フィンランドの人口は約530万人で，国土面積は約34万 km^2（≒日本の面積）です。一方，シンガポールの人口は約560万人で，国土面積は約720 km^2（≒東京23区の面積）です。

7

〈イノベーションを持続させることの難しさ⑴〉
人間は一度登ると降りられない生き物

第5章で述べたように，社会に価値をもたらせない会社はいずれ滅ぶ運命にあります。しかも，その価値の中身は時代によって変わっていきます。そのため，会社が生き残っていくには，絶えずイノベーションを起こして，新しい価値を生み出し続けなければなりません。1回限りのイノベーションで生き残れるほど，世の中は甘くないのです。

それでは，イノベーションを何度も繰り返して起こすにはどうすれば良いのでしょうか。イノベーションを一度起こすだけでも難易度は高いですが，イノベーションを繰り返して起こす場合はもっと難易度が上がります。なぜなら，次なるイノベーションへの取り組みを阻害するのは，他でもなく，人間が持つ習性そのものだからです。本章ではまず，そこから話を始めてみたいと思います。

★ Key Words
埋没原価，共食い，コア・コンピタンス，コア・リジディティ，置き換えとすみ分け

7.1　人間の厄介な習性

人間も動物の一種である以上，様々な習性を持っていますが，こと「イノベーションの持続」という観点からは，厄介な習性が3つほどあります（図7.1参照）。1つ目は，一度登ると降りられないという習性。2つ目は，自らの意思だけでは自由に動けないという習性。そして，3つ目は，目が曇るという習性です。以下では，それぞれの習性の中身と，それらがなぜイノベーション

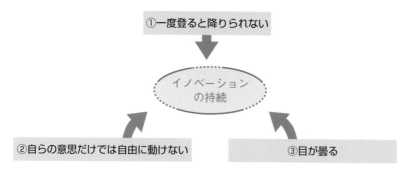

①一度登ると降りられない

イノベーション
の持続

②自らの意思だけでは自由に動けない　　③目が曇る

図7.1　イノベーションの持続を困難にする3つの習性

の持続を困難にするのかについて簡単に解説したいと思います。

7.1.1　人間は一度登ると降りられない生き物

　人間は一つの山を登り始めると，そこを一旦降りて別の山を登ろうとするモチベーションがわきにくくなる生き物です（山口，2016）。ある山に一度登り始めてしまうと，途中で他にもっと高い山があることに気づいても，今の登山が優先され山を降りられなくなるのです。

　このような行動の背後には，次のような意識が働いています。一つは，新しい山に登るために下山すれば，これまでの登山に費やした苦労が無駄になってしまうので，もったいないという意識。もう一つは，新しく見つけた山を登れば，今の登山を続けるよりも高みに到達することができるが，今いる場所だって，それなりに標高が高い。それを放棄して，また一から登り始めるのはしんどい。新しい山を登り始めて現在の標高に到達するまでの苦労を考えれば，頂上は低くても現在の山を登り続ける方が楽だという意識です。

　このように，人間には一度山を登り始めると降りられないという習性があります。しかし，いつまでもその山を登り続けることはできません。頂上を過ぎれば，いずれ下り坂が始まります。そのため，いつかは今の山を下りて新しい山に登らなければなりませんが，大抵の場合，そのような意思決定が下されるのは頂上を過ぎてからです。上り坂の途中でもっと高い山があることに気づいて引き返し，新しい山に登り始める人は少数派です。

そして，このような習性は，イノベーションを持続させる上で大きな障害となります。今の登山の継続を，現在の主力製品や主力技術の改良・改善と読み替え，新しい山に登ることを，次世代の主力製品や主力技術の開発と読み替えて考えてみてください。人間には後者よりも前者を重視する習性があるとすれば，ほとんどの会社では，次世代の開発よりも現在のビジネスの継続に重きが置かれていることになります。現在の主力製品や主力技術にもいつか終わりが来ることは分かっていても，なかなか次世代に切り替えることができないのです。切り替わるのは大抵，それらの衰退が明らかになってからです。しかし，それでは遅過ぎます。多くの会社はこのようにして時代遅れとなり，姿を消すのです。

7.1.2　人間は自らの意思だけでは自由に動けない生き物

私たちは普段，自ら自由に考え，自由に行動していると思っています（あるいは，そう思い込んでいます）。しかし，特別な状況下に置かれると，実は自分たちはそれほど自由な存在ではなく，むしろ窮屈な存在であることに気づかされます（詳細は第8章を参照）。人間は社会を築き，集団で生活している以上，周囲を無視して生きていくことはできません。言い方を変えれば，自らの意思だけでは自由に動けない生き物なのです。

例えば，あなたは人気漫画家で，どこかの漫画雑誌に連載を持っているとします。そこでは既に何年間も連載を続けており，コミックも複数巻出版されました。自分の中では，もうそろそろ終わりにしたいと考えています。そこで，そのことを編集者に打ち明けました。しかし，編集者は連載の終了を認めてくれません。なぜなら，あなたの作品はその雑誌の看板商品だからです。連載が終われば，発行部数が減る危険があります。そのため，編集者は無理にでも連載を引き延ばそうとします。その結果，連載はダラダラと続き，やめるタイミングを逸してしまいます。さらに，その連載が続くことで，新しい作品に挑戦する機会も奪われてしまいます。

このように，最初は自分の意思で始めた仕事も，気がつけば多くの利害関係者に取り囲まれ，自由にやめることができない状況に陥っていることがありま

す。人間は社会生活を営む動物である以上，利害関係者を作らずに生きていくことはできません。しかし，時として，その利害関係者が次なるイノベーションを妨げることがあります。自分としては従来の作品をやめて新しい作品に取りかかりたいのに，彼らがそれを許してくれません。その結果，これまでの作品を継続せざるを得なくなり，気がつけば読者からの評価も下がり，漫画家生命が危険にさらされてしまうのです[1]。

　これと同じことが企業でもしばしば起こります。自分たちは早く次のイノベーションを起こしたいと考えているのに，利害関係者がその取り組みに待ったをかけることがあります。そして，その結果，競合他社に先を越されてしまったり，出遅れが原因で惨敗したりするのです。

7.1.3　人間は目が曇る生き物

　人間は神様ではないので，現実を客観的に把握し，中立な意思決定をすることができません。どうしても偏ったモノの見方で判断を下してしまう悲しい生き物なのです。本書では，そのような人間の習性を指して「目が曇る」と表現しています（詳細は第9章を参照）。

　とはいいつつも，通常，我々は自分たちのモノの見方に偏りがあることに気づきません。むしろ，自分たちは至って普通のモノの見方をしていると思っています。しかし，そうでないことを容易に分からせてくれるのが「ロールシャッハテスト」です。これは，被験者にインクのシミを見せて何を想像するか述べてもらい，その内容を分析することで被験者の無意識のモノの見方や考え方などを推定する心理テストです。このテストで被験者に提示されるシミには様々なパターンがありますが，そのうち最も有名なのが「ルビンの壺」です。黒地に白地の図形が描かれており，人によってはそれが壺に見えたり，向かい合う2人の横顔に見えたりします。

1　前項では，人間は一度登ると降りられない生き物であると述べましたが，山を降りられなくしているのは，必ずしも自らの弱い気持ちだけではありません。自分一人だけなら引き返すことができても，利害関係者がいることで引き返す判断が遅れたり，迷いが生じたりすることもよくあります。その意味で，次なるイノベーションを妨げる敵は，社内だけでなく社外にもいるのです。詳細は第8章を参照してください。

そもそも，このようなテストが成り立つのは，人間はそれぞれが偏ったモノの見方をしているからです。そして，一旦特定の見方にはまると，他人から指摘されるまで，なかなか別の見方を見つけることができません（ルビンの壺でいえば，一旦それが壺に見えてしまうと，向かい合う人の横顔には見えなくなります）。人は偏りに無自覚なのです。さらに厄介なのは，そのようなモノの見方は伝染することです。集団生活を送っていると，知らず知らずのうちに全員のモノの見方が似通ってきます。つまり，特定の集団内では，特定の偏ったモノの見方が広まりやすいのです。

　企業もその例外ではありません。時間の経過と共に，特定のモノの見方が支配的になり，その見方に基づいて物事が判断されるようになります。しかし，単一のモノの見方で正解にたどり着けるほど，イノベーションの世界は甘くありません。世の中には様々なモノの見方が存在し，自分たちにとっての正解が必ずしも顧客にとっての正解とは限らないのです。そのため，多様なモノの見方をした方が正解にたどり着ける可能性は高まりますが，多くの企業では自らのモノの見方の偏りに気づきません。そして，その結果，新たなイノベーションの創出に失敗し，姿を消していくのです。

7.1.4　厄介な習性との戦い

　以上で見てきたように，多くの企業が次なるイノベーションの創出に失敗する原因は，人間が持つ厄介な習性にあります。そのため，イノベーションを持続させるには，それらを絶えず克服していかなければなりません。しかし，それらの習性は人間の本質に根差しているため，対処が困難です。それでは，企業はそれらの厄介な習性とどのように戦っていけば良いのでしょうか。以下では，その詳細について解説していきたいと思います。

　ただし，一度に3つの習性を取り上げると混乱するので，以下では習性ごとに章を改めることにします。まず本章の残りの部分では，1つ目の「一度登ると降りられない習性」に注目し，その習性がなぜイノベーションの持続を困難にするのかについて詳しく解説します。続く第8章では，2つ目の「自らの意思だけでは自由に動けない習性」に注目し，それがイノベーションの持続を困

難にする理由とその対処法について解説します。そして，第 9 章では，3 つ目の「目が曇る習性」に注目し，それがイノベーションの持続を困難にする理由とその対処法について解説します。

7.2 一度登ると降りられない習性が もたらす弊害

　前節でも述べたように，人間は一旦ある山を登り始めると，途中で他にもっと高い山があることに気づいても，今の登山が優先され，その山を降りられなくなる生き物です。そして，このような習性が，イノベーションの持続を困難にしている主要因の一つです。

7.2.1　山登り＝S 字曲線登り

　ただし，当然のことながら，企業は実際に山登りを行っているわけではありません。山登りの話は，あくまでも一種の比喩です。ここでいう「山」とは，実は，第 4 章で学んだ S 字曲線のことを指しています（同様の図を図 7.2 に再掲します）。つまり，山に登るとは，企業が S 字曲線に沿って技術成果を向

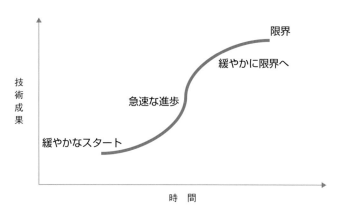

出所：Foster（1986）p. 31 より作成。

図 7.2　技術進歩の S 字曲線

上させていくことを意味しているのです。S字曲線上の歩みが山登りに例えられるのは，技術の高みを目指して研究開発を進めていく姿と，頂上を目指して山を登っていく姿が酷似しているからです。

　S字曲線について少し復習しておくと，その初期段階では，あまりにも分からないことが多いため，失敗も多く，研究開発の努力が簡単には技術の進歩に結びつきません。これは山登りでいえば，登山ルートが分からずに右往左往している状態を表しています。しかし，一旦，技術の進むべき方向が定まると，急速に技術が進歩する段階に入ります。これは登山ルートが判明し，それに沿って山を順調に登っている様子を表しています。しかし，時間が経つにつれ，次第に技術の改良の余地が減ってきます。そして，遂には，いくら研究開発を行っても技術が進歩しない段階に至ります。つまり，山の頂上にたどり着いてしまうのです。

7.2.2　新しいS字曲線への乗り換え

　以上で見たように，S字曲線に沿って技術成果を向上させていくと，いずれは限界に近づくことになります。そして，そうなると，製品や技術を改良するための投資を行っても，それに見合うだけの効果が得られにくくなります。つまり，一つの技術が終わりを迎えるのです。

　さらに，そのように技術の進歩が停滞すると，企業の生み出す製品やサービスにも新鮮味がなくなるため，顧客を惹きつけることが難しくなり，お金を稼げなくなります。そのため，企業ではそうなる前に新しい技術を準備し，次なる稼ぎ頭を育てておく必要があります。そして，タイミングを見計らって，これまでの技術へのこだわりを捨て，新しい技術へと乗り移らなければなりません。つまり，これまでのS字曲線から，新しいS字曲線へと乗り換える必要があるのです（図7.3参照）[2]。

　ただし，問題はその乗り換えのタイミングです。大抵の場合，そのような意思決定が下されるのは，旧技術がピークを過ぎて進歩が止まってからです。旧

2　図7.3は，第4章の図4.4を本章の文脈に合わせて，アレンジしたものです。

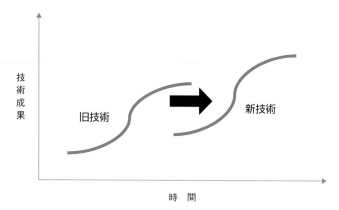

出所：Foster（1986）p. 102. 一部修正・加筆。

図 7.3　S字曲線の乗り換え

技術が進化している最中に，よりポテンシャルの高い新技術の存在に気づいて，そちらに乗り換えられる企業は多くありません。7.1.1 でも見たように，企業にはどうしても次世代よりも現在の主力製品や主力技術の改良・改善を優先してしまう習性があるからです。しかし，旧技術の停滞が明らかになる頃には，既に新技術の台頭が始まっており，そのタイミングで乗り換えたのでは手遅れになってしまいます。

　このような新しいS字曲線への乗り遅れ現象は，古くから様々な製品分野で観察されてきましたが（Foster, 1986），以下では，その典型例であるテレビを取り上げてみたいと思います。

7.2.3　新しい技術が登場するたびにチャンピオンが入れ替わる

　テレビはこれまで，二度にわたるS字曲線の乗り換えを経験してきました（図 7.4 参照）。一度目は，2000 年代初頭のブラウン管から液晶への乗り換えで，二度目は，2010 年代中盤の液晶から有機ELへの乗り換えです。そして，そのたびにチャンピオン企業が入れ替わってきました。

　ブラウン管時代のチャンピオン企業は，ソニーです[3]。同社は 90 年代，自ら開発した「トリニトロン技術」によって，世界のブラウン管テレビの市場で

116

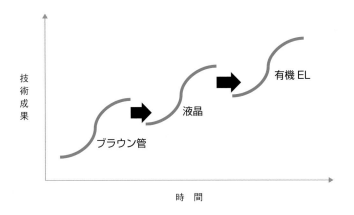

技術成果

ブラウン管

液晶

有機 EL

時　間

図 7.4　テレビにおける S 字曲線の乗り換え

確固たる地位を築いていました。しかし，それゆえに，液晶テレビをはじめとする薄型テレビへの転換に乗り遅れました[4]。当時の経営トップは，2005 年〜2006 年になってもまだ薄型テレビよりもブラウン管テレビの方が優勢だろうと考えていたのです。そのため，2000 年代に入っても継続してブラウン管技術の改善に取り組んでいました。しかし，実際は，2003 年には薄型テレビがブラウン管テレビの出荷台数を上回り[5]，ソニーのブラウン管テレビの売上は急激に低下します。その結果，同社のテレビ事業は，2003 年 9 月の中間決算で 27 億円もの赤字に陥りました。

　そして，その間隙をついて，薄型テレビで首位に躍り出たのが，シャープです。ブラウン管テレビの時代には，「1.5 流」と揶揄されることもあった同社は，自力でのブラウン管技術の開発を早々にあきらめ，次世代の液晶に社運をかけていました[6]。シャープでは「2003 年までに，すべてのテレビ画面をブラウン管から液晶に切り替える」を合言葉に，積極的に液晶技術に投資を行ってきました[7]。その結果，2001 年には世界の薄型テレビ市場でライバルたちを押さえ，

3　ソニーに関する記述の大部分は，近能・高井（2010）に基づいています。
4　ここでいう薄型テレビとは，液晶テレビやプラズマテレビ，リアプロジェクションテレビなどの総称です。
5　なお，ここでの出荷台数は液晶テレビ単体のものではなく，薄型テレビ全体の出荷台数である点に注意してください。
6　シャープではブラウン管を自社で開発するのではなく，他社から購入していました（『日本経済新聞』1998 年 1 月 21 日）。

トップシェアを獲得しました[8]。

　しかし，そのシャープも，次のS字曲線への乗り換えに失敗してしまいます。液晶テレビのチャンピオン企業である同社は，有機ELテレビの開発に出遅れました。シャープの経営陣は「液晶の次も液晶」として，有機ELの開発にはあまり積極的に投資してきませんでした[9]。同社では，高精細な「IGZO液晶」やMEMS（Micro Electro Mechanical Systems）技術を搭載した「MEMSディスプレイ」，形状を自由にデザインすることができる「フリーフォームディスプレイ」などの開発に心血を注いできました[10]。その結果，有機ELテレビでは，韓国のLG電子が世界のトップシェアを獲得しています[11]。

　このように，テレビのチャンピオン企業は，新しい技術が登場するたびに入れ替わってきました。言い換えれば，自分たちに馴染みのあるS字曲線から，新しいS字曲線への乗り換えに失敗してきたのです。

7.2.4　なぜ，S字曲線の乗り換えに失敗するのか

　それでは，なぜ，企業はS字曲線の乗り換えに失敗するのでしょうか。その原因は一言でいうと，人間の精神的な弱さにあります。より具体的には，「埋没原価の呪縛」と「共食いの恐怖」の2つです。

　7.1.1でも述べたように，人間の一度登ると降りられない習性の背後には，次のような2つの意識が働いています。一つは，新しい山に登るために下山すれば，これまでの登山に費やした苦労が無駄になってしまう。いわゆる，もったいないという気持ちです。

　そして，もう一つは，自分で自分を傷つけたくないという保身の気持ちです。今いる山から一旦下りて，新しい山にまた一から登るのは，肉体的だけでなく精神的にも苦痛です。なぜなら，いずれはさらなる高みに到達できるとしても，当面の間は，今までいた高さよりも低いところを歩かなければならないからで

7　『日本経済新聞』（2000年8月21日）。
8　『日経ビジネス』（2012年3月26日号，pp. 10-11）。なお，それ以降も2005年10月-12月期までは首位を維持しています。
9　『日経ビジネス』（2012年3月26日号，pp. 10-11）。
10　『日経エレクトロニクス』（2014年7月7日号，pp. 12-13）。
11　『日本経済新聞』（2018年3月6日）。

す（あるいは，元いた高さに戻ってくるまでに時間がかかるからです）。一時的であっても，わざわざ自分で自分の立場を落とすことを良しとする人はほとんどいません。

　そして，経営学では，前者のもったいないという気持ちのことを「埋没原価の呪縛」と呼び，後者の自分で自分を傷つけたくないという気持ちのことを「共食いの恐怖」と呼んでいます。以下では，それぞれの用語について簡単に解説してみたいと思います。

(1) 埋没原価の呪縛

　まず，前者の埋没原価（サンク・コスト）とは，事業に投下した費用のうち，事業の撤退や縮小を行ったとしても回収することができない費用のことを指しています（近能・高井，2010）。

　この埋没原価は本来，将来についての意思決定を行う際には除外して考えるべきものですが，それができない企業が多いのです[12]。なぜなら，これまでの投資が無駄になるような気がして，もったいないと感じてしまうからです。そのような場面では往々にして，「この技術の開発にどれだけ投資したと思っているんだ。それを捨てろとはどういうことだ」，「このままの路線でもまだまだやれるはずだ」などの感情が頭をもたげてきます。その結果，旧来の技術に固執する傾向が強まります。

　特に旧技術で隆盛を極めたチャンピオン企業ほど，他社よりも多くの経営資源をそこに投入しているため，あきらめが悪くなります。彼らは人材，設備，工場，流通チャンネルなど，その技術に関連するあらゆるものに対して莫大な投資を行ってきました。そのため，それらが無駄になりかねない新しい技術への投資には，どうしてもためらいを感じてしまいます。そして，その結果，新しいＳ字曲線への乗り替えに失敗してしまうのです。

---

12 投資の世界には「損切り」という言葉があります。これは，目先の損はとっとと切り離して，未来に備えるやり方のことです。埋没原価に対しても，本来はこのような考え方で対処することが正しいやり方です。

⑵ 共食いの恐怖

一方，後者の共食い（カニバリゼーション）とは，元々は生物が自分と同種の生物を捕食する行為のことを指しますが，経営学では，自社の製品同士で売上や利益を奪い合う現象のことを指しています。

通常，新しい技術は，その初期段階では，特定の機能だけは優れているかもしれませんが，他の機能面では旧技術に劣っていたり，コストや価格が旧技術よりもはるかに高かったりする場合がほとんどです（近能・高井，2010）。というのも，旧技術は長年にわたって様々な技術的改良を積み重ね，総合的に優れた製品として完成度を高めているからです。そのため，初期段階における新技術にはそれほど需要があるわけではなく，儲かる商材とはいえません。それを積極的に扱えば扱うほど，赤字になる恐れさえあります。

加えて，それが旧技術と代替関係にある場合は，会社に相当なダメージを与える危険さえあります。新技術の改良や普及に本気で取り組めば取り組むほど，少ない儲けしか生み出さない製品の販売量が増え，代わりに高い利益をもたらしてくれる製品（旧技術）の販売量が減ってしまうからです。特にチャンピオン企業では，旧技術から多くの利益を得ている分，それを失うことによって受けるダメージは大きくなります。

このように，早い段階から新技術に乗り換えようとすると，一時的にではあるものの，利益率の高い自社製品を利益率の低い別の自社製品が代替する「共食い」が発生してしまいます[13]。そして，こうした共食いへの恐怖が，新しいS字曲線への乗り替えを躊躇させ，次なるイノベーションへの取り組みを鈍らせてしまうのです。

7.3　成功は失敗のもと

これまでの話を振り返ると，そこに共通のパターンがあることに気づくでしょう。それは，かつての強みが環境の変化に伴い，弱みに転じているという

---

[13] もちろん，新技術も改良を積み重ねることで，いずれは儲かる商材となるため，そのような共食い状態は解消されます。

ことです。「失敗は成功のもと」とはよくいいますが、実はその逆も成り立ちます。成功は失敗のもとなのです。

経営学では、ある会社が持つ強みや競争上の武器のことをコア・コンピタンス（中核能力）と呼んでいます（Hamel and Prahalad, 1994）。コア（core）とは中核や中心のことで、コンピタンス（competence）とは能力や技術のことを指しています。つまり、コア・コンピタンスとは、会社に利益をもたらす技術やスキル、ノウハウなどの集合体のことです。

そして、その強みが、環境の変化に伴って弱みに転じることをコア・リジディティ（中核硬直性）と呼んでいます（Leonard-Burton, 1995）。コアとは先ほど同様、中核や中心のことであり、リジディティ（rigidity）とは硬さや融通の利かなさのことを指しています。つまり、コア・リジディティとは、従来のビジネスを行う上で強みであったスキルや経験の蓄積が、新しいビジネスを始める際の足枷に変わってしまうことを意味しているのです。

特定の能力や技術を鍛え過ぎると、今度は柔軟性が失われ、路線変更が難しくなります。その結果、環境が変化しても、それに対応することができず時代遅れとなり、やがては滅んでしまいます。このような現象は、プロスポーツ選手のセカンドキャリア問題ともよく似ているかもしれません。特定の競技を極めるために、より多くの時間や労力を費やし、高みに行けば行くほど、つぶしが利きにくくなります。つまり、引退後の第二の人生を切り開くことが難しくなるのです。日本・海外を問わず、セカンドキャリアの構築が上手くいかなかった例は枚挙にいとまがありません。

7.4 例外としてのすみ分け

以上では、旧技術が新技術によって置き換わるケースばかりを見てきました。しかし、常にそのような置き換えが起こるとは限りません。当然、例外もあります。ここでは、MRI（Magnetic Resonance Imaging）と CT（Computed Tomography）が互いにすみ分けたケースを見てみたいと思います[14]。

MRI も CT も共に体の内部を映像化するための医療機器で、その外観もとて

表7.1　CTとMRIの長所と短所

	CT	MRI
原理	X線吸収	磁気共鳴
時間	短い	長い
得意分野	脳，骨，腹部	脳，関節，靭帯
メリット	緊急時の対応可能	放射線被ばくなし CTより詳しく分かる
デメリット	放射線被ばくがある	体内に金属がある場合 は使えない 検査中の騒音大

出所：入江（2015）を参考に作成。

もよく似ています。患者が横たわるための台車（ベッド）があり，撮影を行うための巨大なドーナツ状の円盤も備えつけられています。しかし，両者の機能には決定的な違いがあります。特にMRIが誕生した当初は，MRIはCTができることに加えて，CTができないことも可能とされていました。例えば，MRIはCTのようにX線（放射線）を使わないので被ばくがない。また，頭部や骨盤などの密度の濃い部分をクリアに撮影することができる。さらに，三次元画像の構成が容易などです。

　このように書くと，CTに対するMRIの優位性が際立っているように見えます。そのためか，第4章でも登場した著名な経営コンサルタントのリチャード・フォスター（Richard N. Foster）は，著書『イノベーション：限界突破の経営戦略』の中で，CTはいずれMRIに置き換わる運命にあると予言しています。しかし，実際は，置き換えは起こらず，両者のすみ分けが行われました。現に病院では今も，CTとMRIが併用されています。なぜ，彼の予言は外れたのでしょうか。

　まず，置き換えの危機に直面したCTメーカーでは，懸命の技術改良が行われました。具体的には，撮影時間の高速化に加え，当初は苦手としていた画像の三次元化にも成功し，手術中にリアルタイムに患者の体内を見ることを可能にしました。また，MRIが普及するにつれ，次第にその欠点も明らかになっ

---

14 ここでの記述の大部分は，入江（2015）に基づいています。

てきます。特に MRI は磁気を使うため，体内に金属が入っている患者には使用することができないなどの致命傷が見つかりました（表7.1参照）。その結果，両者はそれぞれの強みを伸ばす形で進化していくようになり，互いにすみ分けるようになりました。

　このように，旧技術は必ずしも新技術によって置き換えられるわけではありません。予測が外れることもあります。そして，このことが，企業に新しいS字曲線への乗り換えをためらわせる一因にもなります。ただし，このようなすみ分けが起こることは稀です。そのため，基本的には，置き換えが起こることを前提に準備を進めておくことが必要になるでしょう。

■コラム[7]：スムーズな世代交代の難しさ

　本章で取り上げたイノベーションを持続させることの難しさは，スポーツにおける世代交代の難しさと通ずるものがあります。

　例えば，あなたが何かのスポーツの監督をしていると想像してください。その場合，あなたは効果的な練習方法や選手のモチベーションの高め方など，様々なことに頭を悩ませるでしょうが，そのうちの一つに選手の起用方法があるはずです。特に，特定のチームに長く関わるような場合は，今の主力選手をいつまで使い続けるかが問題になります。

　主力選手にもいつかは限界（引退）が来ます。いつまでも彼らに頼るわけにはいきません。若手選手もきちんと育てていかなければなりません。しかし，現時点では，主力と若手の間に明白な実力差があります。そのため，主力を使えば勝てる試合も，若手を使えば負けるかもしれません。だからといって，主力ばかりを使い続けると若手は育たず，世代交代が上手くいきません。

　スポーツの監督は常々，このようなジレンマに直面していると考えられますが，結果的には（ビジネスの場合と同様に），目先の勝利を優先して世代交代に失敗するケースも少なくありません。例えば，日本代表のサッカーチームは 1968 年のメキシコ五輪で銅メダルを獲得しましたが，その後，長期にわたって低迷しました。なぜなら，メキシコ五輪に向けて代表メンバーを数年間も固定してしまったからです。目先の勝利を得ることはできましたが，次世代の育成ができませんでした。

　また，2007 年に新しいプレーオフ制度（クライマックスシリーズ）が導入された日本のプロ野球では，消化試合が減少したことで似たような現象が起こりつつあります。消化試合が多ければ，若手を起用して次世代を育成することもできますが，順位が低くてもプレーオフ進出の可能性が残されていれば，主力を使って目先の勝利をつかみ取ろうとするからです。

　このように，現在と未来のバランスをめぐるジレンマに直面すると，人間は往々にして現在を優先してしまいます。目先の勝利を優先し，未来を放棄してしまう困った生き物なのです。

8 〈イノベーションを持続させることの難しさ(2)〉 人間は自らの意思だけでは自由に動けない生き物

　前章では，人間が山を降りられない原因は，自らの気持ちの弱さにあると述べました。しかし，下山できない理由は必ずしもそれだけではありません。自分一人だけなら引き返すことができても，利害関係者がいることで引き返す判断が遅れたり，迷いが生じたりすることがよくあります。人間は社会を築き，集団生活を営んでいる以上，常に自らの意思だけで自由に動けるわけではないのです。

　この利害関係者には様々な対象が含まれますが，本章で特に焦点を当てるのは「顧客」です。通常，顧客は会社の提供する製品やサービスに対価を支払ってくれるありがたい存在です。しかし，彼らは時として，次なるイノベーションを阻害することがあります。その意味で，イノベーションの持続を妨げる敵は，社内だけでなく社外にもいるのです。本章では，顧客がそのような問題を引き起こす理由と，その対処法について解説したいと思います。

★Key Words
バリュー・ネットワーク，オーバーシューティング，破壊的イノベーション，イノベーターのジレンマ，両刀使いの経営

8.1　企業の行動は顧客の声に縛られる

「顧客の声に耳を傾けよ」という言葉に違和感を覚える人は少ないでしょう。あるいは，会社のホームページなどでよく見かける「我が社のモットーは，顧客の声をよく聞くことです」などの文言にクレームをつける人もほとんどいな

いと思います。しかし，顧客の声を聞くということは場合によっては，企業に下山をためらわせるだけでなく，さらなる山の高みへと企業を駆り立てる危険性をもはらんでいるのです。

8.1.1　企業と顧客は相思相愛の仲

　ここでは，まず，顧客がいるとなぜ企業は下山をためらってしまうのか（あるいは，なぜ下山させてもらえないのか）について考えてみたいと思います。カギとなるのは，お互いが持つ価値観です。

(1) バリュー・ネットワークの形成

　世の中には数多くの企業が存在しています。にもかかわらず，なぜその企業の顧客になったのかというと，そこに何かしら惹かれるものがあったからです。もちろん直接的には，製品の性能や品質，価格，コンセプトなどが自らの要求に合致していたからということになりますが，それらの背後には価値観が存在しています。製品やサービスには通常，その企業の価値観が反映されているからです。つまり，企業と顧客は同じ価値観に惹かれ合った相思相愛の関係であり，経営学では，そのような関係のことをバリュー・ネットワーク（価値のネットワーク）と呼んでいます[1]。

　例えば，電話や PC などの情報通信機器を持ち歩きたい人にとっては，製品のサイズや重量は重要なポイントで，そこに大きな価値があります。そのため，その価値を満たしてくれる（あるいは，高めてくれる）企業を探そうとします。その一方で，世の中には，製品の小型化や軽量化に価値を見出し，それらを得意とする企業があります。そして，彼らは自分たちの価値を分かってくれる顧客を探そうとします。そのような両者が出会い，取引を始めることでバリュー・ネットワークが形成されます。

　このように，企業と顧客はもともと近い価値観を持っていますが，取引を繰

1　本来，ネットワークとは，複数の要素が互いにつながった網状の構造体のことを指します。そのため，バリュー・ネットワークにも通常は，企業や顧客に加え，株主など様々な利害関係者が含まれています。ただ，本章では，話をシンプルにするために，企業と顧客の二者の関係に的を絞って説明を行っていきます。

り返すうちに，それはますます強化され，同質化していきます。顧客は企業に対して次に欲しいものを要求し，企業はその要求に応えることで売上を上げていきます。そして，そこから得られた利益や便益にお互いが満足すると，企業は顧客のことをより信頼し，顧客も企業のことをより信頼するようになります。さらに，そのような成功体験が繰り返されることで，自分たちの価値観の正しさを確信すると共に，相互依存度も高まっていきます。つまり，企業と顧客は一緒に成長する仲になっていくのです。

⑵ バリュー・ネットワークの弊害

　ただし，問題は，その価値観にずれが生じ始めた時です。ある時，企業内の一部で「このままの路線で良いのか」と疑問が生じてきます。確かに，現在のビジネスでも利益は出ているものの，他社の新しい動きが気になる。例えば，自分たちはこれまで製品の小型化路線でやってきたが，他社はデータの大容量化路線でいこうとしている。この動きを無視して良いのだろうか。社内で議論しようと試みますが，人抵は無視されます。顧客に相談しても，やはり相手にされません。製品の小型化を重視してきた企業や顧客は，データを大容量化することの価値を評価できないのです。

　しかし，時間が経つにつれ，世間ではデータの大容量化がメジャーになり始めます。この段階に至ると，企業内の大部分もさすがに小型化路線の継続はまずいのではないかと思い始めますが，これまで付き合いのある顧客がそれを求めない限り，すぐに路線変更することはできません。急な路線変更は，顧客の反発や離反を招く恐れがあるからです（これは，これまで応援してきた歌手やアイドルの急な路線変更に憤るファンの心理と似ているかもしれません）。その結果，企業は従来の路線を維持し続けてしまいます。つまり，下山することができずに，これまでと同じ山に留まり続けてしまうのです。このように，顧客の声を聞くということは場合によっては，企業に下山をためらわせる一因にもなるのです。

⑶ 顧客の多くは保守的

　さらに厄介なのは，顧客の多くは保守的で，自分からはなかなか路線変更を

127

言い出してくれないことです。

　例えば，食品業界では，強力なライバルの出現や，新しい技術開発に成功したなどの理由から，定番となっている商品パッケージをリニューアルしなければならない時が必ずやってきます。ところが，市場調査を行うと，大抵の場合「変えない方が良い」という結果が返ってきます（佐藤，2017）。それまでの顧客はその商品のパッケージが好きで顧客になったのですから，それを変えるといわれれば不機嫌になるのは当然です。

　しかし，それでは，いつまでたってもパッケージを変えることができず，新しいイメージを打ち出したり，新規顧客を獲得したりすることができません。かといって，市場調査の結果を無視して，イメージを刷新することにも怖さがあります。企業にとっては，これから現れるかどうか分からない未知の顧客よりも，既にいる顧客を大事にした方が安全だから（あるいは，リスクが低いから）です。イメージの刷新に失敗すれば，従来からの顧客を失った挙句，新規の顧客も獲得できないという最悪の事態に陥る恐れがあります。その結果，多くの企業ではパッケージの大幅なリニューアルになかなか踏み切れず，マイナーチェンジに留まってしまうのです。

8.1.2　主要顧客の声を聞きすぎるな

　次に，ここでは，顧客がいるとなぜ企業はさらなる山の高みへと登っていこうとするのかについて考えてみたいと思います。顧客の存在は，企業に下山をためらわせるどころか，場合によっては，さらなる山の高みへと企業を駆り立てる危険性さえはらんでいます。

(1) オーバーシューティングの発生

　バリュー・ネットワークが一旦形成されると，企業はその特定の価値を高めることに集中するようになります。つまり，次はもっと軽く，もっと小さく，もっと高性能にといった具合に，特定の価値を追求するようになるのです。しかし，顧客の要求も無尽蔵ではありません。平均的な顧客にとっては大抵，これで十分と思える水準が存在しています。

〈イノベーションを持続させることの難しさ②〉人間は自らの意思だけでは自由に動けない生き物

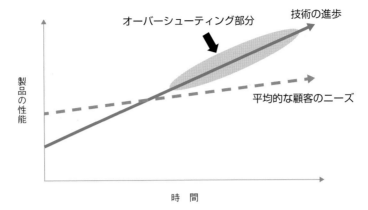

出所：Christensen and Raynor（2003）p. 156 の図 5-1 を参考に作成。

図 8.1　オーバーシューティング

　ただ，中には，それに満足しない顧客も少数ながら存在します。特にヘビーユーザーは，より高度な水準を求め続ける傾向にあります（近能・高井，2010）。そして，そうした声に企業が耳を傾け過ぎると，平均的な顧客の要求をはるかに上回る水準にまで技術が進歩してしまいます（図 8.1 参照）。つまり，山の高みへと登り過ぎてしまうのです。第 2 章 2.4.2 でも説明したように，経営学では，このような現象のことをオーバーシューティング（行き過ぎ）と呼んでいます（Christensen and Raynor, 2003）。

(2) ゲーム機メーカーのオーバーシューティング

　例えば，据え置き型ゲーム機の業界では，長い間，データ処理のスピード，グラフィックス，メモリの容量など，コンピュータとしての処理性能を競う傾向が続いてきました[2]。なぜなら，それらの性能がゲームソフトの質を決定し，消費者の購買を左右したからです。しかし，ある時期を境に，操作やストーリーがあまりにも複雑化し，ライトユーザーや初心者が気軽に楽しめるものではなくなってきました。大半のゲームユーザーにとっては，「もうこれ以上のグラフィックは必要ない」，「もっと気軽にゲームを楽しみたい」状況に陥って

---

2 ここでの記述の大部分は，近能・高井（2010）に基づいています。

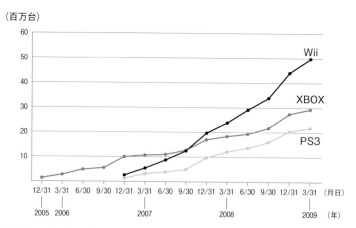

出所：http://vgsales.wikia.com/wiki/Seventh_generation_of_video_games より引用。

図 8.2　PS3 の世界販売台数の推移

いました。つまり，据え置き型ゲーム機は，完全にゲームマニア向けの商品になってしまっていたのです。

　しかし，それでも，オーバーシューティングは止まりませんでした。2006年 11 月に発売されたソニーの「プレイステーション 3（PS3）」はその典型で，それまでのゲームマニア向け路線を踏襲し，さらにそれを発展させたものになっていました。スーパーコンピュータ並みの処理能力を備え，実写と見間違うほど美しく動きが滑らかなグラフィックス，圧倒的な臨場感を誇るサウンドなどが最大のウリとされていました。しかし，一部のゲームマニアには熱狂的に受け入れられたものの，総じて売上は振るいませんでした（図 8.2 参照）[3]。平均的な多くの顧客を置き去りにしてしまったからです。

8.1.3　現在の顧客重視が将来の失敗へとつながる

　以上のように，顧客の声を聞くということは場合によっては，企業に下山をためらわせるだけでなく，さらなる山の高みへと企業を駆り立てる危険性さえ

---

[3] 『日本経済新聞』（2013 年 9 月 10 日）。

はらんでいます。そして，そのような企業の行動が，将来の失敗を引き寄せてしまうのです。ここでは，現在の顧客重視が将来の失敗につながる理由について説明してみたいと思います。

(1) 破壊的イノベーション

　ほとんどの場合，技術は一定の進歩の軌道上を滑らかに進んでいきます。そのため，通常であれば，企業は一度登り始めた山を登り続けていけば良いのです。ところが，時々，こうした軌道線上を進まずに，全く別の軌道線上を進もうとする技術が現れ，そちらが主導権を握ってしまうことが稀にあります。そして，そうなった場合，従来の技術進歩の軌道線上にいる企業は，そこから軌道修正せざるを得なくなります。

　しかし，これまで見てきたように，企業は顧客の声に縛られ，なかなか山を降りることができません。そして，下山をためらっているうちにダメージが蓄積され，最悪の場合は倒産してしまいます。このように，イノベーションの世界では，それまでの技術進歩の軌道を分断し，下山をためらう企業に破壊的なダメージを与える新技術が登場することが稀にあります。第2章2.4.2でも説明したように，経営学ではそのような脅威のことを，破壊的イノベーション（あるいは，分断的イノベーション）と呼んでいます（Christensen, 1997; Christensen and Raynor, 2003）[4]。

　さらに，この破壊的イノベーションには，2種類のものが存在します（図8.3参照）。一つは，「新市場型破壊」と呼ばれるもので，もう一つは，「ローエンド型破壊」と呼ばれるものです。

(2) 新市場型破壊

　前者の新市場型破壊とは，一見すると，自分たちとは無関係なところから起こり始める破壊です。

4　ここでいう破壊的イノベーションはもともと，英語では「disruptive innovation」と表記されるため，本来は，分断的イノベーションと訳す方が正確といえます（従来の技術進歩の軌道を断ち切るタイプのイノベーションを表現するために，そう命名されました）。ただ，日本国内では，既存企業に与えるダメージの大きさに注目して破壊的イノベーションと呼ばれることが多いため，ここではそちらを採用しています。

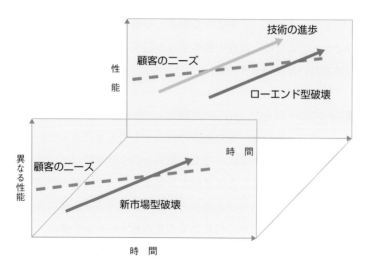

出所：Christensen and Raynor（2003），p. 55 を参考に作成。

図 8.3　２種類の破壊的イノベーション

　なぜ，無関係に見えるのかというと，新技術の背後にある価値観と自社の持つ価値観とが大きくかけ離れているからです。その新技術は，異なる価値観から見れば優れた性能を有しているものの，自分たちの価値観から見れば，たいした性能ではありません。そのため，自社の顧客は通常，そうした技術に対して否定的な評価を下し，ほとんど関心を払いません。また企業の方も，そのような顧客が望まない技術には投資を行いません。さらに，ほとんどの場合，異なる価値観から生まれた技術が直接的なライバルになることはないため，あまり脅威を感じません。

　一方，新技術を投入してくる企業の方は，純粋にその技術の優れた面に着目して開発を進め，それを高く評価してくれる顧客を探そうとします。その結果，既存の技術とは全く異なる性能に価値を見出す顧客が集まり，新しい市場が形成されます。つまり，既存市場とかけ離れた場所に新しい市場が立ち上がってくるのです。当初，この新市場の規模は小さく，そこから得られる利益も多くありません。しかし，時間の経過と共に新技術の持つ様々な性能が向上し始めると，その使い道が広がって市場が拡大していき，ついには既存市場をも侵食するようになります。

こうなると，旧技術を採用してきた企業の多くも出遅れに気づき，あわてて新技術に切り替えようとします。しかし，中にはこの段階に至っても，保守的な顧客の声に阻まれて切り替えが進まないところもあります。また，たとえ切り替えに成功しても，その多くは出遅れを挽回することができず，劣勢を強いられることになります。

⑶ ローエンド型破壊

　一方，後者のローエンド型破壊とは，自分たちの足元や近場から起こり始める破壊です。こちらは上で見た新市場型破壊とは異なり，同じ市場内で起こるため，無関係とは思われません。しかし，新技術の性能が自社のものに比べて著しく劣るため，どうしてもあなどりがちになります。

　ここでいうローエンド（low-end）とは，新技術の性能の低さを表しています。つまり，旧来の技術とは同じ価値観を共有するものの，技術的な関連性は薄く，性能も極めて低い新技術のことです。通常であれば，このような技術に勝ち目はありませんが，オーバーシューティングが発生している業界では話が別です。オーバーシューティングが発生しているところには，置き去りにされた多くの顧客が存在するからです。

　例えば，8.1.2で見たように，据え置き型ゲーム機業界ではオーバーシューティングが発生していましたが，そこに新しく携帯電話機向けのゲームが登場してきます。当初のそれは，据え置き型ゲーム機向けのものに比べ，性能は著しく劣っていました。そもそも，操作端末となる携帯電話機自体の画素数が低くグラフィックスが粗いだけでなく，処理能力も低く動きも良くありませんでした。さらに操作方法も限定されており，単純なゲームしかできませんでした。そのため，初期段階ではそれほど多くの顧客が集まらず，売上や利益も限定的でした。

　しかし，時間が経つにつれ，徐々に携帯電話機自体の性能がアップしていきます。画素数や処理能力が高まり，操作性も改善されました（例えば，タッチパネルやマルチモーダルインターフェースなどの新しいインターフェースが登場してきました）。つまり，多くの平均的な顧客にとって丁度良いレベルのゲームができる技術水準へと到達してきたのです。そして，その段階に至ると，据え置き型のゲームを過剰と感じていた顧客がそちらに流れ始め，売上や利益

も急拡大していきました。

　しかし，そのような現実を目の当たりにしても，据え置き型ゲーム機メーカーは主要顧客であるゲームマニアの声に縛られ，なかなか山を降りることができませんでした。それどころか，むしろ自分たちが得意とするマニア向けのハイレベルなゲーム作りで差別化しようと，ますます山の高みへと登り始めました。そのようにして山を登り続けているうちに，携帯電話機向けゲームに多くの顧客を奪われてしまったのです。

8.1.4　「お客さまは神様」[5] ではない

　以上で見てきたように，顧客の声は企業の行動を縛り，時には企業を窮地に追い込むことさえあります。

　もちろん，既存の顧客は大事です。なにしろ彼らは現在の収入源だからです。そのため，合理的な経営が行われている企業では，現在の顧客の声を大事にするよう日頃から訓練が行われています。

　しかし，その反面，既存顧客が望んでいない新技術には積極的な投資を行うことができません。仮に，他社が従来とは異なる部分の性能を高めた新技術を投入してきても，既存顧客がそれを求めない限り，そちらに路線変更することはできません。つまり，自分だけの判断で一度登り始めた山を降りることはできないのです。その結果，たとえ新技術の優勢が明らかになっても切り替えが遅々として進まず，また切り替わったとしても出遅れを挽回することができず，劣勢を強いられることになります。

　また，合理的な経営が行われている企業では，主要顧客の要求を下回るような技術を開発することも困難です。通常は，いくら難易度が高くとも，彼らの要求に応えようと懸命に努力します。主要顧客の中でも，特にヘビーユーザーからの要求は厳しく，彼らは絶えず高度な水準の技術開発を要求してきます。

---

5 もともとこのフレーズは，歌手の三波春夫が発したとされていますが，その真意が誤解されて伝わっています。本来の意味は，歌を歌う時には神前で祈る時と同じように，雑念を払わなければいけないというものです。つまり，お客さんを神様に見立てて，心を研ぎ澄ませということであり，決してお客さんのいうことを何でも聞けという意味ではありません（http://www.minamiharuo.jp/profile/index2.html）。

しかし，そうした声に耳を傾け過ぎると，平均的な顧客の要求をはるかに上回る水準にまで技術が進歩してしまいます。つまり，山の高みへと登り過ぎてしまうのです。その結果，置き去りにされた顧客は他の新しい技術へと流出してしまうのです。

このように，既存顧客を大事にする合理的な行動や意思決定は，時として将来の失敗を引き寄せることがあります。間違った行動や意思決定をしたから失敗するわけでもなければ，新しい技術の出現に気づかなかったから市場を奪われるわけでもありません。つまり，ここでのポイントは，必ずしも「愚かだから失敗する」わけではないところにあります。むしろ，多くの企業は正しく行動するがゆえに，市場の主導権を奪われてしまうのです。経営学では，多くの企業が直面するこのような困難のことを「イノベーターのジレンマ」と呼んでいます（Christensen, 1997）。

8.2　ジレンマ克服のための処方箋

　自分一人だけでも下山することは難しい。さらに利害関係者がいるともっと難しい。それでは，どうすれば企業は思い切って山を降りることができるのでしょうか。理想をいえば，普段はコツコツ努力を積み重ねたり，周囲と協力したりしつつも，いざとなればそれらを全部捨てる勇気を持つことです。しかし，そんなことは普通の人間には無理です。同様に，ほとんどの企業にとっても，それは至難の業です（Christensen, 1997）。

　ただし，人間と企業には決定的な違いがあります。それは，企業は分身することができる点です。企業は組織を分けることができるため，別々の組織で，別々の技術や顧客を追求することができます。1つの組織だとジレンマに直面し，身動きが取れなくなることも，組織を分けることで克服できるのです。

　このように組織を分けて，新旧両方の技術を同時に追いかけることを，経営学では両刀使いの経営（あるいは，二刀流経営）（Tushman and O'Reilly Ⅲ, 1997）と呼んでいます。以下では，組織を分けることのメリットや，その際の注意点などについて解説してみたいと思います。

8.2.1 従来のルールや文化からの解放

　組織を分けることのメリットの1つ目は，従来の仕事のルールや組織文化から解放されることです。既存のルールや文化を維持したままでは，新しい技術を生み出し，育てることは困難です。

　そもそも，既存のルールや文化はすべて，現在のビジネスを上手く動かすために作り上げられたものです。そして，現在のビジネスとは主に，旧来の技術を改良・発展させていくことです。つまり，それらは，扱い慣れた技術を効率よく活用していくためのものであり，未知の技術を探し出し，それを育てていくためのものではありません。それどころか，既存のルールや文化は新しい技術開発の足を引っ張ることさえあります。

　例えば，S字曲線のところでも見たように，いかなる新技術もその初期段階には失敗が多く，努力がなかなか進歩に結びつきません。つまり，費用対効果（あるいは，コストパフォーマンス）が悪いのです。そのため，新技術を旧技術と同じ組織で扱い，同じルールに当てはめて評価してしまうと，売上や利益が少ないなどの批判にさらされることになります。そして，最悪の場合は開発中止の判断が下されてしまいます。

　そのため，新しい技術を育てる際には新しい組織を立ち上げ，新しいルールや文化の下でそれを推し進めていく必要があります（Govindarajan and Trimble, 2010）。特に，その場合には，従来よりも緩めのルールや文化が必要になります。なぜなら，十分な知識の蓄積がないため，事前に何が起こるかを予測することが困難だからです。そこでは厳密なルールよりもむしろ，想定外の出来事が起こった際の柔軟性や機敏さの方が重要になります。

8.2.2 既存顧客からの解放

　組織を分けることのもう一つのメリットは，既存顧客から解放されることです。既存顧客の声に縛られて山を降りられないのであれば，別の組織を立ち上げ，一から新しくバリュー・ネットワークを構築すれば良いのです。

　例えば，自分たちがこれまで高速・高機能な製品を追求してきたのに対し，

新たに（低速・低機能ながら）低消費電力の製品を追求したくなった場合，既存の顧客にその価値を訴えても支持は得られません。むしろ，余計なことはするなとお叱りを受けるだけです。そこで，新たに低消費電力の製品だけを追求する別の組織を立ち上げ，それに価値を見出してくれる顧客を探し出し，新しいバリュー・ネットワークを構築していきます。

こうすることで，既存顧客からの反発をかわせると同時に，新しい別の山に登り始めることができます。そして，そのような行動がひいては，破壊的イノベーションによる被害を予防することにもつながります（Christensen, 1997）。日本には，古来より「二兎追うものは一兎も得ず（2つのことを同時にやろうとすると，結局はどちらも成功せずに終わる）」との戒めがありますが，イノベーションの世界ではむしろ逆で，ひるむことなく二兎でも三兎でも追うことが必要になるのです。

8.2.3 完全に分離してはダメ

ただし，一口に「組織を分離する」といっても，どの程度分離すべきかがポイントになります。完全な分離が常に正しいとは限らないのです。特に，既存技術で蓄積されたノウハウや経営資源が新技術でも活用できる場合には，新技術を担当する組織を完全には分離せず，状況に応じて両者の距離を調整することが必要になります（柴田，2012）。

ここではその成功例として，富士フイルムのケースを見てみたいと思います[6]。当社はその社名からも分かるように，長年，フィルムカメラを主力事業としてきた会社です。しかし，1990年代の後半になると，デジタルカメラが登場してきます。そのため，他のフィルムカメラメーカー同様，旧来の技術を継続すべきかどうかの経営判断を迫られました。そして，競合他社の多くは，旧技術の継続を選択し，経営破綻に追い込まれていきました（米国のイーストマン・コダックがその代表例です）。しかし，富士フイルムでは急速なフィルム需要の減退に備えて新しい組織を立ち上げ，その組織に新しい技術を追求さ

---

6 ここでの記述の大部分は，柴田（2012）に基づいています。

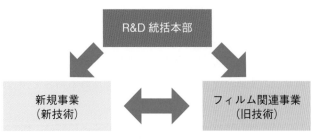

出所：柴田（2012）を参考に作成。

図8.4　既存組織と新規組織の間の柔軟な調整

せることで，その危機を乗り越えました。

　ただし，既存組織との接点を完全に絶ち切ったわけではありません。同社では2004年にR&D統括本部を設置し，当該本部に既存組織と新規組織の双方を管理させ，柔軟な調整を行わせてきました（図8.4参照）。例えば，2002年時点では，既存のフィルム関連事業に予算の30％が配分されていましたが，2006年にはその割合を見直し，18％まで低下させました。その一方で，新規事業への配分割合を60％から76％へと増加させました。

　またそれと同時に，それまでのフィルム関連事業で蓄積した技術を新規事業に活かすための取り組みも積極的に進めました。例えば，写真の劣化を防ぐための技術は，活性酸素の制御技術として活用し，写真フィルム製造で培った合成化学技術はインクジェット用色材の開発に応用しました。さらに，保有技術が有効活用できそうな事業分野（ライフサイエンス，インクジェット用材料，電子材料）では積極的なM&A（買収・合併）を行い，蓄積してきたフィルム関連技術を新規事業に活かしていきました。

　このように，新しい事業を立ち上げる際に，旧来の技術や既存事業が保有する経営資源が役に立つ場合があります。そのため，新規組織を既存組織から完全に切り離してしまうと，両者の間に接点がなくなり，それらを有効活用する機会を失ってしまいます。既存組織と新規組織の良いとこ取りをしたい場合には，双方をコントロールする上級チームを設置し，彼らに上手くかじ取りさせることが重要になるのです。

■コラム[8]：ファンは大事，でも時々怖い

　ファンは大事ですが，たまにそのファンが曲者だったりします。ここでは熱狂的なファンの恐怖を描いた映画を2本紹介したいと思います（少しネタバレする部分が含まれていますが，その点はご了承ください）。

　まずは，ロバート・デ・ニーロ主演の『ザ・ファン』（1996年公開）です。主人公のギルは妻子に去られ，職も失ったさえない中年男性です。そんな彼にとってメジャーリーガーのボビーは唯一の心の支えでした。しかし，そのボビーも大スランプに陥ってしまいます。スランプの原因をボビーのチームメイトでライバルのプリモだと考えたギルは，彼を刺殺してしまいます。その後，スランプを脱出したボビーですが，今度はギルに息子を誘拐され，「俺のためにホームランを打て」と脅迫されるようになります……。

　もう一つは，スティーブン・キング原作の『ミザリー』（1990年公開）です。大衆向けのロマンス小説「ミザリー・シリーズ」の作家であるポールは，その最新作を別荘のロッジで書き上げた後，下山途中に自動車事故で重傷（両足骨折）を負ってしまいます。そんな彼を助けたのは，ポールのナンバーワンのファンと自称する中年女性のアニーです。しかし，彼女は看病と称してポールを帰さず，ついには拘束し監禁してしまいます。さらに，ポールが書き上げた最新作の原稿を読み，主人公のミザリーが亡くなるという結末を知ると，原稿の書き直しを要求します。この段階に至って，ようやくポールも彼女の狂気に気づき，脱出を試みますが……。

　このように，熱狂的なファンは時として，彼らが望む路線からの変更を許してくれないことがあります。さらに，そのような危険因子はファンだけに留まりません。仕事仲間も路線変更を許してくれない場合があります。そして，その恐怖を疑似体験できるのが，『ゴッド・ファーザー』シリーズなどのマフィア映画です。一旦，仕事仲間となった以上，裏切りは許されません。そこから抜けようとすると殺されてしまいます。人間とは，自らの意思だけでは自由に行動することができない窮屈な生き物なのです。

9 〈イノベーションを持続させることの難しさ⑶〉
人間は目が曇る生き物

第7章では，人間は目が曇る生き物だと述べました。人間は神様では
ないので，どうしても偏ったモノの見方をしてしまうのです。

さらに厄介なのは，多くの人はその偏りに気づかないばかりか，その偏
りは知らず知らずのうちに周囲に伝染することです。その結果，企業では
時間の経過と共に特定のモノの見方が支配的になり，多様なモノの見方が
できなくなります。そして，イノベーションの好機が目の前にあっても，
見逃してしまい，ライバルに先を越されてしまうのです。

それでは，そのような偏ったモノの見方は，人間のどのような心の動き
によって生み出され，組織のどのような働きによって増幅されるのでしょ
うか。本章では，そのような偏りを引き起こす代表的な5つの要因と，
その対処法について解説したいと思います。

★ Key Words
確証バイアス，アンカリング効果，フレーミング，組織内同形化，グルー
プシンク，オープンイノベーション，ユーザーイノベーション

9.1 "偏り"を引き起こす代表的な5つの要因

これまでも述べてきたように，私たちの認識やそれに基づく意思決定は偏っ
た傾向に支配されていますが，そのような偏りを引き起こす要因としてよく知
られているのが，以下の5つです。

①確証バイアス　②アンカリング効果　③フレーミング

④組織内同形化　　⑤グループシンク（集団浅慮）

　ただし，前方の3つの要因と後方の2つの要因とでは性格が大きく異なります。前方の3つの要因は，偏りを生み出す個人の心の動きであり，後方の2つの要因は，偏りを増幅する組織の働きです。以下では，それらの性格の違いに注意しながら，それぞれの中身を解説したいと思います。

9.1.1　確証バイアス

　1つ目は，確証バイアスです。そもそも，バイアス（bias）とは，偏ったモノの見方（すなわち，偏見）や先入観などを表す心理学用語で，確証バイアスとは，自分の意見の正しさを追認する証拠ばかりを集めてしまう人間の偏った心の動きのことです（軽部，2017）。

　人間は，相手の真意が読めない時に，どうしても自分の認識（願望）の正しさを追認する証拠ばかりを集めてしまいます。一番身近でイメージしやすいのが，片思いのシチュエーションでしょう。インターネット上には，男性（女性）が好きな女性（男性）に見せるサインやしぐさなどの情報が溢れかえっています。その真偽はともかく，片思い中の人は，その情報を見て当てはまるものを集め，「やはり彼（彼女）は私のことを好きに違いない」と自分を勇気づけようとします。しかし，大抵の場合，当てはまらない多くの情報は無視されます。このように，人間は自分の認識が正しいと思える証拠ばかりを集めて物事に対処し，失敗することがよくあります。

　イノベーションの場面でも，それは例外ではありません。多くの会社では新技術が登場しても，それを過小評価する傾向があります。そして，気づかないうちに逆転を許してしまうのです。これは，無意識のうちに自社に都合の良い証拠ばかりを集めてしまうからです。

　例えば，液晶技術を得意としている会社では，新しく有機 EL 技術が登場しても，無意識のうちに液晶にとって有利な要件にばかり目がいってしまいます。表 9.1 はそれを表したものです。この表を見る限り，液晶技術の優位は盤石で，有機 EL は取るに足らない技術のように思えます。しかし，これは一方的に有

表 9.1 確証バイアスに基づいた液晶と有機 EL の性能比較

	液 晶	有機 EL
値 段	安い	高い（約 3 倍）
寿 命	6 万時間	3 万時間
サイズの自由度	高い（小型から大型まで同じ設備で生産できる）	低い（大型と中小型で製造方法が異なる）
輝 度	高い（日光の下でも見えやすい）	低い（日光の下では見えにくい）
消費電力	低い（181 w）	高い（370 w）

機 EL にとって不利な要件ばかりを集めたもので，将来の可能性やポテンシャルが排除されています。

　このように，既存企業の多くは確証バイアスのせいで，他社の技術や新しい技術を過小評価してしまいがちです[1]。そして，そのことが時に，大きな失敗を招き寄せることにつながるのです。

9.1.2　アンカリング効果

　2 つ目のアンカリング効果とは，初めに規定された基準点や参照点にどうしても意思決定が影響を受けてしまう傾向のことです（軽部，2017）。そもそも，アンカリング効果にいうアンカー（anchor）とは船の錨（いかり）のことで，アンカリング効果とは，一度錨を下ろしてしまうと，その場所が物事を判断する際の基準点や参照点となってしまい，どうしてもそこにとらわれて意思決定を下してしまう心の動きを指しています。

　私たちはこの効果のせいで，これまでに散々誤った意思決定を行ってきました。無駄に高い買物をしてしまうなどの誤った意思決定は，その典型です。それどころか小売店ではむしろ，このアンカリング効果を狙った売り場作りが行われています。例えば，お弁当屋さんには，あまり売れそうにない高級幕の内弁当が置かれていることがよくありますが，あれは我々のアンカリング効果を狙ったものです。1,500 円の高級幕の内弁当を見てしまうと，それが基準点となるため，単体で見れば高いはずの 1,000 円のお弁当もリーズナブルに見えて

1　その他にも，例えば，今や多くの人がお世話になっている LINE も，それが登場したときには，大手通信業者から「おもちゃ」呼ばわりされました（『日本経済新聞』2018 年 4 月 11 日）。

しまうのです。

　イノベーションの場面でも，この効果のせいで誤った意思決定がなされることがよくあります。そして，その際に基準点や参照点とされるのが，これまで用いられてきた性能指標や確立された使い道などです。多くの会社では他社の技術や新しい技術を評価する際にも，自社の既存技術が追求してきた性能指標や使い道を基準に判断を下してしまいます。

　例えば，レーザージェットプリンターの会社ではこれまで，印刷速度や解像度，1ページ当たりの印刷コストなどの性能指標を追求してきました。そのため，新しく登場してきたインクジェットプリンターを評価する際にも，自分たちに馴染みのあるそれらの性能指標を基準に判断を下す傾向にあります。その結果，新技術はすべての指標において，既存技術よりも劣っていると判断され，新技術への対応が遅れてしまうのです（表9.2参照）。

　しかし，そのような自分たちに馴染みのある性能指標や使い道から見ればダメな技術も，馴染みのない性能指標や別の使い道から見れば優れた技術になる可能性があります。例えば，サイズや本体価格などの指標に注目すれば，インクジェットプリンターはレーザージェットプリンターよりも優位性を持っていることが分かります（表9.3参照）。そして，そのような性能指標や使い道を重視する顧客が増えれば，それは儲かる技術になるだけでなく，レーザー

表9.2　レーザージェットプリンターとインクジェットプリンターを
自社にとって馴染みのある性能指標で比較した場合

馴染みのある 性能指標	レーザージェット プリンター	インクジェット プリンター
印刷速度	早　い	遅　い
解像度	高　い	低　い
1ページ当たりの印刷コスト	安　い	高　い

表9.3　レーザージェットプリンターとインクジェットプリンターを
自社にとって馴染みのない性能指標で比較した場合

馴染みのない 性能指標	レーザージェット プリンター	インクジェット プリンター
サイズ	大きい	小　型
本体価格	高　い	安　い

ジェットプリンターにとって脅威の存在になるのです。

このように，既存企業の多くはアンカリング効果のせいで，他社の技術や新しい技術を過小評価しがちになります。そして，そのことが時に，大きな失敗を招き寄せることにつながるのです。

9.1.3　フレーミング

3つ目のフレーミングとは，同じ問題であっても，それがどのような文脈や角度から語られるかによって問題の捉え方が変わり，結果として，意思決定の中身も大きく変わってしまう効果のことを指しています（軽部，2017）。つまり，フレーミングにいうフレーム（frame）とは，問題を捉える枠組みのことを指しているのです。

有名なのは，コップに入った水をめぐる判断です。それを見た時に「半分しか水が入っていない」とネガティブに捉える人もいれば，「半分も水が入っている」とポジティブに捉える人もいます。そして，いずれの捉え方をするのかによって，その後の行動が大きく変わってきます。イノベーションの場合もそれと同様です（軽部，2017）。通常，イノベーションのもたらす変化はチャンスでもあり，ピンチでもあります。そのため，問題の捉え方によっては，イノベーションのもたらす可能性が適切に評価されず，チャンスを見逃してしまったり，出遅れてしまったりします。

また，それ以外にも，問題の捉え方が固定されていることで，新しい技術の使い道や既存事業の新しい価値に気づけずに，チャンスを見逃すことも多くあります[2]。

例えば，ノンアルコールビール市場ではキリンの「フリー」が好調ですが，これは「ビールが売れない時代に，ノンアルコールビールが売れるはずがない」というフレームに競合他社が支配され，チャンスを見逃してきたからです。その他にも，例えば，定期観光バス会社の多くは，「定期観光バスは観光客が乗るもの」というフレームに支配され，地域住民がそれを利用する可能性を考慮

2　以下の事例のうち，十勝バスのケースは『日経ビジネス』（2012 年 7 月 19 日号）に，それ以外のケースは栗木・水越・吉田（2012）に基づいています。

してきませんでした。また，地方の路線バス会社の多くは，「田舎は車所有者が多いので路線バスには乗らない」というフレームに支配され，それ以外の原因を探ろうとしてきませんでした。これらのフレームから脱却することができた定期観光バスの「はとバス」や路線バスの「十勝バス」だけが，イノベーションを起こすことに成功しました。

　このように，既存企業の多くはフレーミングのせいで，イノベーションがもたらすピンチの側面にばかり目を向けてしまったり，チャンスを見逃してしまったりします。そして，そのことが時に，大きな失敗を招き寄せることにつながるのです。

9.1.4　組織内同形化

　4つ目の組織内同形化とは，長く同じメンバーで活動することにより考え方が均質化していく組織現象のことを指しています（榊原，1995）。もともと互いにユニークなはずの個人が，一定の組織的文脈の中で活動するうちに，次第に考え方が似てくるのです。

　この組織内同形化は，これまで見てきたような個人の中に偏りを生じさせる心の動きではなく，その偏りを増幅させる組織の働きです。多くの人は自身の偏りに気づかないばかりか，その偏りは知らず知らずのうちに周囲に伝染していきます。その結果，長期間一緒にいると，次第に似通ったモノの見方をするようになっていくのです。

　「似たもの夫婦」が良い例でしょう。もともとは赤の他人で，育った環境も考え方も違うはずの二人が生活を共にするうちに，影響を与え合い，次第に考え方や行動が似てきます。これは，共同体験（例えば，日常の買物や非日常的な旅行など）を繰り返すうちに，考え方のすり合わせが起こり，次第に似通った思考パターンをとるようになるからです。

　会社の場合も同様に，次のようなプロセスを経て考え方が均質化していきます。まず，様々なプロジェクトを通じて，メンバー間で体験が共有されます。そして，その体験の解釈を通じて，モノの見方や考え方のすり合わせが起こります。さらに，そのような活動が繰り返されるうちに，次第に似通った思考パ

ターンへと収斂していくのです。

9.1.5　グループシンク（集団浅慮）

　5つ目のグループシンク（集団浅慮）とは，一人で考えれば当然気づいたことが，集団で考えることによって見落とされる組織現象のことです（Janis, 1972）。このグループシンクも組織内同形化と同様に，個人の心の動きではなく，偏りを増幅する組織の働きです。

　「三人寄れば文殊の知恵」という諺もあるように，通常は人が多く集まれば，知恵やアイデアもたくさん集まるため，より優れた意思決定がなされると考えられています。しかし，時として多くの人が集まって考えるがゆえに誤った意思決定がなされることがあります。なお，集団浅慮にいう浅慮とは，考えが浅いこと，浅はかな考えのことです。

　人間は集団で生きる生き物なので，集団に息づく文脈（例えば，その集団内での常識や偏見，価値観など）に支配されがちです。つまり，特定の文脈の中に埋め込まれて，そこから抜け出せなくなってしまうのです。個別に会うと頭脳明晰で優秀な人たちが集団になったとたん，とんでもない意思決定を下すことがあるのは，このためです。世間には，このグループシンクが疑われる失敗事例が意外と多くあります。

　例えば，スポーツの競技団体などでしばしば起こる不祥事や，その後の対応のマズさなどがそうです。なぜ，そのようなことが起こったのかを追求していくと，グループシンクに行きつく場合が多くあります。個々人の正誤の判断よりも，組織内の偏った価値観や常識が最優先され，極端に偏った意思決定がなされてしまうのです。

　このように，個人の意思決定が組織の意思決定として統合される際に，偏りが増幅され，極端に偏った意思決定がなされることがあります。つまり，組織は時として，偏りの増幅装置として作用することがあるのです。

9.2 目の曇りを防ぐ方法

　以上で見てきたように，人間は目が曇りやすく，偏ったモノの見方をしてしまう生き物です。さらに，その偏りは知らず知らずのうちに周囲に伝染し，企業内の多様なモノの見方を駆逐してしまいます。それでは，企業はどうすれば，この目の曇りに対抗することができるのでしょうか。

　その対処法として考えられるのが，「オープンイノベーション」と「ユーザーイノベーション」です。前者のオープンイノベーションとは，部外者を巻き込むイノベーション手法のことであり（Chesbrough, 2003），後者のユーザーイノベーションとは，部外者のうち特にユーザーを巻き込むイノベーション手法のことです（von Hippel, 2005）。以下では，それぞれの方法について解説してみたいと思います。

9.2.1 オープンイノベーション

　前述したように，オープンイノベーションとは，部外者を巻き込むイノベーション手法のことです（Chesbrough, 2003）。部外者を巻き込むことで多様なモノの見方を確保し，イノベーションに対するあきらめやチャンスの見逃しを防ぎます。

　そして，このようなオープンイノベーションの効果を世界に知らしめるきっかけを作ったのが，2001年に立ち上がったウェブサイト「イノセンティブ」（https://www.innocentive.com）です[3]。このサイトでは，依頼者（その大半は大企業）が自分たちの頭を悩ませている問題を投稿し，その答えが分かったと思う人なら誰でも答えを書き込むことができます。現在，このサイトには170か国以上の人が登録しており，登録者数は14万人以上，その専攻・専門分野は多岐にわたっています。

　具体的に，そこに投稿された問題には，「微量な金属不純物の由来を追跡す

3　イノセンティブに関する情報はすべて，小川（2013）に基づいています。

る方法」や「乳がんのリスクを評価する方法」などがあります。このように，当該サイトに投稿される問題はいずれも難問ぞろいですが，その1/3は実際に解決されています。つまり，大企業の精鋭たちでさえ解けなかった問題を社外の誰かが解いているのです。さらに驚くべきは，非専門分野の登録者たちが問題を解くケースが多いことです。

　長年，経営学ではイノベーションに大事なのは能力か，それとも多様性かが議論されてきました。しかし，イノセンティブの事例からは少なくとも，能力が高くて均一な集団よりも，能力は少し劣るが多様性の高い集団の方が有用であることが分かります。そして，その理由を登山の比喩を使って説明すると次のようになります。前人未到の高く険しい山を登る場合，能力が高くて均一な集団は全員が同じルートを通って登ろうとします。それに対して，能力は少し劣るが多様性の高い集団はそれぞれが様々な方向から，様々な方法を使って登ろうとします。結果として，多様性の高い集団の方が登頂できる確率が高くなるのです。

⑴ 注意点①：デメリット

　ただし，このオープンイノベーションには良いことばかりではありません。当然，デメリットもあります。

　その一つが，自社が現在取り組んでいる研究課題を競合他社に知られてしまうことです。イノセンティブの事例からも分かるように，自分たちが投稿した問題は，多くの人の目にさらされることになります。多くの人の目に触れることで問題解決の可能性が高まる一方，重要な社内情報が外部に漏れる危険性も高くなります。

　そして，もう一つのデメリットは，アイデアや答えを出す人があまりに多くなると，開発現場が混乱に陥る危険性が高まることです。リーダーシップを上手く発揮したり，議論を巧みに交通整理したりすることができなければ，「船頭多くして，船山に登る」状態に陥ることになります。

⑵ 注意点②：複数の選択肢

　また，一口にオープンイノベーションといっても，部外者の巻き込み方に

よって様々なタイプが存在します（Pisano and Verganti, 2008）。

　例えば，部外者を巻き込む際に，参加資格を問わずに無制限にするのか，それとも何らかの制限を設けるのかといった選択肢があります。また，部外者との上下関係をはっきりさせるのか，それとも対等の関係でいくのかといった選択肢もあります。

　前者の参加資格の有無は，部外者の量と質のいずれを重視するのかに関係しています。多くの部外者を集めたければ，参加資格を無制限にする必要がありますし，集まる部外者の質にこだわるのであれば，何らかの制限を設ける必要があります。一方，後者の力関係のあり方は，コントロールと自発性のいずれを重視するのかに関係しています。コントロールを重視すれば，部外者との間の上下関係をはっきりさせる必要がありますし，彼らの自発性に期待するのであれば，対等にする方が良いということになります。

　そして，これらの点に注目すると，オープンイノベーションは次の4種類に分類することができます（図9.1参照）。1つ目はモール型と呼ばれるタイプで，これは多くの部外者を集め，かつイノベーションが起こる過程を自分でコントロールしたい場合に向いています。2つ目はサークル型と呼ばれるタイプで，これは集める部外者の質にこだわるだけでなく，イノベーションが起こる過程を自分でコントロールしたい場合に向いています。3つ目はコンソーシアム型と呼ばれるタイプで，これは集める部外者の質にこだわりつつも，彼らの

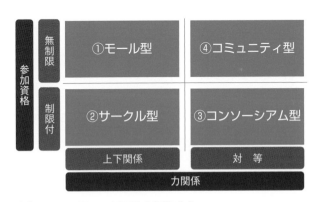

出所：Pisano and Verganti（2008）を参考に作成。

図9.1　4種類のオープンイノベーション

自発性に期待する場合に向いています。4つ目はコミュニティ型と呼ばれるタイプで，これは多くの部外者を集めつつも，彼らの自発性に期待する場合に向いています。

9.2.2　ユーザーイノベーション

　次に取り上げるユーザーイノベーションとは，前述したように，部外者のうち特にユーザーを巻き込むイノベーション手法のことです（von Hippel, 2005）。しかし，やみくもにユーザーを巻き込んでも意味はありません。有効なのは，次の2つの方法とされています。一つは，「リードユーザー活用型」と呼ばれるもので，もう一つは「クラウドソーシング活用型」と呼ばれるものです（表9.4 参照）。

(1) リードユーザー活用型

　まずは，リードユーザー活用型から説明していきます。そもそも，リードユーザーとは，イノベーションの起点となるような優れた感性を持つユーザーのことです。より具体的には，新しいニーズに先行して直面し，そのニーズを満たすことで，大きな見返りが期待できる人のことです。

　例えば，名刺の管理ソフトを自作した会社の社長は，このリードユーザーに該当します（小川，2013）。社長は毎日，大量の名刺をもらうので，その整理が大変です（つまり，新しいニーズに先行して直面しています）。そのため，そのような作業を効率化できれば時間が有効に使えます（つまり，そのニーズを満たすことで，大きな見返りが期待できます）。

表9.4　リードユーザー活用型とクラウドソーシング活用型の特徴の比較

	リードユーザー活用型	クラウドソーシング活用型
探索範囲	狭い（ピンポイント）	広 い
探索方法	ピラミッディング	自己選択

出所：小川（2013）p. 137 の表 5-1 の一部を抜粋。

ただ，実際にリードユーザーになるのは，スポーツ選手やアウトドア愛好家，医師，大工さんなどが多いようです。これらの人々は，市販の道具の使いにくさにいち早く気づき，その使い勝手を向上させるために，自らの手で道具を改良・開発してしまうことが多いからです。

　このようなリードユーザーは大企業が気づくよりも，平均して7年早く新しいニーズに気づく貴重な存在です（小川，2010）。そのため，企業にとっては是非ともイノベーションに巻き込みたい相手です。しかし，その数はそれほど多くありません（日本ではユーザー全体の約4％といわれています）。しかも，彼らが存在する領域はバラバラです。そのため，ある製品の開発で有望なアイデアを持つリードユーザーを見つけても，次の製品開発では，また振出しに戻って別のリードユーザーを探さなければなりません。

　それでは，どうやって彼らを探し出せばよいのでしょうか。その有効な方法とされているのがピラミッディングと呼ばれる方法です。これは，知り合いの輪を芋づる式にたどっていく方法です（小川，2010）。例えば，ある領域ですごい人を見つけた場合，そこで終わるのではなく「あなたよりもっとすごい人を紹介してください」といって，次々にすごい人を紹介してもらい，いつしか頂点に上り詰めるという方法です。

　また，せっかくリードユーザーを探し出すことに成功しても，彼らのアイデアを社内に持ち込む際に壁にぶつかることもあります。社内と社外を隔てる壁は想像以上に厚いのです。例えば，リードユーザー活用型の成功例に，雑貨向けのマスキングテープがありますが，その開発にも紆余曲折がありました（小川，2013）。マスキングテープとはもともと，塗装を行う際に色を塗らない部分を保護するために開発された粘着テープのことです。これをデコレーション用に転用したところ，大ヒットとなりました。

　このケースでは，マスキングテープがデコレーションに向くことを3人の女性が発見し，自分たちからメーカーにアイデアを提案して回りました。しかし，ほとんどのメーカーはそれを無視し，開発に乗り出したのはたったの一社でした。ほとんどのメーカーが無視した理由は，従来品と生産方式が違うこと（従来品は少品種大量生産なのに対し，雑貨だと多品種少量生産になること）や，流通ルートが違うこと（ホームセンターではなく，雑貨店に販路を求める必要

があること），さらには素人発想に対する偏見（メーカーにはこれまでの実績
やプロとしてのプライドがあるので，どうしても素人の考えを過小評価してし
まう）などです。

(2) クラウドソーシング活用型

　次に，クラウドソーシング活用型について説明します。ここでいうクラウド
（crowd）とは群衆やコミュニティのことで，ソーシング（sourcing）とは調達
することです。こちらは，先ほどのリードユーザー活用型のように特定の人か
らピンポイントでアイデアを調達するのではなく，広い範囲からアイデアを調
達する方法です。

　通常，特定のコミュニティに所属する人は，活発に情報公開や情報発信を行
う傾向にあります[4]。例えば，おもちゃのレゴブロックには，愛好家団体
（Adult Fan of LEGO）が存在し，自分たちで定期的に新作発表会を行っていま
す。そのため，レゴは新商品を考える際には必ず，この愛好家団体のアイデア
を参照するようにしています。また，無印良品を運営する良品計画では，消費
者参加型の製品開発サイト「CUUSOO」（https://cuusoo.com）を活用してア
イデアを募り，「持ち運べるあかり」や「壁に付けられる家具」などのヒット
商品を生み出しています。

　さらに，ボーカロイドの「初音ミク」で有名なクリプトンでも，愛好家によ
るコミュニティの形成を促し，そこから生まれたアイデアを上手く活用しよう
としています。同社は，2007 年の「初音ミク（ボーカロイド 2）」の販売に際
して，キャラクターのイラストをウェブ上に公開し，それを使った二次創作も
認めるなど，動画投稿サイトへの投稿を見越した作戦を実施しました。その結
果，ユーザーは楽曲だけでなく，イラストやアニメをネット上に投稿し始め，
次第にコミュニティが形成されるようになり，コミュニティ内での創作活動も
活発化するようになりました。

　ただし，クラウドソーシングを活用する企業では，コミュニティの住人たち
を怒らせないよう注意することが必要です。2005 年に発生した「のまネコ騒

4　以下の事例はいずれも，小川（2013）に基づいています。

動」はその反面教師です。これは，エイベックスのグループ会社がインターネットの掲示板で親しまれてきた猫の「モナー」に似た「のまネコ」をキャラクター商品化したことで巻き起こった騒動です[5]。コミュニティの住人たちは，コミュニティの共有物の勝手な商品化やその独占などに対して強い嫌悪感を抱きます。そのため，彼らといかに上手く関係を構築するかが重要になります。コミュニティとの関係が一旦こじれると，クラウドソーシングの活用は難しくなるからです。

---

5 『日本経済新聞』（2005 年 10 月 22 日）。

■コラム[9]：ブルース・リーはリードユーザー？

　本章では，リードユーザーについて詳しく解説してきました。そして，その中で，スポーツ選手やアウトドア愛好家などがリードユーザーになることが多い旨を述べました。メーカーではなく，現場で道具を使う人たちが自分たちで道具を改良・開発してしまうケースが多いのです。例えば，スノーボードやウインドサーフィンなどでは，器具のファーストバージョンはいつもユーザーの手から生み出され，主要な改良の多く（約6割）もユーザーによって行われています（小川，2010）。

　そして，このリードユーザーの中には時々，意外な人物が含まれていることがあります。その一例が，香港の武術家で俳優のブルース・リーです。現在，UFCなどの総合格闘技で用いられているオープンフィンガーグローブは，一説には彼の発明ともいわれています（その他にも，柔道家の嘉納治五郎説や前田光世説などもありますが，残念ながら実物が残っていません）。オープンフィンガーグローブとは，ボクシンググローブとは異なり，指の部分が露出していて，対戦相手をつかんだり投げたりすることができるように設計された特殊なグローブのことです。

　このグローブを，1973年に公開された映画『燃えよドラゴン』のオープニングシーンで目にすることができます。オープニングでは，ブルース・リーが少林寺の高僧たちの前で練習試合を行うシーンが流れますが，そこで彼の拳にはめられているのが，このオープンフィンガーグローブです（なので，試合中は突き・蹴り以外にも，投げや関節技の攻防が見られます）。ただし，現在のものとは異なり，手作り感満載のかなり不格好なものです。おそらく，既製品を即席で改造したのではないでしょうか。

10 イノベーションの原動力 ＝偶然×意図×蓄積

イノベーションの多くは偶然の積み重ねによってできています。実際に，私たちの周囲を見渡してみても，電子レンジやインクジェットプリンター，付箋（これは，3Mから販売されている「ポストイット」のことを指しています）など"偶然"から生まれたイノベーションはたくさんあります。しかし，そうだとすると，これまで本書では色んなことを述べてきましたが，イノベーションをマネジメントすることなど本当に可能なのでしょうか。本章では，このことについて考えてみたいと思います。

★ Key Words
セレンディピティ，偶然と意図のつづら折り，動機型イノベーション，圧力型イノベーション，メダル落としゲーム

10.1　セレンディピティとは何か？

イノベーションのマネジメントの可否を考える際に鍵となる言葉があります。それは，セレンディピティ（serendipity）です。この言葉は，英国の文筆家であるフォーレス・ウォルポール（Horace Walpole）による造語で，「チャンスは心構えをした者に微笑む（あるいは，心構えや準備のない者は幸運の女神が微笑んでも，それに気づけない）」という意味です（澤泉，2014）。

そもそも人間の脳は，意識していないものは見えないように設計されています。そして，そのことをよく証明してくれるのが，インビジブル・ゴリラ（invisible gorilla）と呼ばれる心理学の実験です。これは，バスケットボールをしている学生たちが出したパスの回数を数えるテストですが，本当の狙いは

そこではありません。このテストで分かるのは，パスの回数を数えることに夢中になると，ゴリラの着ぐるみが目の前を通っても，それに気づかない人が半数以上もいるという事実です（なので，インビジブル・ゴリラ＝見えないゴリラと呼ばれています）。

これと同様のことが，イノベーションの現場でもよく起こります。同じ場所にいて同じ景色を見ているはずなのに，ある人だけがチャンスや幸運に気づくことができ，他の人たちはそれに全く気づきません。その差は，心構えや準備の差です。人間は心構えや準備なしに，それらを捕まえることはできません。そして，このほんの少しの差が，後に大きな差となって現れてくるのです。本章では，そのような心構えや準備のことを意図と呼び，チャンスや幸運のことを偶然と呼ぶことにします。

偶然はマネジメントの対象にはなりえませんが，意図はマネジメントの対象になりえます。なぜなら，意図は人為的に作り出せるものだからです。その意味で，（半分だけかもしれませんが）イノベーションはマネジメントすることが可能なのです。

10.2　イノベーションは偶然と意図のつづら折り

前述したように，イノベーションには何らかの偶然が作用している場合が多く，すべてを意図的に起こせるわけではありません。しかし，セレンディピティという言葉が示すように，意図のないところに偶然は転がり込んできません。偶然を拾い上げる努力も必要なのです。

このように，イノベーションは偶然と意図の間を行ったり来たりしながら徐々に形作られていきます。意図によって偶然を拾い上げ，それを取り込むことで意図をバージョンアップさせ，また新たな偶然を拾い上げる。このような作業がゴールに至るまで何度も繰り返されます。

そもそもイノベーションに偶然が必要なのは，人間の計画能力には限界があるからです。通常，計画の段階では，常識的なところまではカバーすることができても，革新的なレベルにまではなかなか到達できません。あるレベルを超

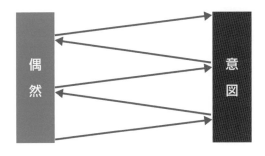

図 10.1　偶然と意図のつづら折り

えようとすると，どうしても既存の知識が邪魔をします。しかし，そこに偶然が作用することで，計画者が持つそれまでの常識や当初の想定が揺さぶられ，飛躍の機会が得られます。そして，そのような飛躍が繰り返されることで，イノベーションが生まれるのです（澤泉，2014）。

　したがって，以上のことをまとめると，イノベーションとは偶然と意図の"つづら折り"の産物であるといえます（図 10.1 参照）[1]。つづら折りとは，漢字で「九十九折」と書き，山道などが幾度も折れ曲がっている様子（ジグザグ道ともいわれます）を指しています。急こう配の山は，このつづら折りなしには登れません。それと同様に，イノベーションも一直線には進めません。実現に至る過程では，つづら折りのような，偶然と意図の間を何往復もしながらの前進が続いていくのです。

10.3　偶然がもたらすイノベーション

　以上では，イノベーションの誕生に偶然が作用している場合が多いことを述べましたが，偶然の中身も様々です。新しい科学原理が偶然発見されるようなラッキーな場合もありますが，中には次のような望ましくない偶然が作用している場合もあります。

1　偶然と意図のつづら折りというフレーズは，福嶋（2013）の「意図と偶然のつづれ織り」を参考にしました。ただし，使用される文脈や説明の仕方はオリジナルのものとは異なっています。

・会社の倒産（あるいは，リストラなど）

・強者からの弾圧（あるいは，制裁）

・思いがけないところからの圧力

　これらは，いずれもイノベーションを起こすことを意図して取られた行動ではありません。例えば，リストラのケースでは，そのほとんどが業績不振など，会社側の都合です。少なくとも，社員たちにイノベーションを起こさせようと考えて，彼らをクビにしたわけではありません。さらに，これらは本来，できれば出会いたくないネガティブなものばかりです。

　しかし，結果的には，これらの行為がイノベーション誕生のきっかけとなったケースも少なくありません。まさに「禍福は糾える縄のごとし」です。不幸と幸福は，より合わせた縄のように交互にやってくるため，実のところ何が本当の不幸で何が本当の幸運かは終わってみるまで分かりません。ここでは，そのようなケースをいくつか見てみたいと思います。

10.3.1　会社の倒産（あるいは，リストラなど）

　多くのサラリーマンにとって，会社の倒産は何としても避けたい事態です。また，それと同じくらいに会社による希望退職やリストラなども避けたい事態です。しかし，それらの出来事が意外にも，イノベーション誕生のきっかけとなったケースもたくさんあります。

　かつて山一證券という証券会社がありました。野村証券，大和証券，日興証券と共に4大証券会社と呼ばれ，隆盛を誇っていました。しかし，巨額の損失隠しがばれて，1997年に倒産してしまいます。その後，社員はどうなったのでしょうか。その20年後を追ったNHKのニュース番組（「けさのクローズアップ」『おはよう日本』2017年11月24日）があります。元社員たちは倒産から20年という節目に都内で同総会を開き，それぞれの近況を報告し合っていました。その中で印象的だったのが，金融とは全く異なる分野に挑戦し，成功していた人たちのエピソードです。彼らは，異分野におけるイノベーションの種になっていたのです。

また，2010 年代前半には，多くのものづくりベンチャーが創業しましたが，その多くは様々な事情から日本の大手電機企業をやめた人たちが立ち上げたものです[2]。例えば，電動車椅子メーカーの WHILL は，元・日産自動車の杉江理と元・ソニーの内藤淳平，元・オリンパスの福岡宗明らが立ち上げた会社です。同様に，空気清浄機メーカーのカドー（設立当初はエクレア）も，元・ソニーの古賀宣行と元・東芝の鈴木健が立ち上げた会社です[3]。両社は共に革新的な製品を生み出し，急速に成長しています。

そして，このような事例を見ていると，個人にとってはともかく，社会全体にとってリストラなどは悪いことなのかよく分からなくなってきます。またそれと同時に，大企業による人材の囲い込みの弊害も浮かび上がってきます。優秀な人材を大量に囲い込みながら，業績が振るわない大企業は意外と多いからです（延岡，2011）。そこでは，優秀な人材に創造性を発揮する機会を与えず，彼らを死蔵してしまっています（山口，2016）。死蔵するくらいなら，むしろリリースする方が世の中にとってはプラスになるかもしれません。

10.3.2　強者からの弾圧（あるいは，制裁）

人間は社会を築き，集団で生活している以上，必ず強い立場の人間と弱い立場の人間が生まれてしまいます。そして，しばしば弱い立場の人間を弾圧しようとする強い立場の人間が現れます。

しかし，そのような行為が，思わぬ形でブーメランのように返ってくることがあります。意地悪をされた側が逆境をバネにイノベーションを起こし，意地悪をした側にしっぺ返しすることがあるのです。ここでは，そのようなケースを 3 つ見てみたいと思います。なお，ユダヤ人のケースが 2 つも含まれているのは，彼らの迫害されてきた歴史と関係があります。その逆境をバネに，彼らは数々のイノベーションを起こしてきたからです。

2　なお，杉江は電機企業の出身者ではないため，ここでは例外的な存在です（https://whill.inc/jp/）。
3　古賀は 2010 年にソニーを退社し，2011 年にエクレアを立ち上げています。一方の鈴木は 2006 年に東芝を退社し，リアルフリートを経て，エクレアに合流しています（https://kaden.watch.impress.co.jp/docs/column/newtech/687105.html）。

(1) ユダヤ人と金融業[4]

　古くからユダヤ人は欧州で迫害を受けてきました。このため，欧州社会でユダヤ人がつくことができる職業は著しく制限されていました。そこで，彼らが集中的に取り組んだのが金融業です。

　かつての欧州社会では，金融業は人々から蔑まれる職業でした。なぜなら，当時の欧州の大部分はキリスト教社会であり，そのキリスト教の教義ではお金を貸して利息を得ることを禁じていたからです[5]。しかし，ユダヤ教では生きていくために利子を取ることを許しました。

　また，ユダヤ人は迫害から逃れるために様々な国に分散して暮らしていました。その結果，ユダヤ人同士が連携して貿易の決済を手掛けるようになりました。これが，今日の為替業務のはじまりです。さらに，彼らは略奪に対する防衛策として，無記名式の証券（銀行券）を発行・流通させる方法も考案しました。証券に名前が書かれていないため，誰の財産か分からず，没収を逃れることができたからです。この方法が，現在の中央銀行や紙幣のルーツとなっています。

　このように，ユダヤ人は逆境をバネに，金融業という新しい産業を興しただけでなく（これ自体もイノベーションですが），その手法に関する様々なイノベーションも起こしてきました。そのため，欧州が中世を迎えて教会の力が弱まり，ユダヤ人以外の人々が金融業に参入しようとした頃には，既に彼らに太刀打ちできない状況になっていました。ユダヤ人は長年の営みを通じて，金融業のノウハウを積み上げていたからです。そして，そのような状況は現在も続いています。国際金融取引の中心には，ロスチャイルド，ゴールドマン・サックス，モルガン・グレンフエル，ラザード・フレールなどのユダヤ系金融が今も鎮座し続けています。

(2) ユダヤ人とハリウッド[6]

　金融業の他にも，ユダヤ人が起こしたイノベーションに映画産業があります。

4　ここでの記述の大部分は，菅下（2015）を参考にしました。
5　キリスト教だけに限らず，イスラム教でもユダヤ教でも貧しい人や同胞から利息を取ることは禁止されていました。なお，イスラム教では現在も利子を取ることには厳格で，物品の売買価格の差額，リース料，配当金などを組み合わせて，利子の代わりにしています。

米国のハリウッドです。

　ハリウッド初期の映画産業は，ロシア・東欧から移民してきたユダヤ人で多く占められています。これはロシアでのユダヤ人迫害と関係しています。ロシアでは内戦とそれに続く革命をきっかけに，1918年から1920年にかけて何千人ものユダヤ人が殺害されました。この迫害により米国に移民したユダヤ人は200万人を超え，ハリウッドの映画会社のほとんどは，こうしてやってきたユダヤ人が作り上げました（現在も続くワーナー・ブラザーズ，パラマウント，ユニバーサル，20世紀フォックス，MGMなどのメジャーな映画会社はすべてユダヤ人が創業しました）[7]。

　なぜ，彼らが参入したのが映画産業だったのかというと，当時の映画は，暗がりで身分の分からない不特定多数が集まる反社会的なもの（あるいは，貧しく無学な労働者向けの低俗な娯楽）と見なされていたからです（北野，2017）。その結果，いわゆる"由緒正しい"中産階級の人たちはそこに近づこうとしませんでした。だからこそ，移民の彼らにも入り込む余地があったのです。そして，彼らは参入後に様々なイノベーションを起こし，映画産業を米国の主要産業へと急成長させていきました。

　また，彼らがなぜ西海岸のハリウッドに本拠地を構えたのかというと，東海岸の居心地が悪かったからです。当時の東海岸では，発明王として名高いトーマス・エジソン（Thomas Alva Edison）が映画業界を牛耳っていました（北野，2017）。彼は映写機やカメラに関する特許をたくさん持ち，その特許を共同所有するモーション・ピクチャー・パテンツ・カンパニー（MPPC）を設立していました。しかし，すべての映画会社がMPPCに入れたわけではありません。そして，そこに入れなかった会社の多くは，エジソンからの特許料徴収と訴訟にさらされました。そのため，彼らの一部は，東海岸とは正反対の西海岸に新天地を求めました。それがハリウッドです。

　当時の米国は，ニューヨークがある東海岸がビジネスの中心地であり，ハリウッドがある西海岸はまだまだ田舎でした。しかし，西海岸は気候が良く，広

6　ここでの記述の大部分は，特段の断りがない限り，福井（2003）に基づいています。
7　「ハリウッド映画界，ウォール街，メディア界で活躍するユダヤ人」（http://body-heart-mind-soul.com/?p=250）を参考にしました。

大な土地もあったため，映画のセットを組むのに適していました。この偶然も
映画産業の成長に手を貸したといえるかもしれません。

(3) 航空機産業規制と自動車＆鉄道産業の発達

　最後は，弾圧されたケースとは違うものの，他国から制裁を課されたケース
として，戦後日本の航空機産業規制を見てみたいと思います（伊丹，2015）。
日本で戦後，自動車や鉄道産業（特に高速鉄道）が急速に発展した要因の一つ
に，この航空機産業規制があります。

　敗戦により，日本は航空機の研究開発を連合国（GHQ）から禁止されました。
その結果，戦前・戦中に飛行機の開発に従事していた研究者やエンジニアたち
は職を失いました。そんな彼らの受け皿となったのが，自動車や（高速）鉄道
産業です[8]。特に新幹線の開発では，トンネル内での高速走行時の風圧の処理
などに，飛行機の設計技術が活かされました。

　また，自動車産業はその後順調に成長を続け，70年代からは本格的な輸出
を開始します。そして，80年代には米国との間に自動車貿易摩擦が発生します。
日本から輸出される自動車が米国の自動車会社のシェアを大きく奪い始めたか
らです。このように，かつて米国を中心とする連合国が行った航空機産業の規
制が，日本の自動車産業の発展を支え，その結果として，米国の自動車産業を
脅かすという皮肉な結果につながっています。

10.3.3　思いがけないところからの圧力

　一口に圧力といっても，様々なものがありますが，ここでは政府や行政機関
による規制強化をイメージしてほしいと思います。世間では通常，規制強化は
悪者にされがちです。また，新聞やテレビなどでは，それとは反対の規制緩和
ばかりが叫ばれます。しかし，そのような主張は本当にイノベーションの実現
にとって適切なのでしょうか。イノベーションの中には，規制強化によって生
まれるものも多いからです。

8　10.4.2で出てくるマツダもこれと似たパターンを持っています。ただし，マツダの場合は土地柄，
旧海軍のエンジニアたちの受け皿となりました。

この「規制」という観点からイノベーションを見た場合，それは大きく2つ
のタイプに分類することができます（伊丹，2015）。一つは，規制緩和によっ
て生まれるタイプのイノベーションです。これは，「こんなことができたらい
いな」などのポジティブな思いから始まるもので，ここでは動機型イノベー
ションと呼ぶことにします。そして，もう一つは，規制強化によって生まれる
タイプのイノベーションです。これは，「それをやらないと困ったことになる」
などのネガティブな感情から始まるもので，ここでは圧力型イノベーションと
呼ぶことにします。

　もう少し詳細に見てみると，前者の動機型イノベーションは，「こんなこと
ができたらいいな」という思いやビジョンが先行して始まります。しかし，現
実には様々な規制があって，それを実行することができません。そのため，行
政機関に規制緩和を粘り強く働きかけます。その結果，ようやく規制が緩和さ
れイノベーションが生まれるという流れです[9]。

　例えば，エアバッグというイノベーションは，このような流れによって生ま
れました（小林，2012）。もともとエアバッグは，自動車メーカーが車の安全
性を高めるため自主的に開発を始めたものです。ただ，開発されたエアバッグ
の中にはガスの噴出装置があり，それに点火するための火薬が必要でした。し
かし，火薬という爆発物を自動車の中に入れようとすると，運輸省（現・国土
交通省）の規制に引っかかってしまいます。ガソリンの近くに爆発物を置くの
は危険だからです。しかし，粘り強い交渉の結果，最終的にはこの規制は撤廃
され，エアバッグの搭載が許可されました。

　一方，後者の圧力型イノベーションは，新たな規制が作られるところから始
まります。企業からすれば，新しい規制は作らないでほしいというのが本音で
す。しかし，作られてしまった以上，それをクリアしないとビジネスが続けら
れません。そのため，仕方なくも必死に頑張ります。そして，頑張った結果，
イノベーションが生まれるという流れです。

　例えば，ホンダのCVCCエンジン（低公害エンジン）は，このような流れ
によって生まれました（伊丹，2015）。きっかけは，1970年に米国で制定され

9　もう一つのパターンとして，先に規制が緩和され，ビジネスの自由度が高まったことで，イノベー
ションが生まれるという流れもあります。

たマスキー法です。これは，当時の技術ではクリアすることが不可能といわれたほど厳しい排気ガス規制法案です。米国の自動車メーカーはこぞってさじを投げ，技術開発よりもむしろ，規制を撤廃するためのロビー活動に精を出しました。しかし，ホンダはそれに真正面から向き合い，その結果，CVCC エンジンというイノベーションを生み出しました。

　いずれのタイプのイノベーションも重要ですが，より大きなインパクトを残せる可能性が高いのは，後者の圧力型イノベーションです。圧力をかけられて困った時の方が，人間は必死になれるからです。基本的に人間は怠惰な生き物です。学校での勉強を思い出してみてください。多くの人が必死に試験勉強をするのは，賢くなりたいからではなく，それをしないと卒業できないからです。これと同じことがイノベーションにも当てはまる場合があるのです。

10.4　イノベーションは更地には生まれない

　唐突ですが，皆さんはメダル落としゲーム（正式名称：プッシャーゲーム）をご存知でしょうか。自分のメダルをゲーム機の中に投入すると，内部にある押し板によりゲーム機の中にもともと入っていたメダルが押し出され，ポケットの中にメダルが落ちればそれを獲得することができます（図 10.2 参照）。ゲームセンターなどでよく見かけるゲームですが，イノベーションの実現はこれとよく似ています。

　このゲームのポイントは，大きく 3 つあります。1 つ目は，狙いを定めてメダルを投げ入れたからといって，それが狙い通りメダルの大量獲得につながるとは限らないこと（むしろ，空振りに終わることの方が高い）。2 つ目は，手元が狂って意図しなかった場所に投げ込まれたメダルが，意外にもチャンスを作り出す場合があること。そして，3 つ目は，メダルの大量獲得はそれまでのプレイヤーの犠牲の上に成り立っていることです。

　1 つ目と，2 つ目のポイントについては，これまでも説明してきました。意図することの大切さと，偶然を上手く活用することの大切さです。それに対し，ここで注目したいのは 3 つ目のポイントです。メダルを落とすことができるの

164

出所：筆者撮影。

図10.2　メダル落としゲーム機

は，それまでのプレイヤーが何十枚もメダルを投げ入れ，チャンスを用意して
くれたからです。そのため，仮に第一投目でメダルの大量獲得に成功したとし
ても，それは自分だけの手柄ではありません。

　そして，このメダルの大量獲得をイノベーションの実現だとすると，多くの
プレイヤーによって投げ込まれたメダルは，先人たちが残してくれた技術や知
識，ノウハウなどに該当します。イノベーションは更地には生まれません。何
らかの蓄積や下地がなければ，イノベーションを起こすことは難しいのです。
その意味で，かつての日本には大量のメダルを投げ込み，多くのチャンスを用
意してくれたプレイヤーたちがいました。一つは繊維産業で，もう一つは軍事
産業です。ここでは，それらがどのような連鎖反応を引き起こしたのかを見て
みたいと思います。

10.4.1　繊維産業の厚みが，様々な新産業を生み出した

　今では，日本は製造業の盛んな国の一つですが，その工業化の基盤には繊維
産業の存在がありました（図10.3参照）[10]。例えば，現在では自動車産業の雄
であるトヨタも元々は織機を作る企業として誕生しました。現在もその源流と

───────────

[10] ここでの例示以外にも，例えば，日清紡やカネボウ，ヒロボーなど，会社名に「○○ボウ（あるいは，ボー）」がついている会社のほとんどが繊維産業を母体としています。

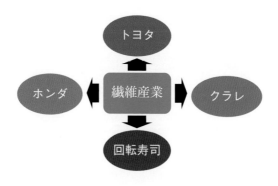

図 10.3　繊維産業から生まれた様々な企業やイノベーション

　また，静岡県の浜松市も繊維産業の集積地であり，そこからホンダや，ヤマハ発動機，スズキなどが誕生しました（伊丹，2015）。浜松にはもともとバイク産業はありませんでしたが，本田宗一郎がバイクを作ろうと思った時には，それを手助けしてくれる技術力のある会社が周りにたくさんありました。彼らは繊維産業用の様々な機械の開発を通じて，技術力を蓄積していたのです。また，ホンダがバイクを作るのを見て，多くの企業がそれを真似し始め，競争が巻き起こりました。さらに，競争が加速することで技術力が磨かれ，次々とイノベーションが生まれました。

　その他にも，岡山県の倉敷市も繊維産業が盛んな地域で，そこからクラレが誕生しました。クラレといえば，ラクダに似た動物のアルパカと，「ミラバケッソ」という謎の言葉が印象的なテレビ CM を長年流していましたが，同社はまさに未来に化ける新素材を作っている会社です（有名なのは，靴やランドセルに使われている人工皮革のクラリーノです）。クラレはもともと，倉敷紡績（現・クラボウ）の経営多角化の一環として始まりましたが，現在はそこから完全に独立した会社となっています[11]。

　さらに，マニアックなところでいうと，回転寿司にも繊維産業の技術が使わ

---

[11] クラボウのホームページ（http://www.kurabo.co.jp/company/chronology.html）およびクラレのホームページ（http://www.kuraray.co.jp/company/history）によると，沿革は次のようになります。倉敷紡績の設立（1888 年）⇒倉敷絹織の設立（1926 年）⇒倉敷レイヨンに社名変更（1949 年）⇒クラレに社名変更（1970 年）。

れています（伊丹，2015）。回転寿司のベルトコンベアー部分を開発したのは，石川県の金沢市にある石野製作所ですが，石川県周辺も繊維産業の集積地です。そのため，そこには織物機械をはじめ，繊維の生産に必要な様々な機械を作る中小企業がたくさん集まっています。そこで蓄積されてきた技術が回転寿司のベルトコンベアー部分に生かされているのです。

10.4.2　広島からは戦後，様々な会社が生まれた

　以上で見た繊維産業の他に，もう一つ日本の製造業の礎になったのが，戦前の軍事産業です（図 10.4 参照）。

　例えば，広島県からは戦後，マツダやディスコ，モルテンなどたくさんの企業が生まれました[12]。その原動力となったのが，戦前の軍事産業です。広島県の呉市にはかつて日本海軍最大の軍港がありました。マツダはそこにコルクを納品していました（マツダの前身は東洋コルク工業という会社です）。その会社が，まずは物資を輸送するためにオート三輪（バイクを改造した簡易型の三輪自動車）を開発します[13]。

　さらに戦後になると，1960 年に「R360 クーペ」を開発し，本格的な自動車

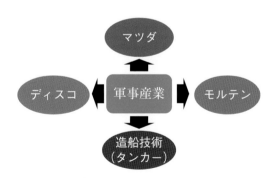

図 10.4　広島から生まれた様々な企業やイノベーション

---

12 以下の事例は特段の断りがない限り，『日経 bizTech』（2005 年 10 月 25 日号，pp. 125-163）に基づいています。
13 オート三輪は，『ALWAYS 三丁目の夕日』などの昭和前半を描いた映画によく登場するユニークな形をした乗り物のことです。

産業（四輪）への参入を始めます。そして，当時のマツダにおいて，自動車開発の原動力となったのが，敗戦で職を失った造船業のエンジニアたちです。マツダでは，彼らから本格的な図面の書き方などを学びました。そのため，今もマツダにはたくさんの造船用語が残っています。例えば，車の水平方向の高さのことをウォーターラインと呼び，横から見たときの形をトラバースラインと呼びます（前田，2018）。このように，同じ自動車メーカーであっても，トヨタやホンダとはルーツが異なっています。

また，一般にはなじみが薄いかもしれませんが，現在，半導体製造装置を開発・販売しているディスコも，もともとは海軍に工業用砥石を納めていた会社です（ディスコの前身は第一製砥所という会社です）。さらに，現在では，バスケットボールやサッカーボールで有名なモルテンも，かつては軍人用の長靴やカッパなどを陸海軍に納品していました（モルテンの前身は登ゴム工業所という会社です）。その会社が戦後，タイヤやボールの製造に本格参入します[14]。もちろん，タイヤの納入先は先ほど見たマツダです。

その他にも，戦前の呉工廠では戦艦大和が建造されましたが（現在，呉市には大和ミュージアムがあります），大和に使われた様々な技術は戦後の造船業に受け継がれています。具体的な技術としては，船首バルブ（バルバス・バウ）や隔壁などがあります[15]。船首バルブとは，引き波の抵抗を少なくして燃料効率や速度を上げるための技術です。また，隔壁とは船内を細かく仕切ることで，どこか一カ所に穴が空いても沈まないようにするための技術です。これらの技術が現在のタンカーなどに用いられています。

---

14 同様に，バレーボールで有名なミカサも呉の企業です。ミカサの前身は増田護謨工業所という会社で，同社は戦前の一時期は登ゴム工業所と統合していました。

15 これらの内容は大和ミュージアムの館内資料に基づいています。

■コラム[10]：過去の評価は未来が決める

　本章では，リストラのように本来歓迎されない出来事であっても，イノベーション誕生のきっかけとなるケースがある旨を述べました。まさに「禍福は糾える縄のごとし」で，何が本当の不幸で何が本当の幸運なのかは終わってみるまで分かりません。

　これは逆にいうと，過去にどんな出来事があったとしても，その出来事に対する評価は，人生（歴史）が続く限りいくらでも上書き可能ということです。例えば，ある年のオリンピックで予選敗退したとしても，その4年後に優勝することができれば，ほとんどの人は「あの負けがあったからこそ，優勝することができた」と解釈するようになります。4年前の惨敗という不幸な出来事がポジティブな意味を持つのです。

　過去とは文字通り，過ぎ去ってしまって全く触れることができない確かなもの（あるいは，客観的なもの）ではなく，記憶の中の出来事に対する現時点での解釈に過ぎません。そのため，いくらでも上書きできる不確かなもの（あるいは，主観的なもの）なのです。つまり，全く同じ出来事であっても，未来が違えば，全く違った評価を下すことができます。

　したがって，なにか不幸な出来事に遭遇したとしても，決してあきらめてはいけません。これからの頑張り次第で，その出来事の意味を変えることができるからです。イノベーターの多くは，このような未来に軸足を置いた考え方を持っています。過去が今を決めるのではありません。未来によって過去が意味づけされるのです。本章で取り上げたイノベーターたちも，そうやって過去の意味を書き換えてきました。

　ただし，この思考をギャンブルの時だけは使わないでほしいと思います。これまでの負けを取り返そうとすればするほど，大博打にのめり込み，身を亡ぼすリスクを高めるからです。

第Ⅲ部

これからのイノベーションに向けて

11 イノベーション推進における新たな視点
―「協調」と「環境」―

　今日，企業においてイノベーション活動は，技術優位を獲得し主導権を握る鍵であり，そこにおいて熾烈な競争が行われています。しかしながら，イノベーションは競争によってのみ，進められるわけではありません。単一企業内で完結される場合よりも，多数の関連企業および外部組織（大学，公的機関，民間機関など）と協力をしながら，イノベーション・プロセスが進行することもあります。そのような組織間の多様な相互作用の結果としてイノベーションが生まれることも少なくないのです。

　そのため，イノベーションのパートナーとして，外部企業や組織の能力をいかに活用できる仕組みを考えるかは，企業の重要なイノベーション戦略課題になります。

　また，企業のイノベーション・プロセスは，自社努力だけではなく，多様なマクロ環境，社会インフラ部門，制度的な要因なども関係します。

　本章では，協調という視点から見たイノベーションについて考察し，多様なプレイヤー間の活動の連結の重要性，イノベーションを取り巻く環境という論点について学びます。

★ Key Words
バリュー・チェーン，バリュー・ネットワーク，エコシステム，クローズドイノベーション，オープンイノベーション，ナショナルイノベーション・システム，産業クラスター

11.1 競争から協調の視点へのシフト

11.1.1 外部組織との協調

イノベーションにおいては，技術覇権を握るために企業間でこれまで熾烈な競争が展開されてきました。しかし，今日の企業のビジネス環境の中では，プレイヤー間の対立的な競争関係に重点を置く伝統的な立場だけではなく，多様なプレイヤー間の協調性に注目する視点も広がってきています。また，今日，イノベーションは単一企業内で完結する場合より，ビジネスを共にする多数の関連企業や組織との協調や相互作用によって生起し，進行する場合も少なくありません。

イノベーションにおいて，外部の企業や組織と自社はどのような関係にあると考えれば良いのでしょうか。競争的でなく協調的な側面に目を向けるべきでしょうか。実際のところ，イノベーション活動に必要な多様な領域の科学的知識や必要な要素技術をすべて社内に保有し，自社のみで開発ができる企業はそれほど多くありません。大多数の企業は，自社に不足している必要な知識や技術，諸資源を外部組織から調達します。とりわけ，イノベーションの成果を事業に展開し，市場規模の拡大を図ったり，業界標準を決めたりする際には，外部企業・組織の重要性はより増していきます。

11.1.2 バリュー・チェーンの視点から見る外部企業活用の必然性

イノベーション・プロセスに必要な担い手が，企業の境界線を越え，外部に存在する理由は，企業活動とイノベーション活動が，バリュー・チェーンとバリュー・ネットワークに深く関係するからです。

企業というものは例外なく，製品の設計，製造，販売，流通，支援サービスに関して行う諸活動の集合体です（Porter, 1985）。こうした一連の活動連鎖を，バリュー・チェーン（Value Chain：VC）といいます[1]。企業はバリュー・チェーンの特定機能を担いながらビジネスを営んでいます。つまり，1つの製

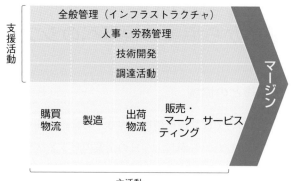

出所：Porter（1985）p. 37.

図 11.1　一般的なバリュー・チェーン

品を市場に出す活動に様々な企業が活動を分業しているのです。言い方を変えると，各々企業はそれぞれの仕事に専門特化しており，その活動に関する技術知識やノウハウを有しているのです。

　特に，製造業の場合，多様な材料や素材，部品を外部から調達し，製品を造り，顧客に届けています。例えば，2〜3万点の部品で成り立つ自動車の場合，自動車メーカーは約3〜4割の部品を自社内で設計，生産し，内製（エンジンなど）しますが，他の部品（約6〜7割）は部品メーカーに外注（アウトソーシング）したり，市場から調達したり生産活動を行っています。

　素材や部品によっては生産だけではなく，設計と開発機能まで部品メーカーに任せる場合もあります。このような発注取引方式を，承認図方式（ブラックボックス方式）といいます。承認図方式は，自社製品の構成部品を他社に開発や生産をまとめて任せることによって，部品メーカーからの改善案や新規技術の提案を受け入れるチャンネルとして機能しています。つまり，他社の知識や技術活用と提案を活用し，自社（自動車メーカー）の商品力と技術力向上を図

1　VC と類似な概念でサプライ・チェーン（Supply Chain：SC）がありますが，少し違います。サプライ・チェーンとは，モノの流れと情報流れに焦点を置いて，「製品の原材料から1個または複数の製造拠点での生産，倉庫からの出向，店舗販売など，顧客に届くまでの一連の流れ」を指します。また，適正の量を，適正のところに，適時に送り届けることを目的に，サプライ・チェーン全体にわかる生産，在庫，販売に関する情報を統合的に管理し，効率的に運用するためのマネジメントがサプライチェーンマネジメント（Supply Chain Management：SCM）と呼ばれる分野です。

るイノベーションの仕組みと見なすことができます。

　また，サービス業の場合では，今や当たり前になった宅配サービスや電子商取引の翌日配送サービスを可能にしたのは，多様なバリュー・チェーンのプレイヤーの情報，すなわち注文・在庫・配送の情報の統合管理です。これは，多様な企業を束ねる情報システムの革新と改善的イノベーションの積み重ねによって実現されたものです。

　このように，企業活動が複数企業によって価値を創造していくプロセスであることを考慮すると，バリュー・チェーン全般に関わる企業との協調プロセスは，イノベーションの活性化と持続的な実現に欠かせないことなのです。

11.1.3　バリュー・ネットワークの視点から見る外部企業活用の必然性

　イノベーションの生起において，外部企業を視野に入れ，協力的な視点に立たねばならないもう一つの理由は，今ではほとんどの企業が何らかのバリュー・ネットワーク（value network）の中に組み込まれているためです。

　バリュー・ネットワークという概念は，クリステンセン（Clayton M. Christensen）とローゼンブルーム（Richard S. Rosenbloom）の研究成果（Christensen and Rosenbloom, 1995）に示されたもので，ドシ（Giovanni Dosi）の技術のパラダイム[2]概念（Dosi, 1982）を発展させたものです。

　バリュー・ネットワークの理解のため，まず製品システムについて説明をしておきましょう。製品が果たす機能を実現するために，求められる機能を持ついくつかの部品や部品群を当てはめていってできたものが製品システムです。製品システムは，1つのヒエラルキー構造として捉えることができます。その製品システムが，別のより大きな製品システムやビジネスの一部として機能するものとなっていることもあります。

　さて，クリステンセンが挙げた例に基づいて，バリュー・ネットワークにつ

2　ドシは，技術パラダイムを「自然科学から派生する選択された原則と，選択された物質的技術に基づく，選択された技術問題の解決のパターン」と定義します。よって，新しいパラダイムというのは，以前のパラダイムの中で確立された進歩の軌跡が不連続であることを意味します（Christensen, 1997：邦訳，p. 63）。

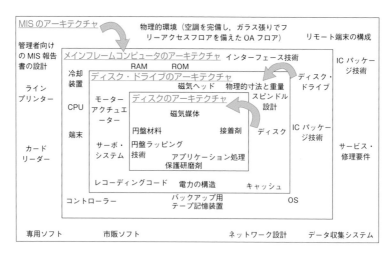

注：下線部分，矢印は筆者によるもの。
出所：Christensen（1997）p. 33.

図 11.2　入れ子構造をとる製品アーキテクチャ・システム

いて説明しましょう（図 11.2 参照）。例えば，企業経営や管理に必要な情報
を収集・分析し意思決定の際に使うシステムである経営情報システム
（Management Information Systems：MIS）を提供する企業は，一般的に IBM
や SAP のように巨大な企業が担っています。この MIS を支えるのが，メイン
フレーム・コンピュータです。図 11.3 で見るように，メインフレーム・コン
ピュータはディスク・ドライブ，RAM，ROM，IC，OS，CPU，冷却装置など
で構成されます。さらに，ディスク・ドライブの中を見ると，ディスクと磁気
ヘッド，モーターアクチュエーター，サーボシステム，キャッシュなどに分解
できます。そして，ディスクは磁気媒体，円盤材料…等々で構成されます。こ
のような入れ子構造になったビジネス・システムが「バリュー・ネットワーク」
と呼ばれるものです。

　上の例は，製品システムにおいては各製品が物理的な入れ子構造となってい
ると同時に，入れ子構造になった生産者と市場のネットワークが存在している
ことを示唆しています。

　図 11.3 は経営情報システム，ポータブル・パソコン，コンピュータ支援設
計（CAD）システムにおける「ディスク・ドライブ」のバリュー・ネットワー

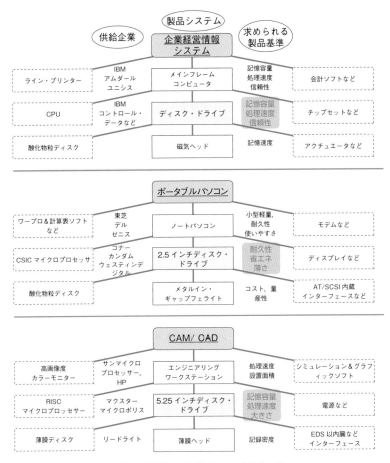

出所：Christensen and Rosenbloom（1995）p. 35, Christensen（1997）p. 35.

図 11.3　3 種類のバリュー・ネットワーク

クのイメージをそれぞれ示したものです。色づけした文字はそれぞれの製品シ
ステムにおけるディスク・ドライブの市場（顧客）の評価軸を示したものです。
　ここで注意したいのは，同じ部品（製品：ディスクドライブ）であっても，
組み込まれる製品システムによって，求められる価値が異なっている点です。
つまり，バリュー・ネットワークによって，市場が当該製品に対して期待する
価値の評価軸が異なるのです[3]。そのため，自社の製品システムが位置するバ
リュー・ネットワークを考慮し，関連部品イノベーションに対する有効性を判

断・採用決定することが，自社（製品システムの統合者）のバリュー・ネットワークの健全性の維持につながることになります。逆に組み込まれる製品の供給企業は，上位の製品システムが求める市場の評価軸の変化に注意を払いながら，イノベーションの方向性を決めることが求められます。

　このように，バリュー・ネットワークという概念から，製品システムを統合する立場の企業も，上位の製品システムに組み込まれる側の製品・（企業）も，全体の製品システムの変化に注意を払いながら企業間の協調を行う必要があることがわかります。

11.2　エコシステム

11.2.1　エコシステムとは

　企業のイノベーションに対して協調的な視点に立つ代表的な議論がエコシステム（ecosystem）論です[4]。近年は，ビジネスの生態系という意味でビジネス・エコシステムともいいます。ビジネス・エコシステム（Moore, 1993, 1996）とは，ビジネスの世界を自然界の生態系のように捉えたものです。ビジネス・エコシステムというこの考え方の背景には2つの新しい視点が提示されています。一つは，ある種のビジネスに関わる多様なプレイヤー間の関係が，競争的な関係より協調的な関係によって営まれることが，当該ビジネスの繁栄と共進化が実現されていることです。もう一つは，ビジネスを共にする多様なプレイヤーは，特定産業に属するのではなく，多様な産業に分散している産業横断的な観点でビジネスの発展と進化を捉えていることです。

3　このことは「イノベーションのジレンマ」を引き起こしますが，その説明は第2章を参照してください。

4　企業活動を協調的な視点からみる代表的な研究は，Moore（1993, 1996）やIansiti and Levien（2004）によって提唱されたエコシステム論と，Gawer and Cusumano（2002）のプラットフォーム・リーダーシップ論などが挙げられます。また，ムーアはPC業界のケース分析を通じて，ビジネスを1つにするエコシステムは誕生−拡張−リーダーシップ−自己革新という4つの段階を踏んで進化していくものとして把握します。他に，Brandenburger and Nalebuff（1996）も協調性に基づく戦略の重要性を主張しました。

生物学の授業で学んだように，自然界の生態系は生産者（植物），消費者（1次～3次にわたる消費者（草食性生物，肉食系生物）），分解者（土壌中の生物（微生物など）を含む生物群）と，太陽エネルギーや大気，土壌，水などの自然環境によって形成されています。それぞれの生物または自然環境は相互依存関係によって維持され，広がっていきます。もし，生態系の構成要素のバランスが崩れたり，どちらかが機能しなくなったりすれば，その生態系は破壊されてしまいます。

産業やビジネスも，自然系と同様に捉えることができます。ある種のビジネスを構成する多様な主体は，ビジネス・エコシステムの中で多かれ少なかれ一定の機能を担っています。そのような主体は，同一産業に属している場合よりも，産業区分の垣根を超えた多様な産業群に属する企業（プレイヤー）によってビジネスを共にしつつ，支えられている場合の方が多いのです。近年の技術の融合化やICTに基づく新ビジネスにおいては，そのような傾向が一層強くなっています。

例えばアニメーション産業について考えてみると，アニメーションを製作に関わる映画会社，音楽アーティストや音楽会社，ストーリーや原作を提供する漫画家や小説家，出版社，上演する映画館，DVDレンタル企業や動画配信サービス企業，投資会社などによって，アニメーション産業のエコシステムというものが形成されています。

ここで個別企業の立場からビジネス・エコシステムを考えることもできます。イアンシティ（Marco Iansiti）とレビーン（Roy Levien）の著書『キーストーン戦略（*Tha Keystone Advantage*)』に紹介されたマイクロソフトの例を見てみましょう（Iansiti and Levien, 2004）。

マイクロソフトのパートナー企業は，図11.4のように，32の領域にまたがって，約38,000社に及んでいます。言い換えれば，マイクロソフトの事業はOS（Operation System）とアプリケーションソフトの開発およびサービス提供など多様な領域に及んでいますが，多様な領域の企業を通じて，技術開発や市場サービスを行っていることが確認できます。

11.2
エコシステム

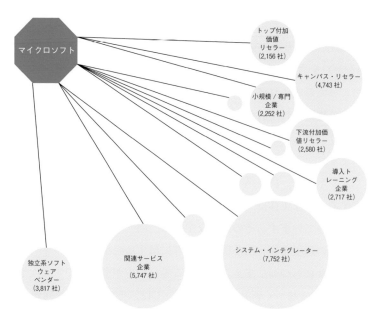

マイクロソフト

トップ付加
価値
リセラー
(2,156 社)

キャンパス・リセラー
(4,743 社)

小規模 / 専門
企業
(2,252 社)

下流付加価
値リセラー
(2,580 社)

導入ト
レーニング
企業
(2,717 社)

システム・インテグレーター
(7,752 社)

独立系ソフト
ウェア
ベンダー
(3,817 社)

関連サービス
企業
(5,747 社)

合計企業数：38,338 社。
注1：500 社以上の企業が存在する領域のみを示しており，イアンシティとレビーン（Iansiti and Levien, 2004）の執筆当時のデータです。
注2：図に示されていない領域は，消費者家電，メディア店舗，小売企業，ソフト販売，DMR，PC 販売店，オフィス向け販売店，オンライン小売等々です。
出所：Iansiti and Levien（2004）p. 45 より作成。

図 11.4　マイクロソフトのソフトウエア・エコシステムのドメイン（領域）

11.2.2　ビジネス・エコシステムの発展と中核企業の役割

　ビジネス・エコシステム全体が維持・発展するためには，エコシステムを構成する企業の役割，特にキーストーン（keystone）と呼ばれる中核企業の役割が重要になります（Iansiti and Levien, 2004）。ソフトウェア業界のマイクロソフトのようなキーストーンとなる中核企業は，エコシステム全体の進化に不可欠な補完的な技術の創造を担っている企業（ニッチ・プライヤー）の活動を妨害せず，促進することで，既存のエコシステムの能力の拡張や追加ができ，持続性と健全性を保つことができます。エコシステムの外の企業よりも新しいアイデアが提案されやすい環境（コンテキスト）を中核企業が作ることが，既存

11
イノベーション推進における新たな視点―「協調」と「環境」―

のエコシステムの能力拡張（市場規模および製品機能の拡大）につながります。

　例えば，半導体エコシステムには，様々な半導体製造装置や工程に使われる素材や薬剤の化学企業，輸送企業（航空会社），半導体を部品とする PC やタブレットメーカー，携帯メーカー，通信サービス企業，ソフトウェアやアプリ開発企業，家電，これらの販売店等々が入ります。このようなエコシステムにおいて半導体産業は，コンピュータ産業や通信機器産業，それらのハードウェアを基盤とするソフトウェア産業，アプリケーションソフトウェア企業，インターネット関連サービス企業と深くビジネスを共にしています。インテルやマイクロソフト，クアルコムなどの企業がエコシステムの中核企業に該当します。半導体エコシステムにおける多様なソフトウェアおよびアプリケーションソフトウェア企業の開発によって消費者に利便性がもたらされ，そうしたことからエコシステムは一層発展していきます[5]。

　言い換えれば，ある種のエコシステムを形成しようとする企業は，ビジネスを共にできる必要な企業群を見出し，それらの企業群の役割と機能，そして自社のやるべき役割とエコシステムの健全性を維持するために必要な方策を考えなければなりません。

　なお，一旦形成されたビジネス・エコシステムであっても，技術変化とプレイヤーの変化・交代などによって，エコシステムがリセットされることもしばしば起こります。例えば，モバイル通信のエコシステムはフィーチャーフォン（いわゆるガラケー）からスマートフォンへの技術変化により，プレイヤーの多くが入れ替わりました。そしてアプリケーションソフトウェア開発などの企業が加わり，それまでとは違うエコシステムへと変貌，拡張しました。

5　あるエコシステムの中核企業は，企業規模ではなく，企業間ネットワークの中心部に位置し，多様な企業とのつながりのある企業が中核企業と見なされます。その確認には，技術特許や取引関係などの変数を利用したネットワーク分析という手法がよく用いられます。

11.3　オープンイノベーション：
イノベーションの手法のシフト[6]

11.3.1　クローズドイノベーションからの脱却

　企業において進められるイノベーションの方法においても，協調的な視点の導入により，変化が起きつつあります。

　第2次世界大戦以後，大企業を中心に続けられた研究開発のやり方はクローズドイノベーション（closed innovation）と呼ばれるものが主流で，多くの大企業はこの方法で成功を収め，市場支配力を増強してきました。クローズドイノベーションとは，一般的に企業の社内（企業の境界内）に設立した「（中央）研究所」において，社内の優秀な研究・開発人材によって研究および開発活動を行い，その成果を製品やサービスとして具現化し，市場に送り出すスタイルのイノベーションの方法です。

　このようなクローズドイノベーションの場合，自社の事業展開の方向性と合致する技術的な成果だけが製品化・市場化に向かう傾向が強くなります。そのため，社内完結的な垂直統合型の企業発展経路が重視され，知的財産権などをコントロールし，できる限り技術の内部化を図るため，技術的成果を外部に漏らさない行動をとることになります。したがって，外部組織との知識共有などには消極的になります。この方法でイノベーションが成功し，市場シェアを占有することになれば，当該企業はファースト・ムーバーとしての優位性を獲得できる利点があります。

　しかしながら1980年代に入って，情報通信技術やコンピュータ産業を中心とする新しいイノベーションが活性化される中で，これまでの中央研究所を軸とするクローズドイノベーションのやり方に限界が露呈しました。その背景には，インターネットとデジタル技術の進展，ベンチャー企業とベンチャーキャピタルの増加[7]，技術の融合化，グローバル化の中での人材の流動性の増加，

6　ここでは主に Chesbrough（2003）を参考にして説明をします。
7　コンピュータおよび情報技術の進展による金融技術の発達がベンチャーキャピタルの活性化を促しました。

それによる技術の流出などがあります。

　新しいベンチャー企業が多く台頭できる背後には，大学による高度な最先端技術分野の知識の提供があり，大企業による知識独占は容易ではなくなりました。長年コンピュータ産業の王座として君臨してきたIBMが，1980年代に従来の垂直統合型のイノベーションの手法を中断した一因には，コンピュータサイエンスに関する知識が当時の大学を中心に普及したことがあります。

　さらにIBMのイノベーションの手法は，コンピュータのモジュール化や，主要な構成要素をインテルやマイクロソフトなどの企業に任せるようになったことによって，これまでのバリュー・チェーンのアンバンドリング（unbundling）が始まり，水平分業構造へとシフトしたことでも，大きく変化しました。

　1990年代に入り，こうした流れはより加速しました。個人向けのコンピュータ市場の拡大とPCの普及，インターネットの本格的な普及期において，IBMは社内にインターネットに関連技術が不足していたため，イノベーションについては外部企業に活動を託さざるを得ない状況になりました。

　こうした動きは「オープンイノベーション」時代の序章となるものでした。IBMと同時にゼロックスにおいても，クローズドイノベーションから「オープンイノベーション」への脱却がありました。そして，1990年代半ば頃には，グローバル化とインターネットの普及，モジュール化，水平分業構造への転換，人材の流動性の増加などの状況から，中央研究所時代は終焉を迎えることになります（Rosenbloom and Spencer, 1996）。

11.3.2　オープンイノベーションの時代へ

　オープンイノベーションとは，「アイデアを商業化するのに，既存の企業内部と外部のアイデアを有機的に結合させ，価値を創造する」イノベーションのやり方です[8]。企業がこのやり方でイノベーションを遂行する際には，単一組織（自社内：企業の境界線）に閉じこもらず，同業企業と異業種企業，サプラ

8　Chesbrough（2003：邦訳，p. 8）

イヤー，大学，行政機関，公的・民間研究所等々の外部組織につながる多様なチャンネルから，新しいアイデアや知識・技術を受け入れることによって，イノベーションの活性化を図るという形になります。

クローズドイノベーションは社内の中央研究所が主体になって進められ，長い年月をかけて獲得した技術や知識でも，自社のビジネス領域とそれほど関係ない場合にはそうした成果が活用できず，死蔵されてしまうことが少なくありません。しかし，オープンイノベーションでは，自社に無用と思われる技術知識やアイデアであっても企業の境界を越えて，外部組織にとって良いアイデアとなったり，ベンチャー企業の誕生につながったり，新しいマーケットの創造ができたりする契機になります。

図11.5の (b) は，企業の境界線（図中の破線）を中心に，オープンイノベーションの発生経路について見たものです。（比較のため，クローズドイノベーションにおける経路 (a)（企業の境界線：図中の実線）も示しています。）

【経路①】自社内で研究の成果に，外部のアイデアや知識を取り入れて開発し，既存マーケット向けにイノベーションを行った場合。

【経路②】自社の研究成果（シーズ）を自社の外部組織で活用し，新マーケットが創造されたイノベーションの場合。

【経路③】他社の技術・アイデア（シーズ）が外部組織によって洗練され，そのアイデアが自社の既存マーケット向けのイノベーションに活用される場合。

【経路④】ある企業の研究および開発のアイデアが外部に出て，外部組織によって有効活用され，新しいマーケット向けのイノベーションが起きる場合。

【経路⑤】外部組織のアイデアや技術を研究フェーズあるいは開発フェーズに取り入れ，自社のアイデアとの融合や組み合わせ活用などを通じて，既存マーケット向けのイノベーションとなる場合。

以上のことから，オープンイノベーションは2つの側面に影響を与えることが分かります。

一つは自社のイノベーション活動における影響です。企業の境界線を越え，

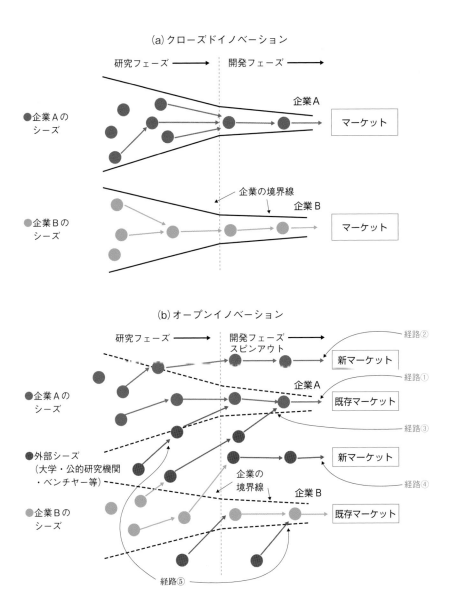

(a) クローズドイノベーション

研究フェーズ ——→　開発フェーズ ——→

●企業Aの
　シーズ

企業A

マーケット

企業の境界線

企業B

●企業Bの
　シーズ

マーケット

(b) オープンイノベーション

研究フェーズ ——→　開発フェーズ ——→
　　　　　　　　　　スピンアウト

経路②

新マーケット

●企業Aの
　シーズ

企業A

経路①

既存マーケット

経路③

●外部シーズ
　(大学・公的研究機関
　・ベンチャー等)

新マーケット

企業の
境界線

経路④

企業B

●企業Bの
　シーズ

既存マーケット

経路⑤

原典：Chesbrough（2003）（邦訳，p. 6, 9）
出所：文部科学省（2017）『科学技術白書』p. 28 を加筆修正。

図 11.5　オープンイノベーションとクローズドイノベーションの模式図

産業横断的に外部組織のアイデアや技術知識，考え方などを積極的な取り入れることが，自社のイノベーションのパフォーマンスを強化させます。経路①，③，⑤が該当します。これをインバウンド型のオープンイノベーションといいます。

　イノベーションの生起において障害となる同調圧力を阻止するためには，自社の組織と異なる考え方を持っている人材を流入させ，その活躍の場を与えることが重要となります。近年，ダイバシティ経営（異なる性別，人種，文化など）に関心が高まっているのも，結局イノベーションに必要な「創造性」の種を増やすため，多様な側面から事象にアプローチし，ソリューションを模索できるからです。

　もう一つは，当該社会や国におけるイノベーション政策に対する影響です。オープンイノベーションの手法を多くの企業が採用すれば，ベンチャーの創出などによりイノベーションの活性化と新しい産業の形成が期待できます。その結果，経済パフォーマンス向上が図れます。経路②と④のような手法を，アウトバンド型オープンイノベーションといいます。この手法によってイノベーションの活性化を図りたい地域社会や国家は，多様なプレイヤーが出会い，アイデアを交換できる場を設ける政策が講じられています。しかしながら，制度や組織文化，社会システムにより，技術知識やアイデアの流出，交換，融合，人材流動（人事・採用制度）が容易にできず，オープンイノベーションを妨害する要因になっている場合も多くあります。

11.4　イノベーション・システム[9]

11.4.1　イノベーションのアクター（主体）としての政府組織

　これまで企業イノベーション活動において，バリュー・チェーンとエコシステムの視点から，外部企業や大学をはじめとするその他の外部組織との協調的

9 イノベーション・システムは大きく3つのシステムに大別できます。それはナショナルイノベーション・システム（National Innovation System：NIS），リージョナルイノベーション・システム

な視点からイノベーションを行うことの優位性について見てきました。

　ところが，イノベーションのアクターの相互作用と協調的な関係は，企業や産業部門のアクターの努力だけでは不十分です。すなわち，イノベーションに関わる様々なアクターと彼らを取り巻く社会システムや制度，文化などにまで知見を深め理解する必要があるのです。

　イノベーションのアクターは，製品開発と生産活動に関する研究開発を行う企業（産業）部門や，基礎研究を中心とする知識創造と教育を通じた人材育成を担う大学・教育部門に加えて，政府が重要なアクターとなります。第2次世界大戦時以後，軍事用として開発された様々な製品（電気計算機，航空機，トランジスタ，無線通信など）を民生用に転用[10]し，世界経済をリードできた米国の事例から，イノベーションにおける政府（国家）の役割は大きいことが分かります。「護送船団方式」の経済成長に象徴されるように，日本は産業界と政府の緊密な関係によって，新たな技術を数多く創出し，高度経済成長をけん引した代表的な国の一つです（Freeman, 1992）。

　政府がイノベーションの重要なアクターである理由は，①イノベーションの土壌ともいえる多様な政策や制度，法律（特に知的財産権や公正取引など）などを決める政策の立案者であること，②財政支出などを通じて，多くの資源動員が可能な組織であること，であるからです。政府によって制定される政策や方針，制度（各種支援制度や補助・奨励金制度など），法律（特に，法人税，相続税など）などは多様なアクターの行動に影響を与えます。これらの要素がイノベーションの方向性を誘導したり，動機付与（インセンティブ）に寄与したり，取引や共同研究のルールになったりします。その点で，すべての国が直接または間接的イノベーション活動に関与しているといっても過言ではないでしょう。

（Regional Innovation System：RIS），そしてセクトラルイノベーション・システム（Sectoral Innovation System：SIS）です。本章ではNISとRISに焦点を当てて説明します。なお，SISはMalerba（2004）によって提唱されたもので，知識ベースや技術を共有し，当該セクターの製品を創造，生産，販売するために市場の内外で相互作用を行うエージェント（個人と組織）のセットによって構成されるものとしています。このシステムの構成要素は，①知識と技術，②アクターとネットワーク，③制度であり，これらの円滑な相互作用によってイノベーション・システムが機能されるものとして把握します。

10 近年にもインターネットやドローン（drone）などがあります。

11.4.2　ナショナルイノベーション・システム（NIS）

　国家単位レベルのイノベーション・システムをナショナルイノベーション・システム（以下，NIS）といいます。その対象範囲については多様な見方が存在しますが，「新しい経済的に有用な知識の生産，普及および使用に関して，相互に影響する要素および関係」もしくは「新技術の導入，普及，使用，修正などの活動やこれらの相互作用を行うパブリック部門とプライベート部門（民間）の機関とそのネットワーク」，というように広く捉えられています（Freeman, 1995；Nelson, 1993）[11]。

　最近では，産業（生産・サービス市場，生産要素市場），大学（および教育機関），政府の連携により，知識の移転と創造活動が活発になってきており，イノベーションを促進するためには，イノベーションに関連する一国内のマクロ経済市場環境，社会インフラ，制度システム，労働市場（求める人材に必要なスキルや知識レベル），文化，慣習などとの関係性をも含む広い概念としてNIS が捉えられています（OECD, 1999：図 11.6 参照）。このように，NIS はそれぞれの国の歴史や制度，文化，慣習などに影響を受けるため，国によって異なった構造となります。

　政府は世界の科学知識および産業の動向に関する情報を収集し，自国産業の競争力と優位性，ポジションを見極めながら，イノベーションの方向性とロードマップを立案し，資源動員と配分の方針と仕組み，サポート体制の整備しつつ，多様なアクターの行動の方向性をガイドするような取り組みが緊要です。4.2.1 でも述べましたが，日本では，『科学技術・イノベーション白書』において科学技術の動向やイノベーションの方向性，方針，重点項目などの情報を発信しています。

　しかし，政府による市場への過度な関与は，本来のイノベーションの活性化とその成果の向上につながらず，政策が失敗に終わってしまう可能性もあります。そのため，政府は科学技術およびイノベーションの効率的かつ効果的な成

11　Patel and Pavitt（1994）は，政府に焦点を当てて，NIS を「ある国の技術学習（または変化を発生させる活動の量と構成）の速さと方向を決める国家機関，それらのインセンティブ構造および能力」という狭義の概念として捉えています。また，多様な NIS に関する概念定義については Niosi（2002）を参照してください。

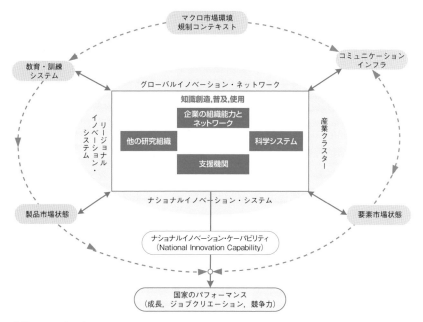

出所：OECD（1999）p. 23.

図 11.6　イノベーション・システムにおけるアクターとリンケージ

果の向上を妨げないように，システム的欠陥を是正することが常に求められます。近年，グローバル技術競争が激しさを増す中，NIS の重要性はさらに強まっています。

11.4.3　リージョナルイノベーション・システム（RIS）

　NIS と関連し，リージョナルイノベーション・システム（以下，RIS）への注目が近年高まっています。RIS とは，一定範囲の地理的空間的に隣接した地域（region）におけるイノベーション・システムを指します。一国の中でも地域によっては，地理的な条件や歴史的な発展経路などによって，主要産業，労働市場，教育機関などの状況が異なります。地域の良さと相対的な競争力をいかに打ち出し，地域経済の活性化と雇用創出などにつなげるかが一般的な目標になります。

RISのアクターは，地域の生産企業（産業クラスター），地域の大学（知識創生サブシステム），地域の支援組織としての地域政府・自治体などの多様なアクターがあり，これらのアクター間の相互作用とネットワーキングを行い，知識や技術の創造と普及，移転などを通じて地域の活性化を図ります（Cooke, 1998）。近年，地方政府が力を入れている「地域創生」や「地方イノベーション」などの取り組みは，少子高齢化や産業構造の変化の中で，イノベーションを通じて地域の経済活性化を図ろうとする一例です。

その際，注目されるのが産業クラスターです。産業クラスターとは特定分野における関連企業，専門性の高い供給業者，サービス提供者，関連業界に属する企業，関連機関（大学，規格団体，業界団体など）が隣接し，競争しながら同時に協力する産業集積地をいいます。関連企業が集まることによって，人的・業務的ネットワークの形成と発展，知識伝播などが図りやすく，それによる多様な相乗効果が期待できます。また，人材の流動性も高くなり，よりオープンイノベーションの手法を取りやすくなる可能性があります。

例えば，米国のシリコンバレー，中国のシリコンバレーとも呼ばれる北京市の中関村，深圳市などがもっと注目されている地域です。こうした地域は一流の大学があり，また高い挑戦意識を持つ若者とベンチャーが集まっていることで，大学と企業との共同研究がしやすい環境です。さらに，これらの地域は，ユニコーン企業（unicorn company）[12]が多く誕生している地域でもあります。ユニコーン企業とは，①テクノロジー系企業，②市場評価額が10億ドル以上，③創業10年以内，④未上場のスタートアップ企業，という4つの条件を満たす企業を指します。ユニコーン企業は高い技術力を持って将来性が期待できる側面があるため，イノベーション力を見る指標としてもよく使われます。

11.4.4　NISの状況

近年，各国は最先端の産業技術をめぐって，その主導権を握るため，対立し

---

12 毎年国別にユニコーン企業数と企業価値が以下のURLで発表されます。ここ数年の状況を見ると，米国，中国，インドなどが高いレベルにランクされています。（https://www.cbinsights.com/research-unicorn-companies）。

ています。特に，最先端技術分野における米中の対立は，その激しさを増しており，グローバル・バリュー・チェーンの寸断や再編を脅かすものになる可能性もあります。その中で各国は自国の技術競争力を高めようとしています。

　国家レベルでイノベーションのパフォーマンスを計り，比較するのは必ずしも安易なことではありません。しかしながら，イノベーションに関する政策立案の際に，政府などはいくつかの指標を使って，国家間比較，現状把握，先行指標として参考にしています。

　各国のイノベーションのパフォーマンスを評価する指標として最も権威あるものの一つに，グローバルイノベーション・インデックス（Global Innovation Index：GII）があります。これは，米国コーネル大学のビジネススクール（Cornell SC Johnson College of Business）とフランスの経営大学院インシアード（INSEAD）と，世界知的所有権機構 WIPO（World Intellectual Property Organization）によって毎年発表されているランキングで，2020 年では世界131 カ国のイノベーション能力を 80 項目の詳細指標によって分析し，それらの総合的評価によって国ごとに順位がつけられています。

　図 11.7 は，2020 年 9 月に発表されたグローバル・イノベーション・インデックスにある 2006 年以降の国別順位の動向です。トップ 10 位内を維持している国は，スイス，スウェーデン，米国，英国，オランダ，デンマーク，フィンランド，ドイツ，シンガポールなどで，アイルランドとイスラエルがランクから落ちたり入ったりしています。米国とヨーロッパ諸国，シンガポールなどが高いポジションにあり，2020 年に初めて韓国がランクインしています。日本は 16 位で，2019 年より 1 つ順位を落としています。

　ちなみに中国は 14 位（香港は 13 位）でした。中国経済の存在感の大きさに不安を感じる人もいると思いますが，新しいビジネスモデルの創出や数多くのベンチャー企業の登場，高い若者の起業への意欲などがあり，「チャイナ-イノベーション」ともいえるようになりました。

　最近のデジタル経済化の中，中国やインドをはじめとする新興国のイノベーションパフォーマンスとその存在感が高まっています（マレーシアは 33 位，インドは 48 位，フィリピンは 50 位で，いずれも前年より順位を上げています）。

　なおグローバルイノベーション・インデックスの他にも，特許出願（特に米

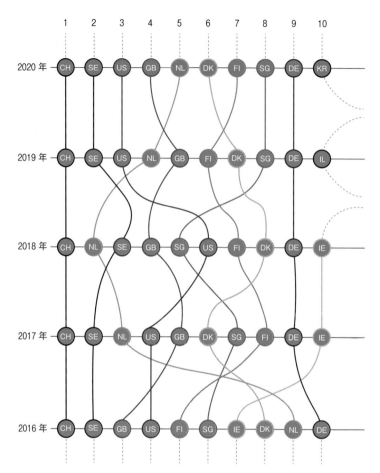

凡例：CH（スイス），NL（オランダ），SG（シンガポール），DE（ドイツ），GB（英国），US（米国），IE（アイルランド），IL（イスラエル），SE（スウェーデン），FI（フィンランド），DK（デンマーク），KR（韓国）
出所：Global Innovation Index 2020, p. 12.

図 11.7　GII トップ 10 位内の国家順位変動（2016 年-2020 年）

国や EU 特許）数，科学論文の発表数や引用数，大学ランキング，留学生数等なども，間接的に参考される指標として使われています。

■コラム[11]：イノベーションの手法と製品アーキテクチャの特性

　本文ではオープンイノベーションの優れた点を述べましたが，念のために補足すると，オープンイノベーションはすべての産業に有効な方法ではありません。オープンイノベーションの方法が ICT やデジタル技術の進展の発展と時期を同じにしていることを想起すれば分かるように，オープンイノベーションが向いているのは，主にモジュール・アーキテクチャ（modular architecture）の属性を有する製品システムであり，製品機能や構造を様々に組み合わせるミックスアンドマッチ（mix and match）の手法が活用でき，多様な企業がプレイヤーと参加するエコシステムにいる場合において効果を上げる方法であるといえます。

　ただ，そうした手法が沿わない，自社で完結する垂直統合型産業に向いていると思われる製品であっても，製品システムを構成する技術がより複雑化したり，要素技術の陳腐化スピードが速くなったりすると，研究開発の負荷と所要コストが膨大に膨らみます。そうなると，企業組織は，製品開発期間の短縮や複雑性の管理にかかるコスト低減のため，技術の複雑性を軽減する方向に向かうことになります。すなわち，管理可能な単位（モジュール）に技術やモノを分割することで，製品の複雑性と管理の複雑性を低減し運用することができます。したがって，このようなプロセスが進展すると，やがてはオープンイノベーションが有効な方法になります。

　実際に IBM のメインフレーム・コンピュータのシステム 360（1964 年）からモジュール設計に移行した後，コンピュータ業界は垂直統合型構造から水平分業構造に移り，オープンイノベーションのやり方が一般化されるようになった経緯があります。固定観念にとらわれず，ダイナミックな観点でイノベーションを見ることが大事なのです。

表 11.1　イノベーションの手法と製品アーキテクチャ特性との関係

	クローズド イノベーション	オープン イノベーション
重点	企業の境界線内	企業間の越境
アイデア・知識の所在	社内（中央研究所）	外部の企業，組織，大学，官庁など
製品特性	インテグラル型	モジュール型
技術の分割可能性	低い	高い
産業構造	垂直統合	水平分業
人材流動性	低い	高い

12 デジタル情報技術の波と新たな動き

　将来，われわれの生活やビジネスはどのように変わるのでしょうか。それは現在進行している技術イノベーション活動をヒントにして，ある程度見通せます。

　現在，デジタル情報技術による生活とビジネスの変容，デジタル・トランスフォーメーション（DX）が進行しています。DX のコア技術は IoT（Internet of Thing），クラウドコンピューティング，ビッグデータ，AI（人工知能）などですが，DX において大きなウエイトを占めるのは「プラットフォーム・ビジネス」と呼ばれるビジネスモデルです。GAFA のような企業のプレゼンスが高まる中，プラットフォーム・ビジネスは年々進化し，技術獲得と覇権を取るための熾烈な争いが繰り広げられています。

　本章では，未来のイノベーションを理解する上で鍵となる「デジタル経済」の特色とそこにおけるビジネスのあり方，とりわけプラットフォーム・ビジネスについて解説します。また，新興国におけるデジタル化とその現状も紹介し，最後に新たなイノベーションの姿と可能性について考えます。

★ Key Words
第 4 次産業革命，AI，ネットワーク効果，プラットフォーム・ビジネス，デジタル・トランスフォーメーション，クラウドコンピューティング，IoT，ビッグデータ，新興国のデジタル化，リバースイノベーション

12.1 デジタル情報技術時代とビジネス変革

12.1.1 新しい変革をもたらす市場領域

近年，未来の競争力を左右するイノベーションが活発になっており，企業間および国家間競争も激しくなっています。そして，第4次産業革命，5G，自動運転，IoT（モノのインターネット），ビッグデータ，AI，フィンテック（Fin-Tech），ブロックチェーン，ロボット化，ドローン，ゲノム解析，VR等々の分野が注目を浴びています。現在起きている，これらのイノベーションは，未来のイノベーションとなる可能性が極めて高いと思われます。

ここで，AIと第4次産業革命，ブロックチェーンなどについて簡単に見てみましょう。

まず，AIです。2016年3月に，英国のDeep Mind（2014年にGoogleが買収）が開発したコンピュータ囲碁プログラムAlpha GO Lccと，囲碁の韓国プロ棋士（イ・セドル）との間で世紀の対局がありました。人間が創ったボードゲームの中で，最も古く，選択肢の多さから複雑性が極めて高い，囲碁。その戦いにおいて，AIが勝利（4勝1敗）を収めたことは，AIの能力を見直し，将来性に期待する動きにつながり，世界は一気にAIへの関心を高めました。

AIとは「人工的につくられた人間のような知能，ないしはそれをつくる技術」を指します（松尾，2015）[1]。現在は，AIの可能性とその進化の背後にあるディープラーニング（deep learning：深層学習）に関心が高まっています。ディープラーニングとは「特徴表現学習の1つであり，十分なデータ量（画像，音声など）をコンピュータに与えれば，人間の力なしに機械が自動的に，自ら高次の特徴量を獲得し，それをもとにパターンを分類できるようになる学習」のことです（松尾，2015）。

次にIoTを軸とする第4次産業革命を見てみましょう。2016年，スイスのダボスで開かれた世界経済フォーラムにて「第4次産業革命（Industry 4.0）」

---

1 AI（人工知能）の歴史は今始まったわけではありません。1950年半ばから始まったAIブームは，2回のブーム期を経て現在は第3次AIブームといわれます。

のコンセプトが打ち出されました。これまで、蒸気機関、電気、電子とITによる産業革命[2]があったとし、今日の革命はサイバー・フィジカル・システム（cyber physical system）、IoT、ネットワークが融合することによって可能な製造革新の実現を目指すものとしています。つまり、多種多様なセンサーを使い、製造の状態をチェック、認識、データを収集し、インターネット経由で蓄積された大量のデータ（ビッグデータ）を、AIが分析し、最適化の状況へ導こうとするものです。これは、生産、販売、消費といった企業活動だけではなく、健康管理、医療や交通システム、公共サービス、農業、林業、漁業などの広い分野で応用できるといわれています。

最後に、他方、相互接続された複数のコンピュータによって処理される分散型ネットワーク（distributed network）技術を活用したのが、ブロックチェーン（blockchain）技術です。ブロックチェーン技術は高度なセキュリティと公共性（いつでも誰でも見られる）を備え、インターネット上の高信頼性の取引を実現させます。金融業界をはじめ、多様な業種に応用可能性があるとされます。

以上のほか、自動車産業においてはEV化とCASE革命[3]と呼ばれるイノベーション競争が展開されています。グローバル次元で環境規制と持続的な発展の価値観（SDGs）の下で、CASE革命がデジタル革命の一貫でもあり、社会システムとの関連性も深い技術発展経路になります。そのため世界の企業はソフトウェア人材獲得と養成が喫緊の課題となっており、国境を越えた企業間連携と産業技術の融合が深化しています。

このように、2015年頃を境に、インターネット、スマートフォン、ICT、半導体技術などの多様な技術的要素が融合した、新しいデジタルイノベーションの波があらゆる分野に及んできています。これに加えて、超高速大容量通信を

2　第1次産業革命を18世紀に機械化と高速輸送を実現した蒸気機関と、第2次産業革命を19世紀後半の電気（モーター）による大量生産と、第3次産業革命を20世紀後半のコンピュータと電子部品による自動化と分類します。また、日本政府の場合、少し大きな概念として「Socitey5.0」を提唱していますが、第4次産業革命と類似な概念と見て良いでしょう。

3　2016年のパリモーターショーにおいて、ダイムラーAG・CEOでメルセデス・ベンツの会長を務めるディエター・チェッチェが中長期戦略の発表の際に提唱した概念です。CASEとは、コネクティビティ（接続性：C）、オートノマス（自動運転：A）、シェアード（共有：S）、そしてエレクトリック（電動化：E）、これらの4つ領域の技術革命が同時に自動車産業で起こることを意味します。

可能とする 5G，3D プリンター，ドローン技術の発展も目覚ましく，既存の技術やビジネスモデルの代替が起こりつつあります。

12.1.2　デジタル情報技術の特性

　デジタル情報をベースとした情報経済社会の本格化は PC とインターネットの普及が活発だった 1990 年代半ば頃から始まりましたが，未来のイノベーションを担う革新もその延長線上のデジタル技術にあることに間違いないといえるでしょう。デジタル技術は，文字や音声，映像，形状，遺伝子情報，味，匂いなどの様々な情報を数字に置き換えて表現する技術です。多様なものの状況や状態を視認性の高いデータ（形式知化）に置き換えられるのがデジタル技術の強みです。

　他に，デジタル技術は低い複製コスト，低い追加生産コスト，低い移転コスト，ネットワークの外部性（ネットワーク効果）といった特徴があります（Shapiro and Varlan, 1997）。これらの特徴について説明すると，以下のようになります。主に製造業について考えながら比較してみると理解しやすいと思います（例えば，紙の本と電子ブックを想像してください）。

　　複製コスト：物理的な形と機能があるものをコピーと比べると，デジタル化
　　　　情報財（文章や画像，データなど）の複製は簡単に複製ができ，それほど
　　　　努力と時間がかからず，極めて複製コストが低いのです。デジタル情報財
　　　　は，複製コストの低さから，追加生産コストが極めて低くできます。つま
　　　　り，追加生産にかかる限界費用（1 単位を追加的に生産するためにかかる
　　　　コスト）が 0 に近いため，データの増殖や拡散が非常に簡単に行えるので
　　　　す。

　　移転コスト：デジタル情報財は，インターネットさえつながっていれば，離
　　　　れたところへの移転が非常に短期間かつ低コストで容易にできます。その
　　　　ため，リアルタイムでのデータのやり取りと確認ができます。このような
　　　　特徴は国際金融取引や株投資などに活用されており，グローバル次元で共
　　　　同編集・設計や共同作業をも可能にしています。

　　ネットワークの外部性（ネットワーク効果）：ネットワークの外部性とは，

あるネットワークの構成員（利用者）は，多ければ多いほど得られる便益が高くなる効果です。そのため，ネットワークに入ろうとする新規利用者は構成員の多いネットワークを選択するようになり，ネットワーク内で正のフィードバック効果が生まれ，そのネットワークがさらに拡大・強化されていくことになります。つまり，利用者が「つながる」そして「つなげる」ことで，得られる利便性や便益が増していくような性質をデジタル情報技術は持っています。ネットワーク効果はネットワーク内の利用者が増える経路（サイト1）と，ネットワークの外部からネットワークを集める経路（サイト2）の2つが存在します（Eisenmann, Parker and Alstyne, 2006）。これらの効果が，後述するプラットフォーム・ビジネスを理解するときの鍵となります。

12.1.3 ネットワーク効果

前項で述べたネットワーク効果が持続性を発揮する理由は，乗り換えにコスト（スイッチング・コスト：switching cost）がかかるためです。ネットワーク効果の対象となる「ネットワーク」は，構成員（ひと），機器，ソフト，技術などにおいて見ることができます。

例えば，マイクロソフトのWindows（Operating System：OS）向けのソフトウエアOfficeの利用者が新しいソフトを購入する際には，Windows OSで起動するものを購入する傾向が強いといわれます。なぜなら，利用者はこれまでWindows版のOfficeに慣れているため，その経験や学習を活かすことができるからです。仮に利用者がMacに乗り換えると，これまで使っていた自分のスキルや学習された内容が上手く使えなくなったり，新しいソフトを使う際に余計な時間と学習努力が必要になったりします。すなわち，スイッチング・コストが発生するのです。

スイッチング・コストとは，ある商品・サービス，ブランドから他のもの，またはある技術から別の技術へ乗り換える時に発生するコスト（直接購入コストだけではなく，習熟や慣れに要する時間と機会コスト，心理的抵抗コストなど）を指します。スイッチング・コストが高ければ高いほど，利用者は既存の

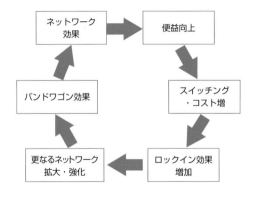

図 12.1　ネットワーク効果のサイクル

商品やブランド，技術の利用を維持しようとします。そのため，企業は更なる利便性強化のため新しいサービス（バージョン化，アップデートなど）を提供し，既存の顧客が別のネットワークに乗り換えないようにします。その結果，利用者（消費者）は既存のものから別のものへスイッチングするよりも，続けて既存のものやネットワークからのメリットを享受しようとするロックイン（lock in：囲い込み）現象が起こります。囲い込まれたネットワークの顧客は企業ビジネスの財産になります。

　また，SNS に見られるように，消費者は，あるネットワークやモノが流行すればその流行に遅れたくない欲求が起こり，同じことをやろうとするバンドワゴン効果（bandwagon effect）が加わり，さらにネットワーク効果は強化されます。

　ネットワーク効果は優れた拡張性によって達成されます。デジタル情報経済に高いパフォーマンスを上げる企業をみると，拡張性に優れたオープン規格と標準化を軸にアプリケーションソフトウェアやネットワーク設計を行い，ネットワーク効果の向上を図っています。

12.2　デジタル情報技術がもたらすビジネス変革

12.2.1　プラットフォーム・ビジネス

デジタル情報技術を軸とする経済時代は主となる企業のビジネスのあり方も大きく変わってきました。インターネット時代にネットワーク効果を十分に発揮しながら世界経済の覇権を握っている代表的な企業は GAFA（Google, Apple, Facebook, Amazon）です。これらの企業のビジネス形態はプラットフォーム・ビジネス（platform business）と呼ばれるものです。こうしたプラットフォーム・ビジネスは，数多くの伝統的なビジネスモデルに対し大きなインパクトを与えており，今後最も注目されるビジネスの形態とされています。

「プラットフォーム」という言葉は以前から自動車産業や IT 業界で使われていました。自動車業界においては，「車台」を指す言葉で，その上にエンジンやボディ，シート，ミッションなどが載る，車両の基盤となる基本骨格を指します。プラットフォームは自動車企業ごとに開発されるクローズド型ですが，多様化に対応する手法として，企業内の複数のモデルで共通のプラットフォームを使うことがあります。これをプラットフォーム共通化といいます。

また，IT 業界において「プラットフォーム」は，基本ソフト（OS）やハードウェアなどのコンピュータの環境を決定するものを指します[4]。

以上のような前提の上で，近年のビジネスモデルに関するプラットフォームを「お客さんに提供する製品群の土台にあるもの」であり，「他のプレイヤー（企業，消費者など）が提供する製品・サービス・情報と一体になってはじめて価値を持つ製品・サービス」として定義します（根来，2018）。そして，こうしたプラットフォームが生み出すネットワーク効果を基盤とするビジネスのことをプラットフォーム・ビジネスといいます。以下では，このような定義に基づいて解説していきます。

4　自動車のプラットフォーム共通化がクローズド型ですが，IT 業界のプラットフォームの共通化は，インターフェースの標準化・ルール化によって，企業の垣根を超えて採用されるオープン型が多い特徴があります。

12.2.2　プラットフォーム・ビジネスのタイプ

　近年，プラットフォーム・ビジネスは，多様なプレイヤーの参加によって，あるプラットフォームを共にするエコシステムとして進化しており，その形態は多様になっています。

　プラットフォーム・ビジネスの形態は大きく3つのタイプ，すなわち基本型，媒介型，混合型に分類できます（根来，2017）。以下では，顧客（エンドユーザー）の立場から，3つのプラットフォームタイプについて説明した上，代表的な企業または製品・サービスの事例を紹介します[5]。

(1)基 本 型

　基本型プラットフォームは，ハードウェアとソフトウェアのように，相互に補完する製品の存在を前提として，それらの製品が対になってはじめて顧客の期待する機能が得られるタイプです。例えば，Play Station4 や Nintendo Switch などのゲーム機のように，ハードウェア（機器）が多様なゲームソフトの土台になっている形態です。その際，土台に多様なソフトが，自社だけのものがつながるクローズド型と，他社のものともつながるオープン型があります。

　歴史的に見れば，1964 年の IBM360 のモジュール設計以後，コンピュータ産業は徐々に垂直統合型から水平分業型に変貌してきたことが分かります。ハードウェアとソフトウェアが一体化された構造が分割され，さらにはソフトの中でも個別専門ソフトに分割が行われました。こうした「レイヤー化」によって，機器間またはソフト間のインターフェースのオープン化（標準化）になれば，当該機器向けの多様なソフト企業が誕生し，市場に提供されるようになります。例えば，スマートフォンの OS は，端末機専門メーカー，周辺機器（ヘッドフォン，ケースなど）のメーカー，多様なアプリケーションソフトウェアの開発会社が，OS をプラットフォームとして利活用しており，大きなビジ

---

5 プラットフォーム・ビジネスの形態については根来（2018）によっています。

出所：根来（2018）を参照して作成。

図12.2　レイヤー化（layerization）

ネスエコシステムを形成していきます。

⑵ 媒介型

　媒介型プラットフォームは，供給者と利用者，両者（企業組織や個人）を「つなぎ」，取引やコミュニケーションなどを仲介する機能を提供するタイプです。両側にある何かに対する欲求や願望をマッチングする場の設計（ホームページなど）を通じて，ネットワーク効果を向上させ，ビジネス・エコシステムを拡大していきます。代表的な企業としては，E-コマースのアマゾンやアリババ，楽天，メルカリ，エアビーアンドビー，LINEなどが挙げられます。これらのプラットフォームは個人と個人（C to C）をつなぐものもあれば，企業と個人（B to C）あるいは企業と企業（B to B）をつなぐものもあります。

　アマゾンの場合は，元々はインターネット書店から始まった企業ですが，「Everything's Store」を目指す今は自社の倉庫の商品だけではなく，古書店や小売店，メーカーの他，個人も出店ができるようにしています。そのようなアマゾンのホームページは，B to C，C to C両方の取引が可能なプラットフォームであり，出店者側にとっては販売機会の拡大，アマゾン側にとっては品揃えの増加と，両者にメリットが得られるようになっています。アリババや楽天も同様です。また，メルカリの場合，古着などを売りたい側と安く綺麗な古着を購入したい側をネット上でマッチングさせる場を提供しています（C to C型）。

　エアビーアンドビーやUber Taxiの場合，自らは宿や車両を１つも所有せず，宿を予約したい人と借りたい人をつないだり，タクシー・サービスを受けたい

人と遊休車両を利用し収入を上げたい人々をつないだりするプラットフォーム
を提供しています。

　一方，コミュニケーションというニーズを提供するプラットフォーム企業は
LINE，WeChat，インスタグラムなどのSNS系があります。また，加盟店と
消費者の決済プラットフォームとして機能している，クレジットカードの
VISAとMaster，電子マネーのPayPayやau PAY，LINE Payなどがあります。

⑶ 混合型

　混合型プラットフォームは，基本型と媒介型の両方の属性を持っているタイ
プです。社会において広く普及し，高いネットワーク効果を有するSNS系の
企業は，⑵のコミュニケーションの媒介型プラットフォームに，⑴の基本型
プラットフォームで見られる多様な要素を取り入れ，プラットフォームを拡大
しながら，利用者に追加的なサービスを提供し，混合型プラットフォームタイ
プへ変化したものが多いです。

　例えば，LINEはコミュニケーションツールに，ニュース，音楽，決済機能
等々を追加提供していき，利用者がLINEから多様な利便性を簡単に享受でき
るようにすることで，さらにロックイン効果を上げています。スマートフォン
の普及を背景に，Apple Pay，Google Pay，Alipay（支付宝）などのモバイル決
済サービスも展開されていますが，これも既存のプラットフォームの上に，追
加拡張された新しいビジネス形態です。

　これら3つのタイプのプラットフォームは，ネットワーク規模の変化につれ
て，進化していきます。それはネットワーク効果を活かしビジネスの発展を図
りたい企業の戦略が加わるためです[6]。特に近年注目されるのがビッグデータ
です。プラットフォーム・ビジネスは，数多くの利用者の利用情報（検索履歴，
利用時間，決済情報，利用者情報など）が時間と共に蓄積されるため，その利
用情報がさらなるビジネスチャンスを生み出します。つまり，プラットフォー
ム・ビジネス企業は，ビッグデータの利活用による新たなビジネス展開が容易

6　プラットフォーム・ビジネスの展開プロセスについてはジェフリー（Geoffrey G. Parker）らの研
究（Geoffrey, Marshall, Alstyne and Choudary, 2016）が参考になります。

になります。

12.2.3　プラットフォーム・ビジネスの変化と問題点

　プラットフォーム・ビジネス企業は，一般的に標準規格に基づいて基本的にオープン戦略を展開しており，多様な専門企業との分業で成り立っています。自社単独のビジネスモデルよりも，関連企業やグループのビジネスに欠かせない場やものを提供し，全体のビジネスのあり方を決めつつ，多面的に情報を収集し，それをベースにさらなる自社の収益源と付加価値の増大と創造を図る戦略を取っています（Gawer and Cusumano, 2002）。これをプラットフォーム戦略といいます。

　この場合，類似なプラットフォームを提供する企業は，相互に競合しますが，市場，技術，消費者の行動様式の変化を上手く捉えた企業に利用者が集約されていきます。つまり，ネットワーク内部の構成員の集まる効果とネットワーク外部の参加者によるネットワーク効果の相乗作用の中で，利用者は一部のネットワークまたはプラットフォーム・ビジネス企業に集中していきます。言い換えると，プラットフォーム・ビジネス企業の場合，結果的に寡占あるいはほぼ独占的な地位を築いていく可能性が高いのです[7]。

　GAFAのように，確立した独占的な市場地位を駆使し，より市場を支配しようとする動きをどのように是正するかはグローバルな問題です。後発国企業は，彼らのプラットフォームを利活用するしかないという，狭い選択肢しかありません。IT技術がまだ低いレベルの国の場合，独自のものを開発し，市場を保護することは難しいからです。実際に，世界でGAFAの影響力に対応できる企業は，BATH[8]といわれる企業を有する中国のみといっても過言ではありません。まさにこれらの企業の成功の背後には，NISの側面，すなわち国家レベルの「幼稚産業保護」という論理で政策の実行があったわけです[9]。GAFAと

7　他に，場所的制約を受けないICT系のプラットフォーム・ビジネス企業は法人税の安い国に移転する傾向もあり，タックスヘイブン（租税回避地）問題の対象にもなっています。

8　Baidu（検索エンジン），Alibaba（電子商取引），Tencent（SNS系サービス），Huawei（IT機器メーカー）を指しますが，田中（2019）によってGAFAに対応できる中国IT企業を指す用語として提唱されました。

9　中国は14億を超える巨大な人口をベースに，ネットワーク効果が発揮できる国の利点を十分に生

BATH の競争は，米中の経済的な摩擦を超えて，次世代のイノベーションやビジネスの覇権争いに展開されつつあります。

12.3 デジタル・トランスフォーメーション

12.3.1 デジタル・トランスフォーメーション

　未来のイノベーションはどのような形になるのでしょうか。今日様々な技術を軸とする取り組みの中で最も包括的なものでありながら中核的なものがデジタル・トランスフォーメーション（Digital Transformation：DX）です。

　DX は，1980 年代 PC の普及によるデジタル化の第 1 波と，1990 年代半ばから 2000 年代にあったインターネットによるデジタル化の第 2 波による「情報化」とは異なります。DX とは，「デジタル技術をあらゆる機器や場所に適用・浸透させることで，人々の生活や社会をより良いものへと変革すること」を指します。そのため，既存の価値観や社会的システムを根底から覆すような革新的なイノベーションをもたらすことを含んでいます。

　DX の中核となる技術（Siebel, 2019）は，クラウドコンピューティング，ビッグデータ，IoT，AI，という 4 つのテクノロジーで，これらを総合した威力は破壊的といえます。すなわち，これら 4 つの技術とそれらの融合によって，企業の製品・サービスの開発，生産，ロジスティックス，マーケティング，販売などの手法や運用管理の仕方や，そこで必要となるスキルや知識，働き方などが一変します。さらに，スマート・ファクトリー，遠隔医療，ロボット医療，ゲノム分析による新薬，自動車や船舶自動運転，デジタル農業，スマートシティ等々，あらゆる産業においてデジタル技術を適用されることで，新しいサービスと効率的な管理・統制できるように社会を変えていくのが，DX によ

かし，情報デジタル産業を幼稚産業として見なし，保護主義（特定の SNS や検索エンジンの禁止，貿易障壁など）的な政策を講じた結果，自国の企業の成長を図ることができた側面があります（伊藤，2020）。幼稚産業保護策とは，先進国との技術の差によって，自国企業や製品が劣位にあるため，市場競争が厳しいと判断し，一定期間中，自国産業の保護を通じて，競争できるレベルまで育成を図るための政策です。日本においても 1960 年代などに実施した政策です。

るイノベーションなのです。

　例えば生産工場とサプライチェーンをつなぎ，DX による革新を行った，スマート・ファクトリーの例を見てみましょう。

　スマート・ファクトリーでは，多様なセンサーを搭載しているデバイスや装置から製造現場の状態を相互認識し，インターネット経由でその情報を連結，制御するネットワーク・システムを構築し，自動化とモニタリングを行います。機械や装置の稼働状況や消耗品の状況を事前に把握し，生産ラインが止まるのを事前に防ぐだけではなく，開発や生産現場，売り場がつながっていることから，データの収集を通じて，顧客の特質や性質の分析，売れ行きへの影響要因などを分析し，様々な部門が共有し，対処，効率化を図れます。また，AI に対する機械学習を通じて，これまで暗黙知や経験，スキルに頼っていたタスクと業務をデジタル化，自動化，ロボット化できる潜在的な可能性を向上させ，管理の複雑性軽減と生産性の向上を図ることができます。

　さらには，こうした機能部門間の自動的な連結とデータ共有による仕組みを用いて，サプライチェーンの関連企業にまでつながると，在庫量，生産量，販売量などの状況を共有することでサプライチェーン全体の異常探知，事前予防，効率化，最適化などが図れます。このやり方をより広い範囲で展開できれば，全地球規模でグローバル生産およびロジスティックス状況などを総括的に把握でき，最適化することも可能となります。

　図 12.3 は，IoT を軸としたスマート・ファクトリーの仕組みを要約したものです。第 4 次産業革命の代表モデルであるスマート・ファクトリーは，サイバー空間と物理的な空間で構成されており，その 2 つの空間の循環的関係を進化・発展させていくものです。4 つの領域の出発点は，物理的な空間からのデータ収集です。収集されたデータをクラウドに蓄積され，ビッグデータを形成することになります。AI を活用し，分析を行い，再び物理的空間にフィードバックされます。

　スマート・ファクトリーと類似の仕組みを企業および産業システム，さらには社会インフラや社会システム全般に拡張し，ネットワークを構築し，データ収集，制御することで，より生活や社会をより利便性の良いものへ変革することができます。さらに，5G 通信技術とブロックチェーン技術が導入されれば，

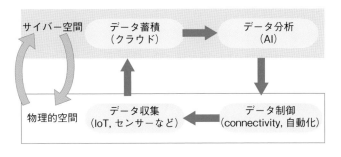

図 12.3　IoT の概念図

ネットワーキングとデータの迅速かつ大量共有を可能とする通信技術の信頼性が向上すると思われます。

　このようにして，DX によって，データに基づいたマネジメントと，より正確なデータを生産する循環型組織の構築がなされます。これは企業の境界を越えて進められ，生産性の向上とビジネスモデルの革新が幅広く促されることになるのです。また，DX を製品開発プロセスや社会インフラにまで適応することによって，高次元でのデータ・ドリブン・エコノミー（data driven economy）の具現化が可能になります。

12.3.2　DX の成功事例

　ところが，DX はそう簡単に実現できません。まず，DX の実現には追加的なコストがかかります。何よりも従来の情報システムおよび生産システムから新しいシステムへのスイッチング・コストがかかります。変化に対する組織的な抵抗なども予想されます。また，各々の企業が置かれている現実の予算制約条件などを踏まえた上での遂行が必要です。そのため，管理およびネットワーキングに必須なデータは何かを明確にした上，データをどのようなモノを通じて収集し，どのように活用するかを判断しなければなりません。さらに，DX が新しい価値を生むものになるのかを，顧客や自社の観点で判断することが重要です。

　以下では，IoT を駆使し，ビジネスを一新して新しい価値の提供に成功した

事例について紹介します[10]。

(1) コマツ産機の KOMTRAX の例

コマツは日本をはじめ，北米，中南米，中国，アジアなどの鉱山，炭鉱の採掘業者または建設業者に対して建設重機やダンプトラックなどを販売もしくはリースを行っているグローバル企業です。

コマツの顧客にとって，険しい作業現場の中で，建設重機の故障予防と，燃料や潤滑油などの消耗品の適時交換はビジネス上重要な要因となります。コマツは 2007 年より，重機ごとに GPS と各種センサー，通信システムをつけ，地球の反対側であっても，その稼動状況，機械の異常探知，機械状態を把握するだけではなく，遠隔操作機能によって自律運転なども行っています[11]。IoT を使い，自社にとっては人手不足と熟練技術者の不足に対処しつつ，顧客観点から新しいビジネスのあり方と生産性向上を提供できた事例です。コマツはこれを KOMTRAX（コムトラックス）と呼びますが，このシステムは長い年月をかけながら，顧客にとっての価値を技術として具現化していったものです。

(2) 旭酒造：獺祭[12]

旭酒造の吟醸酒「獺祭」は，オバマ米大統領の来日訪問の際，日本からのお土産として渡され，一躍有名な日本酒になりました。旭酒造は 1948 年山口県に設立された日本酒を生産する中小企業です。日本酒の消費量は 1975 年には 167.5 万キロリットルでしたが，2005 年には 71.9 万キロリットル，2013 年には 58.1 万キロリットルにまで下落しました（国税庁統計による）。しかし同社は 2013 年出荷量が 2005 年対比 9.5 倍の 2,052 キロリットルまで増加しました。そして，今は高級日本酒ブランドの酒造として広く知られる一方，コンビニにも供給できる生産能力を持つ日本酒メーカーになっています。

そのような旭酒造の成長の背景には，IoT への取り組みがありました。実は，そのきっかけは，経営危機といわれ酒造生産の最高責任者である杜氏が会社を

---

10 IoT を駆使し，新しいビジネス展開に成功した事例は日経（2018）と岩本・井上（2017）を参照してください。
11 詳細は https://it.impress.co.jp/articles/-/21368（2021 年 5 月 1 日アクセス）を参照してください。
12『日本経済新聞電子版』（2015 年 3 月 24 日）。

離れてしまったことにあります。この事件により，製造ラインが停止してしまいました。酒造りに関するノウハウを組織の中で一人が握っていたため，彼がいなくなり会社は存続の危機に立たされました。

　そこで，旭酒造の桜井博志社長は，酒造技術のブラックボックス化を打破するために，富士通研究所の協力を得て社内改革に着手しました。これまで暗黙知とされていた，日本酒の味に影響しそうな項目をリストアップし，各種センサー（温度，湿度，濃度，状態）とカメラ，機器などをつなぎ，綿密に調べ，データ化しました。発酵日数と糖度との関係，温度管理，湿度，水の追加タイミングなどに関するデータを取り，分析を通じて最も良い味を作る最適条件を見出しました。こうした活動を通じて良質の製品づくりと大量生産体制を同時に構築することができました。

　伝統的なイメージが強い酒造現場を近代的な工場・工程に変化することができ，季節変化に関係なく室内温度や湿度を一定に管理・維持できるシステムを構築することができ，標準化された均一な品質の一升瓶（1.8 リットル）の日本酒 150 万本を量産できる体制を作り上げました。

　それに止まらず，同社はさらなる取り組みも行いました。日本酒の純米大吟醸の味に重要な因子となる米（山田錦）の調達が生産においてボトルネックとなっていたのですが，この問題を解決するため近隣の酒造米生産農家と連携し，米作栽培についてのデータ収集を行ったのです。そして，そのデータをもとに農家の生産を支援しながら高い品質の酒造米の安定供給に取り組みました。

　また，2018 年からは富士通研究所の協力を得て AI 予測モデルを使用し，酒造工程を計測した実際のデータを AI に機械学習させることも取り組んでいます。

　旭酒造のケースは，IoT の導入により，暗黙知をデジタルデータに置き換えることで，品質の管理の可視化と良質化を実現し，それによって製造プロセス管理の標準化により大量生産システムを構築してビジネスモデルを変えることで，市場拡大に成功した事例として見なすことができます。

12.3.3　新興国におけるデジタル化とイノベーション

(1) 新興国のデジタル化[13]

　デジタル化は先進国だけはなく，新興国（emerging country）の企業にとっても成長の鍵になります。新興国でもデジタル技術の導入によって，技術や知識の学習，模倣が容易になっているのです。新興国のデジタル化は，後発者の優位性を確保しつつ，自国における急速なスマートフォンの普及をインフラとした「プラットフォーム・ビジネス」の創出を促進しています。

　その好例に第11章でも説明した中国があります。近年中国は，微信（ウィーチャット），支付宝（アリペイ），QQ（テンセントのコミュニケーションツール），TikTok，DiDiなど，多くの「スーパーアプリ」を誕生させ，それに基づくプラットフォーム・ビジネスを展開して，かつての「世界の工場」から「デジタル技術大国」へと姿を変えつつあります。

　新興国の中国が多くのプラットフォーム・ビジネス企業を創出できた要因（伊藤，2020）としては，①超人口大国の人口ボーナスを背景とした「規模の経済性」，②①をベースに国内の熾烈な競争を通じた「スーパーアプリ」の誕生可能性が高いこと，③最初から完璧な設計図に基づくイノベーションよりも，試行錯誤しながらの改善の積み重ねによるインクリメンタルなイノベーションの進行が盛んであったこと，などが挙げられます。さらにもう一つの要因として，NISの観点から見て，緩い規制（不十分な法整備）の中で，まずはやらせてみるという「先放後管」の政策が大いに影響しています（伊藤，2020）。

　中国だけでなく，東南アジア諸国とインド，アフリカ地域においてもイノベーションが活発です。デジタル情報通信技術の利点を生かし，南アジア諸国ではエンジニアや一般主婦などが参加するオンライン・フリーランスビジネスが盛んです。フリーランサードットコムが有名です。英語能力を有する彼らは，グーグル・ドキュメントやグーグル・スプレッドシートなどフリーソフトを使い，オンライン上で文書や表計算を作成したり，複数のユーザーが1つのファイルを閲覧したり修正したりすることによる，データ入力や，ホームページ作

---

13 新興国のデジタル化に関する議論については伊藤（2020）によっています。

成，翻訳，校正，ソフトウェア開発などのビジネスが広く展開されるようになりました。創業時の 2017 年 6 月から 2019 年 7 月までの 2 年間で，このようなオンライン・フリーランスビジネスの応募者数を見ると，インドが約 3900 万件，バングラデシュが約 2800 万件にのぼっています（伊藤，2020)[14]。他にパキスタン，フィリピンなどでも利用者が増えつつあります。これらのビジネス形態は今や先進国でも広まりつつあります。

　農業や漁業などの第一次産業におけるデジタル化も進んでいます。例えば，南アフリカのケープタウンで創業したエアロボティクスは，ドローンを活用し，画像認識サービスを通じて，木の生育状況を管理する精密農業サービスを提供しています。また，南アフリカ共和国の農林水産省とケープタウン大学が開発した携帯アプリ，アバロビ（ABALOBI）を使って漁業記録をとり，漁師に提供するスマート漁業サービスを展開しています。さらにアフリカでは公的機関が経営アドバイスの提供と指導，投資家へのオフィス提供，先進国留学生の還流促進などを行う，ベンチャー企業育成拠点の役割をするテクノハブ（Tech Hub）を設置しています[15]。このテクノハブは多様なベンチャーの創出と育成，支援，そしてイノベーション人材育成を図り，自国のデジタル化の核となる企業・人材の創出を支援する機関です。

(2) リバースイノベーション

　新興国を軸とするイノベーションについては，ゴビンダラジャン（Vijay Govindarajan）とトリンブル（Cris Trimble）が提唱したリバースイノベーション（reverse innovation）という考え方が重要です（Govindarajan and Trimble, 2012)。イノベーションは，一般的に高い技術力を有する豊かな先進国で豊かな顧客・市場を対象に，まず考案・製品化されたものが多く，先進国のイノベーションの成果が，貧困国市場に持ち込まれ，学習・模倣されるとする考え方が一般的でした。

---

14 英国のオクスフォード大学が The Online Labour Index にて集計を公表しています。https://ilabour.oii.ox.ac.uk/online-labour-index/ で確認できます。
15 ナイジェリア 85 か所，南アフリカ 80 か所，エジプト 56 か所，ケニア 47 か所に設置され，「デジタル化による成長」への動きが活発になっています。これに加えて，エンジニアのコミュニティ助成と育成にも力を入れています。

しかし，2000 年代以降，新興国市場規模の拡大につれて，「途上国（新興国）で最初に採用されたイノベーションが先進国に逆流し，従来とは全く異なる流れのイノベーションが時には破壊的な力を発揮する」という事例が増えてきています。このような現象のことをリバースイノベーションといいます。また，リバースイノベーションにおける「逆流」という現象については章末のコラム[12] を参照してください。

デジタル化とグローバル化の中で，多国籍企業にとって新興国市場を捉えることは重要な成長基盤になりますが，新興国においては，先進国とは全く異なる環境にあり，ギャップが存在します。その大きなものとして，低所得によって，先進国基準の品質よりも，もっと安い値段で，そこそこの品質のものが望まれていたりします。これは例えば「15％の価格で 50％のソリューション」というように表現されます。

他に，電気，上下水道，道路などのインフラ環境や，法的規制も整っておらず，人々の嗜好の違いや，環境の持続可能性に対する考え方において差異があるため，先進国とは異なる形のイノベーションが追及されます。そのため，これらのギャップを認識できずにビジネスを展開した先進国の多国籍企業の多くは，新興国市場において苦戦する結果となりました。

以上のように，デジタル化は ICT 産業だけではなく，農業，林業，医療（遠隔医療，ロボット医療など），販売，ロジスティック等々，あらゆる産業や分野において多様な技術をつなげ，新しい価値の創出を可能とするものとして推進されています。新興国は各国の乏しいインフラや資源の中で可能なソリューションを見出しています。新興国のデジタル化は，様々な不安やリスクがあるものの，大いなる成長のチャンス，可能性として捉えられており，新興国はそれを手に入れようと努力を惜しまないでいます。

12.4 残された課題

2020 年以降，多くの人々や企業が COVID19 という未曽有のパンデミックを

経験し，そこにおいて国家間，階層間の格差問題が浮き彫りにされましたが，同時にパンデミック対処へのデジタル技術と生命科学の応用の重要性が認識されるようになりました。またデジタル技術の活用による新たな働き方やサービスも行われるようになりました。

　このような状況の中で，一気に進んでいるデジタル化に不安を感じる人も少なくありません。ロボット化やAI化は映画の中の出来事ではなく，ここにきて現実の問題となってきています。技術のフロンティアが拡張される中，技術をどのような用途に活用するか，その利活用をめぐる問題をどのように解決するかは，人類にとって非常に重要な挑戦になります。

　例えば，遺伝子工学やゲノム解析技術の進展の中で，生命の複製をどのように見るか，AIとロボットの進化をどこまで認めるか，IoTによる個人情報の統制と監視はどこまで妥当なのか等々，科学哲学の分野に及ぶ諸問題をわれわれは抱えています。

　さらに，未来の覇権を握るための国家間対立や葛藤も増しています。情報通信技術の展開が地球をフラットにするというトマス　フリードマン（Thomas Loren Friedman）の言葉（Friedman, 1996）は実現できていませんが，新興国の発展を妨げる障壁を低くしたことは間違いないでしょう。けれども，自由貿易とグローバリゼーションにより形成されてきた世界経済発展と価値観への反動から，自国優先の理念や技術保護主義などのテクノ・ナショナリズム（Techno-Nationalism：Ostry and Nelson, 1995）の動きも再び強まっています。また，AIやロボットの有効利用問題と失業問題も懸念されています。

　ところが，新しい技術の利用可能性が分かると，何らかの形で試されたり，商品化されたりし，我々のあまり知らないうちにそのテクノロジーが市民権を得るようになります。この点で，未来のイノベーションが人々の生活をより良質なものに寄与させるためには，多様な側面からの知恵の拝借と共同対処しようとする価値観の形成が緊要となります。その意味で，テクノロジーの時代にも依然として人文社会科学の学びの重要性を自覚することが重要であるといえるでしょう。

■コラム[12]：リバースイノベーションの2つの経路と事例

　リバースイノベーションにおける「逆流」は大別すると以下の2つのパターンになります。

　　①先進国の多国籍企業の新興国市場ビジネスから逆流するケース，

　　②新興国企業発のイノベーションの逆流が起こるケース，

です。簡単な例を挙げて見ていきましょう。

【ウォルマートの事例：①のケース】

　ウォルマートはそもそも大型ストアを展開し，調達や店舗，サプライチェーンにおける規模の経済性を追求することで，成長した巨大なグローバル小売企業です。同社は，中央アフリカと南米の新興国市場に進出した時，従来の大型ストアを展開しました。しかし，富裕国の顧客とは違って低所得のため一気に大量購入する顧客数が非常に少なかったため，失敗しました。そこで，低所得と買い物のパターンを反映し，従来のやり方を変えて，「小型ストア」戦略に切り替えました。「小型ストア」が現地の顧客に適したもので成功しました。新興国での成功は2011年米国に逆輸入され，田舎では従来の大型ストアを，人口密度の高い都市部を中心に小型店を展開し，成功を収めました。こうした新しい発想は，新興国で得られたもので，逆輸入されたものでした。

【インドのナーラーヤナ・フリーダヤーラヤ病院の事例：②のケース】

　ナーラーヤナ・フリーダヤーラヤ病院は，米国で2万ドルもかかる開胸手術をその1/10の2千ドルで可能にした病院として有名です。同病院は，純利益率も米国の平均よりも高く，医療の質も世界ランクを誇り，富裕国にまで進出した病院です。

　同院の成功は人件費の安さだけでは説明できないプロセスイノベーションが背景にあります。作業の標準化と専門化，ライン生産方式などの生産管理の主要概念を適用させて，医療機器や手術室の稼働率を上げると同時に，医師も特定種類の心臓手術に特化させました。これによって，コストを抑えながらも高品質の医療サービスを提供できるようになったわけです。先進国の高コスト構造に，医療に対する革新的なやり方をベースに，保険未加入者の米国患者向けのサービス展開のため，マイアミから飛行機で1時間ほどの距離のケイマン諸島に病院を新設し展開しています。

　これらの事例が示唆するのは，多国籍企業にとって，また成功する現地化を行うためには，従来のやり方や考え方に固執せず，多様なギャップを認識し，リバースイノベーションという選択肢を真剣に考える必要があるということです（ゴビンダラジャンとトリンブル（Govindarajan and Trimble, 2012）を参照）。

13 デザインとイノベーション

近年，"デザイン"という言葉と"イノベーション"という言葉が結びつけて語られることが多くなっています。

例えば，2000年代以降，タイトルにデザインとイノベーションを含む書籍が多く出版されるようになりました。『デザイン・インスパイアード・イノベーション』(Utterback, Vedin, Alvarez, Ekman, Tether, Sanderson and Verganti, 2006) や『デザイン・ドリブン・イノベーション』(Verganti, 2008)，『デザイン・イノベーション』(Esslinger, 2010)，『デザインがイノベーションを伝える』(鷲田，2014)，『デザイン・イノベーションの振り子』(takram design engineering, 2014) などがその代表格です。

しかし，ここで多くの人は疑問に感じるはずです。「そもそもデザインとはモノの形や商品を包むパッケージ，さらにはそこに描かれているグラフィックなどのことではないのか」，「それらがイノベーションとどう関係しているのか」と。本章では，まずこれらの疑問から答えてみたいと思います。

★ Key Words
ユーザーエクスペリエンス，アブダクション，可視化能力，試行錯誤型の問題解決能力

13.1 デザインとイノベーションの 関わりは古い

第1章や第5章でも述べたように，イノベーションとは社会に価値をもたら

す革新のことです。そして，イノベーションをそのように捉えると，モノの形やパッケージなどもそれとは無関係でないことが分かります。なぜなら，製品の購入場面や使用場面において，それらは消費者に様々な価値を提供することができるからです。具体的には，美しさや情報の伝わりやすさなどの見た目に関する価値もあれば，使い勝手の良さや操作の楽しさなどの使用に関する価値もあります。

　例えば，2007年に登場したアップルの初代「iPhone」は，その美しさで社会に新しい価値をもたらしました（伊丹，2015）。当機は性能の良さはもちろんのこと，外観の美しさで多くの人の心を動かしたのです。美しさは社会を動かす原動力になります。なぜなら，優れた外観は，その製品を使っている自分を誇らしい気持ちにさせ，それを見せびらかしたい気持ちにさせるからです。さらに，そのような見せびらかし行為は，その製品を持っていない人への刺激となり，社会への普及を加速させます。

　また，2006年に登場した任天堂の「Wii」は，その操作の楽しさで社会に新しい価値をもたらしました[1]。当機はこれまでにない体験をユーザーに提供し，それが多くの人に受け入れられたのです。経営学や工学では，このようなデザインによってもたらされる体験のことをユーザーエクスペリエンス（user experience）と呼んでいます。ユーザーに提供される体験とデザインの間には強い相関があります（深澤，2002）。なぜなら，ユーザーに新しい体験を提供するには，ユーザーと製品との間のインターフェースを新しくする必要がありますが，そのようなインターフェースのあり方は，製品のデザインによって大部分が規定されるからです。

　その他にも，通常，商品と呼ばれるほとんどのものには形があります。逆に，形がなければ完成品とはいえませんし，完成品でなければ販売することもできないため，消費者に価値を届けることができません。そして，消費者に価値を届けられなければ，イノベーションはいつまでたっても実現しません。その意味で，デザインはイノベーションの実現にとって不可欠な存在なのです（Walsh, 1996）。

---

1 『日経エレクトロニクス』（2007年9月24日号，p. 69）。

以上のように，デザインとイノベーションはもともと様々な部分で密接に関わっており，古くからの付き合いがあります。しかし，そのような当たり前のことが，世間では長い間見過ごされてきました。コロンビア大学のブルース・コグート（Bruce Mitchel Kogut）は，次のように述べています[2]。

　「イノベーションについて語られる時，多くの国では科学技術が話の中心になるが，社会は鉄鋼や半導体だけをベースにできているわけではない。もっとデザインやブランドといった分野にも目を向けるべきだろう。」

　したがって，近年になって急に，デザインをイノベーションと結びつけて語る人が多くなったからといって，新しく何かが起こって両者が急接近したわけではありません。むしろ，当たり前のことにようやく世間の目が向けられるようになっただけなのです。

13.2　関わり方は様々

　前述したように，デザインとイノベーションは古くから密接に関わってきました。加えて，その関わり方にも様々なパターンがありますが，大まかには次の2つに分類することができます。
　一つは，先に見たiPhoneやWiiのケースのように，デザインそのものが革新性を持ち，イノベーションとなるような直接的な関わり方です。そして，もう一つは，デザインが何か（主に技術革新）を介してイノベーションに貢献するような間接的な関わり方です。ここでは，後者の間接的な関わり方をいくつか紹介します。

---

2 『日本経済新聞』（2008年1月27日）。

13.2.1　デザインが技術革新を促す

　1つ目は，新しいデザインの導入によって，製品に用いられる技術や素材の革新が引き起こされたり，製造技術の革新が引き起こされたりするケースです。ここでは，その代表例として，鳴海製陶と天童木工の2社のケースを取り上げてみたいと思います。

　前者の鳴海製陶は，名古屋市に本拠を置く，老舗の洋食器メーカーです。同社が2012年に発売した「OSORO（オソロ）」の開発では，新しいデザイン（正確には，デザイン・コンセプト）の導入が，素材の革新を引き起こしました（田子・田子・橋口，2014）。

　同社では，国内陶磁器市場が縮小する中，起爆剤となる製品の開発を模索していました。その特命プロジェクトとして立ち上がったのが，OSORO です。OSORO は，食器としてだけでなく，加熱調理器具や保存容器としても使える実用性と，美しい外観を兼ね備えた製品を意図して開発されました。そして，そのようなコンセプトを提案したのが，当該プロジェクトに参加していた社外デザイナーの田子學です。

　しかし，提案されたデザイン・コンセプトを実現するには，耐熱機能性を持ちつつも高級洋食器並みの光沢と薄さを表現することができる素材が必要でした。そこで，新たに開発されたのが，「NARUMIO」と呼ばれる素材です。当該素材は，200通りのもの土と釉薬の組み合わせをテストして，ようやく完成に至ることができました。

　一方，後者の天童木工は，山形県に本拠を置く，家具・インテリア用品の設計・製造・販売を行う家具メーカーです。同社の特徴は，家庭向けの家具ではなく，企業やホテル，美術館向けの家具を主に手がけている点と，社外の著名なデザイナーを数多く起用している点にあります。天童木工では，それらのデザイナーからの厳しい要求に応えるため，長年にわたり，製造技術の革新に取り組んできました。

　その一例が，高周波加熱成形装置による高度な成形技術の開発です（森永，2016）。これは，1 mm 程度の薄い板一枚一枚に接着剤を塗って型に入れ，プレスした後，高周波で加熱成形する技術です。この独自技術の開発により，よ

出所：筆者撮影。

図 13.1　曲線美を持った家具の一例（写真の椅子は『ORIZURU』）

り美しく柔らかな曲線を表現することが可能になりました。成形合板の最大の
魅力は，無垢材では表現することができない曲線を持ったデザインが実現でき
るところにあります（図 13.1 参照）。

13.2.2　デザインの選択がイノベーションの未来を決める

　2つ目は，どのようなデザインを選択するのかによって，イノベーションの
未来が左右されるというケースです。たかがデザインと思われるかもしれませ
んが，されどデザインなのです。ここでは，その代表例として，携帯電話と扇
風機のケースを取り上げてみたいと思います。

　前者の携帯電話では，日本企業の多くが二つ折りの形状やボタン付きのイン
ターフェースに固執したことで，タッチパネルを搭載したスマートフォンの採
用に乗り遅れてしまいました（Akiike, 2017）。13.1 でも述べたように，アップ
ルの iPhone は 2007 年に登場しました。しかし，当時の日本では，二つ折り
の携帯電話のデザインが確立されており，その形状を前提に様々な技術開発が
進められていました。そのため，ほとんどの企業では，従来の形状と共通点の
少ないタッチパネル搭載のスマートフォンへはすぐに切り替えることができま
せんでした（図 13.2 参照）。その結果，スマートフォン市場への参入が遅れ，

出所：筆者撮影。

図 13.2　初代 iPhone と二つ折り携帯電話の形状比較

惨敗してしまいます。このように，選択したデザインが原因で，次のイノベーションに乗り遅れてしまうこともあるのです[3]。

　一方，後者の扇風機のケースでは，馴染みのある形状を踏襲したことで，イノベーションの広がりに制限が課されてしまいました（久保，2018）。日本の高級扇風機市場は，バルミューダとダイソンの2社によって拓かれました。バルミューダの「グリーンファン」は 2010 年に登場し，独自の二枚羽根と DC モーターの採用に特徴がある製品です。ただし，その外観は至ってオーソドックスな扇風機の形をしています。その一方で，ダイソンの「エアマルチプライヤー」は 2009 年に登場し，周囲の空気を巻き込みながらモーターで加速して風を送る羽根のない扇風機です。こちらの製品は，一見すると扇風機と分からないくらい新規性の高い形状をしています。

　両製品は共に大ヒットしましたが，その後異なる運命をたどります。バルミューダの扇風機は，サーキュレーターに製品展開されたものの，扇風機然とした形状に制約され，それ以上の製品展開はできませんでした。それに対して，

3　なお，日本企業にスマートフォンを作る技術がなかったわけではありません。むしろ，スマートフォンに採用された先端技術の多くは，日本の部品メーカーのものです（『日経エレクトロニクス』2007 年 9 月 24 日号，p. 69）。

ダイソンの扇風機は従来の扇風機の形状から離れたことで，温風機や加湿器，空気清浄機，ヘアドライヤーなどに幅広く製品展開され，それぞれの分野で新しい価値を生み出すことに成功しました。このように，選択したデザインが原因で，その後のイノベーションの広がりに違いが生じることもあるのです。

13.3　デザイナーとイノベーションの関わり

　以上で見てきたように，デザインは直接的にも間接的にもイノベーションと様々な形で関わってきました。それでは，それを生み出すデザイナーの方はどうでしょうか。近年，デザイナーに対してもイノベーターとしての役割を期待する声が高まっていますが，実際は彼らも古くからイノベーションと様々な形で関わってきました[4]。デザインの場合と同様に，これまで世間の目がそこに向けられてこなかっただけなのです。

13.3.1　デザイナーに対して膨らむ期待

　世間のデザイナーに対する期待を膨らませるきっかけを作ったのは，アップルです[5]。同社では，デザイナーのジョナサン・アイヴ（Jonathan Paul Ive）を重用し，優れたデザインの製品で業績を急拡大させてきました。さらに，その流れに追随したいくつかの企業が成功を収めたことで，一気に火がつきました。特にインスタグラムやピンタレスト，エアビーアンドビーなどのスタートアップ企業は，創業メンバーにデザイナーを加えることで使い勝手の良いアプリの開発に成功し，業績を急拡大させました。

　また，従来の思考方法の行き詰まりも，この流れに拍車をかけました。これまでの合理性や論理性に基づいた思考方法では，発想を飛躍させることが難し

---

[4] デザイナーがイノベーションを起こすといわれてもピンとこない人も多いのではないでしょうか。そのため，第6章ではわざと（デザイナーがイノベーションに無関係でないことを示すために），デザイン部門やデザイナーに関する事例を数多く掲載しています。記憶にない方は再確認してもらえばと思います。

[5] 『日本経済新聞』（2013年8月5日）。

く，多くの企業では行き詰まりを感じるようになっていたからです。それに対して，デザイナーにはユニークな発想や視点を持っている人が多く，彼らに学ぶことがその突破口になると考えられるようになりました。

そこで，大学などの教育機関で始まったのが，授業内容にデザイナーの仕事のやり方や考え方を取り入れようとする動きです。スタンフォード大学や東京大学などでは，優秀なデザイナーのスキルを抽出して一般化したり，その成果を共有するためのワークショップが開催されたりするようになっています（Brown, 2009；東京大学 i・school 編，2010）。

一方，ビジネスの世界では 2010 年代以降，デザイン事務所の買収ブームが巻き起こりました[6]。これは，欧米の企業（特に IT 系の企業）で多く見られた動きです。例えば，IBM は 2016 年までの数年間にデザイン事務所を 3 社買収しました。同様に，コンサルティング会社のアクセンチュアは 5 年間にデザイン事務所を 4 社買収し，フェイスブックも 4 社を買収しました。さらに，グーグルも 2 社買収しています。

13.3.2　デザイナーとは何者なのか？

以上のように，世間ではどうやらデザイナーは通常の人材とは異なる特殊な人材と見られているようです。それでは，デザイナーとは一体何者なのでしょうか。以下では，デザイナーに固有の能力に注目しながら，彼らとイノベーションの関わりについて説明したいと思います。

ただし，デザイナーをめぐっては世間に様々な誤解が流布していそうなので，本題に入る前に，まずはその誤解を解くところから話を始めていきます。現実のデザイナーは，ドラマや映画，小説などで描かれる虚像とはほど遠い存在だからです。

そもそも，デザイナーの仕事は絵を描くことだけではありません。絵を描く仕事はむしろ，仕事全体の 3 割程度に過ぎません（森永，2016）。彼らは，製品のアイデアやコンセプトを考えてそれを企画書にまとめたり，工場に足を運

---

6 『日経ビジネス』（2016 年 6 月 13 日号，p. 152）。

んで製品の製造方法を確認したり，新しい素材を探したり，時には他部門と予算を折衝したりさえします。このように，実際の仕事の大部分は，様々な部署との調整作業で占められています。

　また，デザイナーは自己表現を目的とする芸術家とも異なります。デザイナーの仕事は，芸術家のように自分の作りたい作品を作り出すことではありません。仮に自分の趣味とは合わなくとも，ターゲットの消費者を満足させるものを作り出すことが彼らの仕事なのです。そのため，消費者のことを詳細に調べ，よく知る必要があります。

13.3.3　期待される能力

　以上で見たように，デザイナーの仕事は非常に多岐にわたっており，そのすべてが必ずしもイノベーションにつながっているわけではありません。そのため，ここでは，イノベーションへの貢献が特に期待される3つの能力（ユニークな認知スタイル，可視化能力，試行錯誤型の問題解決能力）を取り上げ，それぞれの中身について説明したいと思います。

(1) ユニークな認知スタイル（アブダクション）

　1つ目は，デザイナーのユニークな認知スタイルです。通常，人間の認知スタイルには，大きく次の2種類のものがあるとされています（Leonard-Barton and Rayport, 1997）。一つは，論理的で合理的な思考を好む認知スタイルで，もう一つは，直感やひらめきを好む認知スタイルです。研究者やエンジニアは，前者の認知スタイルの代表で，デザイナーは，後者の認知スタイルの代表です。

　それぞれの認知スタイルには，長所と短所があります。まず，前者の認知スタイルは，地に足のついた実際的な思考を好むため，現実から飛躍することが難しいという短所があります。つまり，そのような認知スタイルでは，現在の延長線上にあるアイデアしか創出することができず，ユニークなアイデアを創出することは難しいのです。ただ，その反面，論理性や合理性に基づいて生み出されるアイデアは，現実的で説明が容易なため，他者の理解を得やすいとい

う長所があります。

　一方，後者の認知スタイルでは，その直感の正否は別として，現実から飛躍することができるという長所があります。つまり，この長所を活かせば，単なるユニークなアイデアの創出だけでなく，将来開発すべき技術や製品のビジョン作りにも貢献することができるのです。しかし，通常，直感に根差したアイデアは根拠が乏しく，論理的に説明することが困難な場合が多いため，他者の理解を得ることは難しいという短所があります。

　このように，デザイナーは研究者やエンジニアとは異なるユニークな認知スタイルを有していると考えられています。加えて，そのような認知スタイルの持ち主は，社内では少数派です。ビジネスマンの多くは，論理性や合理性を好む傾向にあります（あるいは，そう訓練されています）。その意味で，デザイナーは社内で希少価値の高い存在なのです。

　そして，哲学や心理学では，そのような認知スタイルのことをアブダクション（abduction）と呼んでいます。アブダクションとは，演繹法（deduction）や帰納法（induction）などの推論形式の一つで，米国の哲学者チャールズ・パース（Charles Sanders Peirce）によって提唱されました（米盛，2007）。この方法は，仮説を個々の事例に当てはめて結論を導き出す演繹法や，多くの事例から得られた結論をもとに仮説を構築する帰納法とは異なり，自らが思い描く結論から出発し，そこから仮説を導き出して，個々の事例に当てはめていく推論方法のことです。このように，アブダクションは，自らが思い描く結論から出発するため，発想の自由度が高く，既存の仮説や事例に縛られる演繹法や帰納法に比べ，飛躍度が大きくなるという特徴があります。

(2) 可視化能力

　2つ目は，デザイナーの可視化能力です。これは，言葉やコンセプトなどの目に見えないものをビジュアルに変換する能力のことです。この可視化能力は，メンバー間での製品やサービスのイメージの共有を容易にし，意見調整を行う際に有用です（磯野，2014）。

　そして，この能力の活用を意図した取り組みとして，近年注目を浴びているのがデザイナーのファシリテータ化です[7]。一般にファシリテータとは議論や

プログラムの進行を促進させる人のことで，デザイナーのファシリテータ化は，彼らにその役割を担わせることです。

　具体的には，デザイナーを社内で行われるワークショップなどに参加させ，その場で出たアイデアなどをビジュアルに変換させることで，情報共有を促進したり，議論を活発化させたりします。ビジュアルは専門分野を超えた原始的なコミュニケーション・ツールであるため，メンバーの多様性が高いほど効果が発揮しやすくなります。

⑶ 試行錯誤型の問題解決能力

　3つ目は，デザイナーの試行錯誤型の問題解決能力です。これは試作と実験を繰り返しながら正解に近づけていく問題解決能力のことです。特に製品やサービスの使い勝手に関する問題の発見には，この試行錯誤型の問題解決能力が重要になります（Brown, 2009）。使用上の問題点を発見するには，何度も試作と実験を繰り返し，実際にそれが使われる場面を観察しながら，改良を重ねていく必要があるからです。

　この点につき，デザイナーは他の職業の人よりも，手を動かしながら考えることに慣れています。例えば，スケッチは手と頭を使って行われる代表的な行為です。同様に，粘土や段ボールなどを使った模型作りも手と頭を使って行われる行為です。彼らはその教育課程で「あまり深く考え込むな。考え込むより手を動かせ」と教え込まれてきました。

　このように，手を動かしながら考えることのメリットは，頭で考えるだけでは決して気づけない何かを偶然見つけることができる点にあります。人間の予測能力や推理能力には限界があります。頭で考えるだけでは，これまでの常識や当初の想定を突破することはできません。実際に物を作って，その使用現場を観察することで，これまで常識とされてきたことや当初の想定を覆すような出来事に出会うことができるのです。さらに，その理由を深く考えることで，飛躍のきっかけをつかむことができます。

7　『デザインは神秘的なモノから方法やプロセスに変わった：DESIGN for Innovation 2016 レポート』（https://digiday.jp/brands/report_design-for-innovation-2016/）

13.4　デザイナーはビジネスの加速装置

通常，新しいビジネスを始める時や，これまでにない製品やサービスを生み出す時には，ビジョンやコンセプトを構想してそれをメンバー間で共有し，その実現に向けてメンバーを動かすことが必要になります。そして，デザイナーはその際の"加速装置"となります。

彼らはアブダクションによってユニークな着眼点を示し，ビジョンやコンセプトの構想に貢献します。また，彼らは目に見えないものを視覚的に表現することができるので，言葉では伝わりにくい新しいサービスや商品のイメージの共有を促し，専門分野や国籍を超えたコミュニケーションも可能にします。さらに，試行錯誤型の問題解決を通じて，新しい製品やサービスの使用上の問題点を指摘し，その価値の向上に貢献します。

13.4.1　デザイナーの働きは見えにくい

ただし，そのような仕事の中身や成果は，外部からはなかなか見えません。その結果，デザイナーにはイノベーションのダークマター（the dark matter of innovation）（Marsili and Salter, 2006）や，研究開発の影（the shadow of R&D）（Manchester University, 2009）などの不名誉な称号が与えられてきました。イノベーションの実現において，デザイナーはこれまでも重要な役割を果たしてきました。にもかかわらず，世間の注目を浴びてこなかったのは，貢献の仕方が地味で見えにくいからです。

なお，ここでいうダークマター（暗黒物質）とは，宇宙物理学の専門用語で，「宇宙空間の30％を占め，様々な物理現象に作用していると考えられるものの，色電荷を持たないため，光学的には観測することが出来ない（われわれの目には見えない）理論上の物質」のことです（村山，2010）。つまり，ダークマターという比喩を使って，デザイナーの働きや貢献はなかなか認知されにくいということを表現しているのです。

このように，デザイナーの働きや貢献は見えにくいとされていますが，その

最大の理由は，経験やプロセスの違いは数値化することができないからです。例えば，デザイナーがあるプロジェクトにファシリテータとして入った場合と入らなかった場合とで，プロセスにどれだけ違いがあったのかを客観的に明示することは困難です。プロセスを変えるのは直接的に数字に見えない部分であるため，評価が難しいのです。

　また，それ以外にも，世の中にはデザイナーがあまり深く関与せずに起こったイノベーションの方が多く，そちらが目立つことや，イノベーションは技術者や研究者が生み出すものというステレオタイプな考え方が真実を見えにくくしている側面もあります。特に日本では，イノベーションを「技術革新」と狭く捉えてきた歴史があり，技術者や研究者と結びつけて語られてきました。さらに，われわれ経営学者も，イノベーションとのつながりが見えやすい技術者や研究者の働きにばかり焦点を当ててきました。

13.4.2　日本でのデザイナーの積極的活用は道半ば

　このように，デザイナーの働きは側にいる人以外には見えにくいため，現場にいない経営陣などからはなかなか評価されません。さらに，評価されなければ，積極的に活用することも困難になります。そのため，多くの企業では，デザイナーの重要性を頭では理解していても，彼らを積極的に活用することが難しいという課題に直面しています。

　例えば，日本企業を対象に行われた大規模なアンケート調査（n＝1,154）からは，研究開発プロジェクトにおいて，デザイナーとエンジニアの間で意見が対立した場合，多くの企業では，エンジニアの意見が採用されていることが明らかになっています（長谷川・永田，2010）。

　そもそも，デザイナーを研究開発プロジェクトに参加させるのは，エンジニアなどの他のメンバーでは思いつかないようなユニークなアイデアを提案してもらうためです。13.3.3でも見たように，デザイナーはアブダクションによってユニークなアイデアを生み出すのを得意としています。しかし，現実には，デザイナーの意見とエンジニアの意見が対立した場合，約9割の企業がエンジニアの意見を採用しています。このようにアンケート調査からは，デザイナー

にはユニークなアイデアの提案が期待されている一方で，そのユニークさゆえに，デザイナーのアイデアはなかなか採用されないというジレンマがあることが見て取れます。

他方で，同じ調査からは，デザイナーの意見を優先する企業の数は少ないものの，そうした企業の方が，エンジニアの意見を優先する企業よりもイノベーション（技術的な新規性を持つ製品やサービス）の実現度合いが高いことも分かっています。したがって，このことからは，デザイナーの提案するアイデアの多くは一見すると，ユニーク過ぎて他のメンバーからなかなか理解されないものの，うまく説得して受け入れられれば，有効な提案になる可能性が高いことが推察されます。

結局のところ，デザイナーの提案がイノベーションに貢献する場合とは，エンジニアの意見とは異なりつつも，その意見が採用され，社会に価値をもたらす革新が生まれた場合です。エンジニアと同じような意見しか提案できないのであれば，デザイナーをプロジェクトに参加させる意義は小さいですし，違う意見を出しても聞き入れられなければ，イノベーションに貢献することはできません。したがって，デザイナーをイノベーションに貢献させるには，ユニークなアイデアの提案だけでなく，先に見たジレンマの克服も併せて行う必要があるのです。

■コラム[13]：デザイン思考は青い鳥

　2000年代の初め頃から，ビジネスの世界では「デザイン思考」が流行っています。これは，デザイナーの仕事の進め方を取り入れたイノベーション手法のことで，何度も試作と実験を繰り返して，実際にそれが使われる場面を観察しながら，改良を重ねていくところに特徴があります（Brown and Katz, 2011）。そのため，"デザイン"や"イノベーション"と聞くと，世間にはデザイン思考のことを思い浮かべる人も多いと思います。

　ただ，その一方で，あまり知られていないことがあります。それは，このデザイン思考が実は日本発祥だということです（安松，2017）。それを米国のコンサルタント会社のIDEOがマニュアル化して，世界中に広めました。そのため，日本のビジネスマンがデザイン思考の勉強会にたくさん集まり，ノウハウや導入方法などを熱心にメモしている姿を見ると，不思議な感覚に陥ります。自社の開発現場に行けば，すぐに目にすることができるのに，なぜわざわざお金を払って学ぼうとするのでしょうか。

　そして，このような話を見聞きするたびに思い出すのが，童話『青い鳥』です。これは，2人兄妹のチルチルとミチルが，幸福の象徴である青い鳥を探しに旅に出ますが，結局のところ，それは自分たちの最も身近なところ（家にある鳥カゴの中）にいたというお話です。大事なものは身近にあるのに，普段はそれに気づかない。デザイン思考もそれと同じです。日本企業ではこれまで当たり前すぎて，誰もわざわざ名前などつけませんでした。デザイン思考はそこかしこで自然に行われていたのです。

参 考 文 献

第 1 章

Barney, J. B.（1997, 2002, 2007）*Gaining and Sustaining Competitive Advantage*, Reading, Mass.: Addison-Wesley（1997; 1st edition）, Upper Saddle River, Nj.: Prentice Hall（2002, 2007; 2nd and 3rd edition）.（岡田正大訳『企業戦略論：競争優位の構築と持続（上）・（中）・（下）』ダイヤモンド社，2003 年：第 2 版の訳）

Burgelman, R. A., M. A. Maidique and S. C. Wheelwright（2001）*Strategic Management of Technology and Innovation*, 3rd edition, New York, NY.: The McGraw-Hill.

Collis, D. J. and C. A. Montgomery（1998, 2005）*Corporate Strategy: A Resource-Based Approach*, Boston, Mass.: McGraw-Hill.（根来龍之・蛭田啓・久保亮一訳『資源ベースの経営戦略論』東洋経済新報社，2004 年：第 1 版の訳）

伊丹敬之（2015）『先生，イノベーションって何ですか？』PHP 研究所。

Levinson, M.（2006）*The Box How the shipping Container Made the World Smaller and the World Economy Bigger*, New Jersey: Princeton University Press.（村井章子訳『コンテナ物語—世界を変えたのは「箱」の発明だった—』日経 BP，2007 年）

Schumpeter, J. A.（1926）*Theorie der wirtschaftlichen Entwicklung*, 2. Auflage, München; Leipzig: Duncker & Humblot.（塩野谷祐一・東畑精一・中山伊知郎訳『経済発展の理論：企業者利潤・資本・信用・利子および景気の回転に関する一研究』岩波文庫，1977 年）

Schumpeter, J. A.（1950）*Capitalism, Socialism and Democracy*, 3rd edition, New York: Harper & Brothers.（中山伊知郎・東畑精一訳『資本主義・社会主義・民主主義』東洋経済新報社，1995 年：第 3 版の訳）

第 2 章

Abernathy, W. J.（1978）*Productivity Dilemma: Roadblock to Innovation in the Automobile Industry*, Baltimore, MD.: Johns Hopkins University Press.

Abernathy, W. J. and J. M. Utterback（1978）"Patterns of Industrial Innovation", *Technology Review*, 80(7), pp. 40-47.

Abernathy, W. J. and K. Clark（1985）"Innovation: Mapping the winds of creative destruction", *Research Policy*, 14, pp. 3-22.

青島矢一・延岡健太郎（1997）「プロジェクト知識のマネジメント」『組織科学』31(1)，pp. 20-36。

Burgelman, R. A., Christensen, C. M., and S. C. Wheelwright（2004）*Strategic Management of Technology and Innovation*, 4th edition, Boston, Mass.: McGraw-Hill.（櫻井祐子他訳『技術とイノベーションの戦略的マネジメント（上）』翔泳社，2007 年）

Chang, H.（2011）*23 Things They Don't Tell You About Capitalism*, Bloomsbury Pub Plc.（田村源二訳『世界経済を破綻させる 23 の嘘』徳間書店，2010 年）

Christensen, C. M.（1997）*The Innovator's Dilemma: When New Technologies Cause Great Firms to Fail*, Boston: Harvard Business School Press.（玉田俊平太監修・伊豆原弓訳『増

補改訂版 イノベーションのジレンマ』翔泳社，2001 年）

Christensen, C. M. and M. E. Raynor（2003）*The Innovator's Solution: Creating and Sustaining Successful Growth*, Boston, Mass.: Harvard Business School Press.（玉田俊平太監修・桜井裕子訳『イノベーションへの解－利益ある成長に向けて－』翔泳社，2003 年）

Freeman, C.（1974, 1982）*The Economics of Industrial Innovation*, Cambridge, Mass.: MIT Press.

Freeman, C. and L. Soete（1997）*The Economics of Industrial Innovation*, 3rd edition, London: Routledge.

Henderson, R. M. and K. Clark（1990）"Architectural innovation: The reconfiguration of existing product technologies and the failure of established firms", *Administrative science quarterly*, 35, pp. 9-30.

一橋イノベーション研究センター編（2001）『イノベーション・マネジメント入門』日本経済新聞社。

延岡健太郎（2002）『製品開発の知識』日経文庫。

Schumpeter, J. A.（1934）*Theorie der wirtschaftlichen Entwicklung*, 2. Auflage, München; Leipzig: Duncker & Humblot.（塩野谷祐一・東畑精一・中山伊知郎訳『経済発展の理論：企業者利潤・資本・信用・利子および景気の回転に関する一研究』岩波文庫，1977 年）

新宅純二郎（1994）『日本企業の競争戦略－成熟産業の技術転換と企業行動－』有斐閣。

Tidd, J., Bessant, J., and K. Pavitt（2001）*Managing Innovation: Integrating Technological, Market and Organizational Change*, 2nd edition, Hoboken: John Wiley & Sons.（後藤晃・鈴木潤監訳『イノベーションの経営学』NTT 出版，2004 年：第 2 版の訳）

Tushman, M. L. and P. Anderson（1986）"Technological Discontinuities and Organizational Environments", *Administrative Science Quarterly*, 31（3）, pp. 439-465.

和田一夫（2009）『ものづくりの寓話－フォードからトヨタへ－』名古屋大学出版会。

第 3 章

David, P.（1985）"Clio and the Economics of QWERTY", *American Economic Review*, 75（2）, pp. 332-337.

Jensen, K. B.（2009）"Three Step Flow", *Journalism-Theory, Practices, Criticism*, 10（3）, pp. 335-337.

Katz, E.（1957）"The two-step-flow of communication. An up-to-date report on a hypothesis", *Public Opinion Quarterly*, 21, pp. 61-78.

Katz, E. and P. F. Lazarsfeld（1955）*Personal Influence. The Part Played by People in the Flow of Mass Communication*, New York: Free Press.

経済産業省（2014）『通商白書 2013』https://www.meti.go.jp/report/tsuhaku2013/2013honbun/i2210000.html（閲覧日：2020 年 4 月 29 日）

Lazarsfeld, P. F., Berelson, B. and Gaudet, H.（1944）. *The People's Choice*, New York: Free Press.（時野谷浩訳『ピープルズ・チョイス：アメリカ人と大統領選挙』芦書房，1987 年：第 3 版の訳）

宮崎智彦（2008）『ガラパゴス化する日本の製造業』東洋経済新報社。

Moore, G. A.（1991, revised 1999, 2014）*Crossing the Chasm: Marketing and Selling Disruptive Products to Mainstream Customers*, Harper Business Essentials.（川又政治訳『増補改訂版 キャズム－新商品をブレイクさせる「超」マーケティング理論－』翔泳社，2014 年：

第 3 版の訳）

Rogers, M.（1962, revised 1971, 1983）*Diffusion of Innovations*, New York: The Free Press of Glencoe.（青池慎一・宇野善康監訳『イノベーション普及学』産能大学出版部，1990 年：第 3 版の訳）

第 4 章

Abernathy, W. J.（1978）*Productivity Dilemma: Roadblock to Innovation in the Automobile Industry*, Baltimore, MD.: Johns Hopkins University Press.

Abernathy, W. J., and J. M. Utterback（1978）"Patterns of industrial innovation", *Technology Review*, 80(7), pp. 40-47.

Abernathy, W. J., Clark, K., and A. M. Kantrow（1983）*Industrial Renaissance*, New York: Basic Books.

Foster, R.（1986）*Innovation: The Attacker's Advantage*, New York, NY.: Summit Books.（大前研一訳「イノベーション－限界突破の経営戦略－」TBS ブリタニカ，1987 年）

井上達彦（2012）『模倣の経済学－偉大なる会社はマネから生まれる－』日経 BP。

Kim, L.（1997）*Imitation to Innovation: The Dynamics of Korea's Technological Learning*, Boston, Mass.: Harvard Business School Press.

Kotler, P. and G. Armstrong（2017）*The Principles of Marketing*, 17th edition, Harlow: Pearson

Kuhn, T.（1962）*The Structure of Scientific Revolutions*, Chicago: The University of Chicago Press.（中山茂訳『科学革命の構造』みすず書房，1971 年）

桑田耕太郎・新宅純二郎（1986）「脱成熟の経営戦略－腕時計産業におけるセイコーの事例を中心に－」土屋守章編著『技術革新と経営戦略』第 9 章，日本経済新聞社。

Shenkar, O.（2010）*Copycats: How Smart Companies Use Imitation to Gain a Strategic Edge*, Boston, Mass.: Harvard Business Review Press.（井上達彦・遠藤真美訳『コピーキャット－模倣者こそがイノベーションを起こす－』東洋経済新報社，2013 年）

新宅純二郎（1994）『日本企業の競争戦略－成熟産業の技術転換と企業行動－』有斐閣。

Utterback, J.（1994）*Mastering the Dynamics of Innovation: How Companies Can Seize Opportunities in the Face of Technological Change*, Boston, Mass.: Harvard Business School Press.（大津正和・小川進訳『イノベーション・ダイナミクス－事例から学ぶ技術戦略－』有斐閣，1998 年）

第 5 章

Bush, V.（1945）*Science: The endless frontier*, United States Government Printing Office, Reprinted July 1960, National Science Foundation; Reprinted 1995, North Stratford, NH.: Ayer.

Isaacson, W.（2011）*Steve Jobs: The Biography*, Abacus.（井口耕二訳『スティーブ・ジョブズ I』講談社，2011 年）

伊丹敬之（2015）『先生，イノベーションって何ですか？』PHP 研究所。

Joshua W. Shenk（2014）*Powers of Two; Finding the Essence of Innovation in Creative Pairs*, New York, NY.: Dunow, Carlson and Lerner Literary Agency.（矢羽野薫訳『二人で一人の天才』英治出版，2017 年）

Kline, S. J. and N. Rosenberg（1986）"An Overview of Innovation.", *The Positive Sum Strategy*, edited by Ralph Landau and Nathan Rosenberg, Washington, D.C.: National Academy Press.

近能善範・高井文子（2010）『コア・テキスト イノベーション・マネジメント』新世社。

南英世「CM 料金っていくらくらい？」『南英世の政治・経済学教室』http://homepage1. canvas.ne.jp/minamihideyo/gensya-CMryoukin.htm

永田晃也（2015）「キーワードで理解するイノベーションマネジメント(3) リニアモデル」『QT PRO モーニングビジネススクール Web 版』https://qtnet-bs.jp/blog/2015/07/3-5. html

中島聡（2008）『おもてなしの経営学』アスキー新書。

中村末広（2004）『ソニー中村研究所 経営は「1・10・100」』日本経済新聞社。

日本経済新聞（2007）「第 4 部何が阻むのか(1)心地よい国内」『日本経済新聞』2007 年 2 月 28 日。

日本経済新聞（2013）「休眠特許で中小企業を元気に」『日本経済新聞』2013 年 9 月 22 日。

日経トレンディ（2014）「去りゆく製品 昨日まで明日から 第一回 パナソニック プラズマ VIERA」『日経トレンディ』2014 年 7 月号，pp. 122-124，日経 BP。

西餅（2014-2015）『ハルロック①〜④』講談社。

小川進（2010）「イノベーションの民主化」日本経済新聞社編『これからの経営学』pp. 136-151，日経ビジネス人文庫。

左藤真通（2016-2017）『アイアンバディ①〜④』講談社。

第 6 章

Griffin, A. Price, R. L. and B. Vojak（2012）*Serial innovators: How individuals create and deliver breakthrough innovations in mature firms*, Stanford, CA.: Stanford Business Books.（市川文子・田村大監訳，東方雅美訳『シリアルイノベータ 非シリコンバレー型イノベーションの流儀ー』プレジデント社，2014 年）

伊丹敬之（2015）『先生，イノベーションって何ですか？』PHP 研究所。

加護野忠男（1999）『「競争優位」のシステム：事業戦略の静かな革命』PHP 新書。

上條昌宏（2000）『松下のかたち』AXIS。

松本陽一（2011）「イノベーションの資源動員と技術進化：カネカの太陽電池事業の事例」『組織科学』第 44 巻第 3 号，pp. 70-86。

三菱電機ホームページ「デザインのスペシャリスト プロダクトデザイン中町剛」http://www.mitsubishielectric. co. jp/corporate/randd/list/design/index. html（アクセス日 2016 年 4 月 24 日）

日本インダストリアルデザイナー協会（2006）『ニッポン・プロダクト デザイナーの証言 50』美術出版社。

日本経済新聞（1997）「普及する家庭用ファックス」『日本経済新聞』1997 年 5 月 5 日。

日本経済新聞（2013）「通る企画書 ここが違う」『日本経済新聞』2013 年 4 月 16 日。

日本経済新聞（2017）「内部留保活用探る 金融庁，説明責任など指針策定へ」『日本経済新聞』2017 年 10 月 18 日。

日経デザイン（2002）「徹底した自立路線が越えるべき壁」『日経デザイン』2002 年 6 月号，pp. 76-78，日経 BP。

日経デザイン（2016）「三菱電機 入魂のエアコンは市場を変えるか」『日経デザイン』2016 年 4 月号，pp. 7-8，日経 BP。

日経流通新聞（2003）「デジカメさらり，女性に照準，スマートに」『日経流通新聞』2003 年 1 月 11 日。

参考文献

酒井正明（1997）「商品デザイン デザイン戦略遂行にむけた人材育成・組織・マネジメント」『Business Research』No. 880, pp. 34-43, 企業研究会。

佐藤由紀子（2012）「Google, 時価総額で初の Microsoft 超え」『IT media NEWS』http://www.itmedia.co.jp/news/articles/1210/02/news028.html

Schumpeter, J. A.（1926）*Theorie der wirtshaftlichen Entwicklung*, 2 Auflage, München; Leipzig, Duncker & Humblot.（塩野谷祐一・中山伊知郎・東畑精一訳『経済発展の理論』岩波書店, 1977 年）

Schumpeter, J. A.（1942）*Capitalism, Socialism and Democracy*, Harper & Brother.（中山伊知郎・東畑精一訳『資本主義・社会主義・民主主義』東洋経済新報社, 1995 年：第 3 版の訳）

ソニー（1987）「歩みつづけるウォークマン」『デザインの現場』1987 年 12 月 No. 24, pp. 114-121, 美術出版社。

Statcounter Global Stats "OS-Market-Share" http://gs.statcounter.com/os-market-share

武石彰・青島矢一・軽部大（2012）『イノベーションの理由－資源動員の創造的正当化－』有斐閣。

TEDx Seeds「濱口 秀司」http://tedxseeds.org/Speaker/濱口%e3%80%80秀司/

渡辺英夫＋「超感性経営」編集委員会（2009）『超感性経営』ラトルズ。

第 7 章

Foster, R.（1986）*Innovation: The Attacker's Advantage*, New York: Summit Books.（大前研一訳『イノベーション－限界突破の経営戦略－』TBS ブリタニカ, 1987 年）

Hamel, G. and C. Prahalad（1994）*Competing for The Future*, Harvard Business School Press.（一条和生訳『コア・コンピタンス経営』日本経済新聞社, 1995 年）

入江信一郎（2015）「複数の技術の相互的構成としての技術革新：置き換えを棲み分けの失敗と理解する」『組織学会大会論文集』第 4 巻 1 号, pp. 170-175, 組織学会。

近能善範・高井文子（2010）『コア・テキスト イノベーション・マネジメント』新世社。

Leonard-Burton, D.（1995）*Wellsprings of Knowledge: Building and Sustaining the Source of Innovation*, Boston, Mass.: Harvard Business School Press.（阿部孝太郎・田畑暁生訳『知識の源泉:イノベーションの構築と持続』ダイヤモンド社, 2001 年）

日本経済新聞（1998）「東芝・シャープ, 平面ブラウン管, ワイド TV 投入」『日本経済新聞』1998 年 1 月 21 日。

日本経済新聞（2000）「シャープ社長町田勝彦氏 液晶テレビで大勝負」『日本経済新聞』2000 年 8 月 21 日。

日本経済新聞（2018）「AI 搭載有機 EL テレビ, LG 電子, 音声で番組検索」『日本経済新聞』2018 年 3 月 6 日。

日経ビジネス（2012）「家電"博打の時代"の終わり」『日経ビジネス』2012 年 3 月 26 日号, pp. 10-11, 日経 BP。

日経エレクトロニクス（2014）「シャープの中小型液晶事業 問われる IGZO の実力」『日経エレクトロクス』2014 年 7 月 7 日号, pp. 12-13, 日経 BP。

山口栄一（2016）『イノベーションはなぜ途絶えたのか：科学立国日本の危機』ちくま新書。

第 8 章

Christensen, C. M.（1997）*The Innovator's Dilemma: When New Technologies Cause Great Firm to Fail*, Boston, Mass.: Harvard Business School Press.（増補改訂版 玉田俊平太監修・

伊豆原弓訳『イノベーションのジレンマー技術革新が巨大企業を滅ぼすときー』翔泳社，2001 年）

Christensen, C. M. and M. E. Raynor (2003) *The Innovator's Solution: Creating and Sustaining Successful Growth*, Boston, Mass.: Harvard Business School Press. (玉田俊平太監修・櫻井祐子訳『イノベーションへの解－利益ある成長に向けてー』翔泳社，2003 年）

Govindarajan, V. and C. T. Trimble (2010) *The Other Side of Innovation: Solving the Execution Challenge*, Boston, Mass.: Harvard Business Review Press. (吉田利子訳『イノベーションを実行する－挑戦的アイデアを実現するマネジメントー』NTT 出版，2012 年）

近能善範・高井文子 (2010)『コア・テキスト イノベーション・マネジメント』新世社。

三波春夫オフィシャルサイト「"お客様は神様です"について」http://www.minamiharuo.jp/profile/index2.html

日本経済新聞 (2013)「PS4 日本は 2 月販売」『日本経済新聞』2013 年 9 月 10 日。

佐藤卓 (2017)『大量生産品のデザイン』PHP 新書。

柴田友厚 (2012)「企業，新技術適応の条件（経済教室）」『日本経済新聞』2012 年 3 月 2 日。

Tushman, M. L. and C. A. O'Reilly Ⅲ (1997) *Winning through Innovation: A Practical Guide to Leading Ordanizaitional Change and Renewal*, Boston, Mass.: Harvard Business School Press. (斎藤彰悟・平野和子訳『競争優位のイノベーション』ダイヤモンド社，1997 年）

Video Game Sales Wiki "Seventh generation of video games" http://vgsales.wikia.com/wiki/Seventh_generation_of_video_games

第9章

Chesbrough,H. (2003) *Open Innovation: The New Imperative for Creating and Profiting from Technology*, Boston, Mass.: Harvard Business School Press. (大前恵一朗訳『オープン・イノベーション－ハーバード流イノベーション戦略のすべてー』産業能率大学出版部，2004 年）

Janis, I. L. (1972) *Victims of Groupthink: A Psychological Study of Foreign-Policy Decisions and Fiascoes*, Boston, Mass.: Houghton Mifflin.

軽部大 (2017)「イノベーションと企業の栄枯盛衰」一橋大学イノベーション研究センター編『イノベーション・マネジメント入門　第2版』pp. 50-79，日本経済新聞出版社。

栗木契・水越康介・吉田満梨 (2012)『マーケティング・リフレーミング』有斐閣。

日本経済新聞 (2005)「新旧価値の衝突(2) ブログ炎上－皆のもの，信奉意識にズレー」『日本経済新聞』2005 年 10 月 22 日。

日本経済新聞 (2018)「携帯3社 対 LINE でようやく結束」『日本経済新聞』2018 年 4 月 11 日

日経ビジネス (2012)「バスの未来」『日経ビジネス』2012 年 7 月 19 日号，pp. 58-61，日経 BP。

小川進 (2010)「イノベーションの民主化」日本経済新聞社編『これからの経営学』pp. 136-151，日経ビジネス人文庫。

小川進 (2013)『ユーザーイノベーション－消費者から始まるものづくりの未来ー』東洋経済新報社。

Pisano, Gary P. and Verganti, R., (2008) "Which Kind of Collaboration Is Right for You ?", *Harvard Business Review*, December. (鈴木泰雄訳「コラボレーションの原則」DIAMOND ハーバード・ビジネス・レビュー編集部編『DIAMOND ハーバード・ビジネス・レビュー』2009 年 4 月号，ダイヤモンド社）

参考文献

榊原清則（1995）『日本企業の研究開発マネジメント："組織内同形化"とその超克』千倉書房。

von Hippel, E.（2005）*Democratizing innovation*, Cambridge, Mass.: MIT Press.（サイコム・インターナショナル監訳『民主化するイノベーションの時代－メーカー主導からの脱皮－』ファーストプレス，2006 年）

第 10 章

阿部夏子（2015）「大手メーカー出身者が立ち上げた新たな家電ブランド"cado"とは」『家電 Watch』https://kaden.watch.impress.co.jp/docs/column/newtech/687105.html

福井次郎（2003）『映画産業とユダヤ資本』早稲田出版。

福嶋路（2013）『ハイテク・クラスターの形成とローカル・イニシアティブ：テキサス州オースティンの奇跡はなぜ起こったのか』東北大学出版会。

伊丹敬之（2015）『先生，イノベーションって何ですか？』PHP 研究所。

Joshua. W. Shenk（2014）*Powers of Two; Finding the Essence of Innovation in Creative Pairs*, New York, NY.: Dunow, Carlson and Lerner Literary Agency.（矢羽野薫訳『二人で一人の天才』英治出版，2017 年）

北野圭介（2017）『新版 ハリウッド 100 年史講義：夢の工場から夢の王国へ』平凡社新書。

小林三郎（2012）『ホンダ イノベーションの神髄』日経 BP。

クラボウホームページ「沿革／企業情報」http://www.kurabo.co.jp/company/chronology.html

クラレホームページ「沿革・会社概要」http://www.kuraray.co.jp/company/history

前田育男（2018）『デザインが日本を変える：日本人の美意識を取り戻す』光文社新書。

日経ビズテック（2005）「特集② イノベーションで成り上がる広島発祥企業の研究」『日経 bizTech』2005 年 10 月 25 日号，pp. 125-163，日経 BP。

延岡健太郎（2011）『価値づくり経営の論理：日本製造業の生きる道』日本経済新聞出版社。

澤泉重一（2014）『偶然からモノを見つけ出す能力：「セレンディピティ」の活かし方』角川 one テーマ 21。

solyueyang（2021）「ハリウッド映画界，ウォール街，メディア界で活躍するユダヤ人」『インテグラルで行こう！』https://body-heart-mind-soul.com/?p=250

菅下清廣（2015）『歴史から学ぶお金の未来予測』かんき出版。

WHILL ホームページ「創業ストーリー」https://whill.inc/jp/

山口栄一（2016）『イノベーションはなぜ途絶えたのか：科学立国日本の危機』ちくま新書。

第 11 章

Brandenburger, A. N. and B. J. Nalebuff（1996）*CO-Opetition*, New York, NY.: Doubleday Business.（東田啓作訳『ゲームで勝つ経営－競争と協調のコーペティション戦略－』日経ビジネス人文庫，2003 年）

Christensen, C. M.（1997）*The Innovator's Dilemma: When New Technologies Cause Great Firms to Fail*, Boston, Mass.: Harvard Business School Press.（伊豆原弓訳『イノベーションのジレンマ－技術革新が巨大企業を滅ぼすとき－』翔泳社，2001 年）

Christensen, C. M. and R. Rosenbloom（1995）"Explaining the attacker's advantage: Technological paradigms, organizational dynamics, and the value network", *Research Policy*, 24（2）, pp. 233-257.

Cooke, P.（1998）"Introduction," in Braczyk, H., Cooke, P., and Heidenreich, M., editors,

Regional System of Innovation, New York, NY.: Routledge.

Cornell University, INSEAD and WIPO（2020）"Global Innovation Index2020" https://www.wipo.int/global_innovation_index/en/2020/（アクセス日 2021 年 5 月 1 日）

Dosi, G.（1982）"Technological Paradigms and Technological Trajectories," *Research Policy*, 11, pp. 147-162.

Gawer, A. G. and M. A. Cusumano（2002）*Platform Leadership: How Intel, Microsoft, and Cisco Drive Industry Innovation*, Boston, Mass.: Harvard Business School Press.（小林敏男監訳『プラットフォーム・リーダーシップ』有斐閣，2005 年）

Iansiti, M. and R. Levien（2004）*The Keystone Advantage*, Boston, Mass.: Harvard Business School Press.

Moore, J. F.（1993）"Predators and Prey: A New Ecology of Competition", *Harvard Business Review*, 71(3), pp. 75-86.

Moore, J. F.（1996）*The Death of Competition-Leadership and Strategy in the Age of Business Ecosystems*, New York, NY.: Harper Business.

Nelson, R. R., ed.（1993）*National Innovation Systems: A Comparative Analysis*, New York, NY.: Oxford University Press.

Niosi, J.（2002）"National Systems of Innovations are "x-efficient"（and x-effective）: Why some are slow learners", *Research Policy*, 31, pp. 291-302.

OECD（Organisation for Economic Cooperation and Development）（1997）"National Innovation Systems" https://www.oecd.org/science/inno/2101733.pdf（アクセス日 2021 年 4 月 5 日）

OECD（1999）*Managing National Innovation Systems*, Paris, OECD Publishing.

Patel, P. and K. Pavitt（1994）"The nature and economic importance of National innovation systems", *STI Review*, 14, pp. 9-32.

Porter, M. E.（1985）*Competitive Advantage; Creating and Sustaining Superior Performance*, New York, NY.: The Free Press.（土岐坤訳『競争優位の戦略―いかに高業績を持続させるか―』ダイヤモンド社，1985 年）

Rosenbloom, R. S. and W. J. Spencer（1996）*Engines of Innovation*, Boston: Harvard Business School Press.

第12章

Eisenmann, T., Parker, G. and M. V. Alstyne（2006）"Strategies for two-sided markets", *Harvard Business Review*, 84(10), pp. 92-101.

Friedman, T.（1996）*The World is Flat: A Brief History of the TwentyFirst Century*, New York, NY.: Farra.（伏見威蕃訳『増補改訂版 フラット化する世界（上）（下）』日本経済新聞出版社，2008 年）

Gawer, A. G. and M. A. Cusumano（2002）*Platform Leadership: How Intel, Microsoft, and Cisco Drive Industry Innovation*, Boston, Mass.: Harvard Business School Press.（小林敏男監訳『プラットフォーム・リーダーシップ』有斐閣，2005 年）

Geoffrey G., P., Marshall, Alstyne, W. V. and S. P. Choudary（2016）*Platform Revolution: How Networked Markets Are Transforming the Economy and How to Make Them Work for You*, New York, NY.: W. W. Norton.（妹尾堅一郎・渡部典子訳『プラットフィーム・レボリューション』ダイヤモンド社，2018 年）

Govindarajan. V. and C. Trimble（2012）*Reverse Innovation: Create Far from Home, Win Everywhere*, Boston, Mass.: Harvard Business Review Press.（渡部典子訳『リバース・イノベーション―新興国の名もない企業が世界市場を支配するとき―』ダイヤモンド社，2012 年）

伊藤亜聖（2020）『デジタル化する新興国』中公新書。

岩本晃一・井上雄介編著（2017）『中小企業が IoT をやってみた―試行錯誤で獲得した IoT の導入ノウハウ―』日刊工業新聞社。

松尾豊（2015）『人工知能は人間を超えるのか―ディープラーニングの先にあるもの―』KADOKAWA。

根来龍之（2017）『プラットフォームの教科書―超速成長ネットワーク効果の基本と応用―』日経 BP。

日本経済新聞（2015）「最高の酒に杜氏はいらない「獺祭」支える IT の技」『日本経済新聞電子版』2015 年 3 月 24 日。

日経 xTECH・日経コンピュータ編集（2018）『まるわかり！ IoT ビジネス 2019 50 の厳選事例』日経 BP。

Ostry, S. and R. R. Nelson（1995）*Techno-Nationalism and Techno-Globalism: Conflict and Cooperation*, Washington, D.C.: Brookings Institution.（新田光重訳『テクノ・ナショナリズムの終焉』大村書店，1998 年）

Shapiro, C. and H. Varian（1997）*Information Rules: A Strategic Guide to the Network Economy*, Boston, Mass.: Harvard Business Review Press.（大野一訳『情報経済の鉄則 ネットワーク型経済を生き抜くための戦略ガイド』日経 BP，2018 年）

Siebel, T. M.（2019）*Digital Transformation: Survive and Thrive in an Era of Mass Extinction*, New York, NY.: RosettaBooks.

田中道昭（2019）『GAFA×BATH―米中メガテックの競争戦略―』日本経済新聞出版社。

第 13 章

Akiike, A（2017）"Establishing Galapagos Ke-tai's Dominant Industrial Design", *Annuals of Business Administrative Science*, Vol. 16, No. 6, pp. 287-300.

Brown, T.（2009）*Change by Design: How Design Thinking Transforms Organizations and Inspires Innovation*, New York, NY.: Harper Collins Publishers.（千葉敏生訳『デザイン思考が世界を変える』早川書房，2010 年）

Brown, T. and B. Katz.（2011）"Change by Design", *Journal of Product Innovation and Management*, Vol. 28, Issue3, pp. 381-383.

長谷川光一・永田晃也（2010）「日本企業のデザインマネジメント：平成 20 年度民間企業の研究開発活動に関する調査結果より」『研究・技術計画学会 年次学術大会講演要旨集』Vol. 25, pp. 641-644, 研究・技術計画学会。

深澤直人（2002）「気づかないインタフェイス」情報デザインアソシエイツ編『情報デザイン：分かりやすさの設計』pp. 99-109, グラフィック社。

磯野誠（2014）『新製品コンセプト開発におけるデザインの役割』丸善出版。

伊丹敬之（2015）『先生，イノベーションって何ですか？』PHP 研究所。

久保吉人（2018）「成熟市場におけるデザインドリブンイノベーション：高級扇風機にみる家電ベンチャー企業 2 社の比較事例研究」『Venture Review』Vol. 31, pp. 47-61, 日本ベンチャー学会。

Leonard-Barton, D and J. Rayport（1997）"Spark Innovation Through Empathic Design", *Harvard Business Review*, Nov.-Dec, pp. 102-113.

Maeterlinck, M（1908）*L'Oiseau bleu*（堀口大學訳『青い鳥』新潮社，1960 年）

安松健（2017）「発想法としての KJ 法：クリエイティブ思考の源流を求めて」『行動観察研究所』http://og.kansatsu.jp/column/detail/34

Manchester University（2009）*Design in Innovation: Coming out from theShadow of R&D, An analysis of the UK Innovation Surveys of 2005*, Department for Innovation, Universities and Skills, HM Government.

Marsili, O. and A. Salter（2006）The Dark Matter of Innovation: Design and Innovative Performance in Dutch Manufacturing, *Technology Analysis and Strategic Management*, Vol. 18, No. 5, pp. 515-534.

森永泰史（2016）『経営学者が書いたデザインマネジメントの教科書』同文館出版。

村山斉（2010）『宇宙は何でできているのか』幻冬舎新書。

日本経済新聞（2008）「イノベーションが日本を活性化する：知識・企業・イノベーションのダイナミズム」『日本経済新聞』2008 年 1 月 27 日。

日本経済新聞（2013）「経営の視点：ジョブズという基準」『日本経済新聞』2013 年 8 月 5 日。

日経ビジネス（2016）「世界鳥瞰 米，起業家はデザイナーの時代」『日経ビジネス』2016 年 6 月 13 日号，p. 152，日経 BP。

日経エレクトロニクス（2007）「なぜウチの会社では iPhone が作れないのか（第 1 部）」『日経エレクトロニクス』2007 年 9 月 24 日号，pp. 68-73，日経 BP。

長田真（2016）『デザインは神秘的なモノから方法やプロセスに変わった：DESIGN for Innovation 2016 レポート』https://digiday.jp/brands/report_design-for-innovation-2016/

takram design engineering（2014）『デザイン・イノベーションの振り子』LIXIL 出版。

東京大学 i・school 編（2010）『世界を変えるイノベーションのつくりかた』早川書房。

Utterback, J. M. , B. Vedin, E. Alvarez, S. Ekman, B. Tether, S. W. Sanderson and R. Verganti（2006）*Design-inspired Innovation*, Singapore: World Scientific Pub.（サイコム・インターナショナル監訳『デザイン・インスパイアード・イノベーション』ファーストプレス，2008 年）

Verganti, R.（2008）*Design-Driven Innovation: Changing the Rules of Competition by Radically Innovation What Things Mean*, Boston, Mass.: Harvard Business School Press.（佐藤典司・岩谷昌樹・八重樫文・立命館大学経営学部 DML 訳『デザイン・ドリブン・イノベーション』同友館，2012 年）

Walsh, V.（1996）"Design, Innovation, and the Boundaries of the Firm.", *Research Policy*, Vol. 25, pp. 509-529.

鷲田祐一（2014）『デザインがイノベーションを伝える：デザインの力を活かす新しい経営戦略の模索』有斐閣。

米盛裕二（2007）『アブダクション：仮説と発見の論理』勁草書房。

索　引

事 項 索 引

あ　行

アーキテクチャルイノベーション　35
アーリー・アダプター　45, 63
アーリー・マジョリティ　45, 63
アイデア　183
アウトバウンド型　186
アウトプット　67
青い鳥　229
新しさのジレンマ　96
圧力型イノベーション　163
アニメーション産業　179
アバロビ　211
アブダクション　224, 226, 227
アプリ　8
アリペイ　203, 210
アンカリング効果　140, 142
アンバンドリング　183
EV 化　196
移行期　67, 70, 72
移転コスト　197
意図　156
イノセンティブ　147, 148
イノベーション　4, 44
　　──の公式　81
　　──のジレンマ　34
　　──のダークマター　226
　　──のダイナミクス　60
　　──のパターン　19
　　──の誘因　31
イノベーション・マネジメント論　15
イノベーター　44, 63
　　──のジレンマ　135
入れ子構造　176
インターネットバンキング　22
インバウンド型　186
インビジブル・ゴリラ　155
インプット　66
ウィーチャット　203, 210
ウォークマン　20, 36
　　──II　99
ウォッチマン　98, 99
エアバッグ　163
エアマルチプライヤー　220

エコシステム　180
応用研究　65
オート三輪　167
オーバーシューティング　128-130
　　──現象　33
オープンイノベーション　147-149
オープン性　49
置き換え　121-123
オピニオンリーダー　50, 51

か　行

改善的イノベーション　25
外注　174
外部組織　182
科学技術・イノベーション白書　65, 188
確証バイアス　140-142
革新的採用者　44
革新的イノベーション　25
革新的革新　30
可視化能力　223, 224
寡占　204
株式会社　38
　　──制度　37
観察可能性　48
ギーク　93
キーストーン　180
起業家精神　5
技術　17
　　──の革新性　30
　　──のパラダイム　175
技術革新　7
技術進歩の S 字曲線　66
技術成果　67
技術的イノベーション　15, 17
技術転換　74
基礎研究　65
基本型プラットフォーム　201
キャズム　55
逆境　159
急進的イノベーション　25
共同開発　66
霧ケ峰 style-FL シリーズ　100
均質化　145
偶然　156

クオーツ時計　29
クラウドコンピューティング　194
クラウドソーシング活用型　150, 152
グリーンファン　220
グループシンク　141, 146
クローズドイノベーション　182
グローバルイノベーション・インデックス 191
グローバル・バリュー・チェーンの寸断　191
経営情報システム　176
経営戦略論　15
経営組織論　15
経路依存性　53
ゲノム解析　195
研究開発活動　64
研究開発の影　226
研究開発力　65
研究・技術開発活動　88
コア・コンセプト　28
コア・コンピタンス　121
コア・リジディティ　121
後期多数採用者　46
構造的革新　30
交通・移動手段　10
工程イノベーション　6, 19, 23, 70
工程の改善　24
後発者の優位性　51
互換性　23, 48
顧客の志向　43
国際競争力　12
護送船団方式　187
固定期　70, 72
コミュニケーション・チャンネルの2段階流れモ
　デル　51
コミュニケーションのチャンネル　44
コミュニティ型　150
混合型プラットフォーム　203
コンソーシアム型　149
コンテナ　10
コンピュータサイエンス　183

さ　行

サークル型　149
サービスイノベーション　19, 21
採用者（購入者）の特徴　44
採用遅延者　46
作業効率　73
座シャワー　98
サプライ・チェーン　174
　──イノベーション　6
産官学連携　65
時間　44, 60
事業化活動　88
仕組みのイノベーション　37
資源動員　81, 82, 85, 86, 95, 96
試行可能性　48

試行錯誤型の問題解決能力　223, 225
自社開発　66
市場イノベーション　6
市場ニーズ　64
市場の革新性　27, 30
システムイノベーション　6
持続的イノベーション　33
自転車シェアリング　76
自動運転　14
死の谷　88-90, 96, 102, 104-107
社会システム　44, 50
シュムペーター Mark I　100
シュムペーター Mark II　100
シュムペーターの2つの仮説　101
詳細設計　64
承認図方式　174
初期市場　55
初期少数採用者　45
集団浅慮　141, 146
シリアルイノベーター　104-107
シリコンバレー　190
新結合　5, 7
新興国　58
　──のデジタル化　210
新市場型破壊　131
新製品の開発プロセス　64
深圳市　190
深層学習　195
衰退期　61
垂直統合型　182
スイッチング・コスト　198
炊飯器　20
水平分業構造　183
スーツ　93
隙間創造　30
ストリーミング・サービス　22
スマートフォン　8, 20, 35
スマート・ファクトリー　206
すみ分け　121-123
正規分布曲線　44, 46
成功体験　127
生産性のジレンマ　73
成熟期　61
生態系　180
精緻化　61
成長期　61
制度のイノベーション　37
製品イノベーション　6, 19, 70
製品開発活動　88
製品コンセプト　64
製品システム　175
　──知識　36
製品ライフサイクル　61
セイフティー自転車　36, 37
世界競争力年鑑　12

世界経済フォーラム　195
セレンディピティ　155
前期多数採用者　45
漸進的イノベーション　25
洗濯機　20
千三つ　87,91
創造性　186
創造的破壊　5
相対的優位性　47
組織　37
　　――イノベーション　6
　　――内同形化　141,145

た　行

ダーウィンの海　88,90
耐久消費財普及率　58
タイヤコード　69
第4次産業革命　14,195
大量生産システム　23
癩祭　208
脱成熟化　73
地域　189
　　――創生　190
知識　67
　　――創造　81,82
知的財産権　182
中央研究所　182
中核企業　180
中核硬直性　121
中核能力　121
中関村　190
通常的革新　31
通信技術　9
つづら折り　157
ディープラーニング　195
テイクオフ　67
ディスク・ドライブ　176
データ・ドリブン・エコノミー　207
適時供給　76
テクノハブ　211
テクノロジーアダプション・ライフサイクル　56
テクノロジー・プッシュ　82
デザイナーのファシリテータ化　224
デザイン思考　229
デジタル・トランスフォーメーション　194,205
デジタル技術　197
デジタル経済　194
デジタル決済　50
デスバレー国立公園　90
デマンド・プル　82
電子商取引　11
電子マネー　50,203
動機型イノベーション　163
導入期　61
独占　204

ドミナント・デザイン　31,72
共食い　118-120
トヨタ生産システム　26
トレードオフ　73
ドローン　197

な　行

ナイロン　68
ナショナルイノベーション・システム　188
ニッチ・プライヤー　180
二刀流経営　135
ネット上の口コミ　52
ネットワーク外部性　49,197
　　――の間接効果　49
ネットワーク効果　49,197
能力増強型イノベーション　27
能力破壊型イノベーション　27
のまネコ騒動　152

は　行

媒介型プラットフォーム　202
ハイクリーンデラックス　99
破壊的イノベーション　33,34,131,137
初音ミク　152
ハリウッド　161
バリュー・チェーン　173
バリュー・ネットワーク　126-128,136,137,175
半導体エコシステム　181
バンドワゴン効果　199
ビジネス・エコシステム　180
ビッグデータ　14,194,203
ピラミッディング　151
非連続性　5
非連続的なイノベーション　26
非連続的な変化　6
品質の管理の可視化　209
ファースト・ムーバー　182
ファックスホン　97,98
ファッション性　29
フィードバック・ループ　85
フィンテック　22
フォーチュン500社　14
普及　43,81,82,86-88
　　――曲線　46
　　――スピード　42
　　――率　56
複雑性　48
複製コスト　197
物流　24
部品間のつなぎ方　35
部品に関する知識　36
ブラックボックス方式　174
フラットテレビ　98
プラットフォーム・ビジネス　194,200
プラットフォーム共通化　200

プラットフォーム戦略　204
フリー　144
プレイステーション3　130
フレーミング　140, 144
プロセスイノベーション　6, 19, 23, 70
プロダクトイノベーション　6, 19, 70
ブロックチェーン　196
分散型ネットワーク　196
分断的イノベーション　34, 131
ペニー・ファージング型自転車　36
ベルトコンベアー　23
便益　47
ポストイット　155
ポリエステル　68

ま　行

マーケットイノベーション　6
埋没原価　118, 119
マスキー法　164
マテリアルイノベーション　6
魔の川　88-90, 96, 102, 104-107
ミニディスク　55
メイン市場　56
メダル落としゲーム　164
モール型　149
モジュール化　183
モデルA　28
モデルT　28
モバイル　20
　——通信　181
モバHO！　86
模倣　76

や　行

山田錦　209
ユーザーイノベーション　147, 150
ユーザーエクスペリエンス　216
ユニークな認知スタイル　223

ら　行

ライセンシング　66
ラガード　46, 63
リージョナルイノベーション・システム　189
リードユーザー活用型　150-152
リニアモデル　83
リバースイノベーション　211
リバース・エンジニアリング　76
流通　24
流動期　70, 71
量産エンジニアリング　64
両刀使いの経営　135
両立可能性　48
ルビンの壺　112, 113
レイト・マジョリティ　46, 63
レーヨン　68

連鎖モデル　84
連続的なイノベーション　26
ローエンド　133
　——型破壊　131, 133
ロータリー・キルン　40
録音媒体　55
ロックイン　199

数字・欧字

2段階流れモデル　52
3Dプリンター　197
3段階流れモデル　52
4P戦略　62
5G　197
5つの採用者グループ　44
AI　14, 194, 195
Alpha GO Lee　195
Amazon Music　22
Amazon Prime Video　22
Apple Music　22
Apple Pay　203
ATM　21
au PAY　203
A型フォード　28
CASE革命　196
CT　21, 121
CVCCエンジン　163
DiDi　210
Dvorak式配列　54
GAFA　194
Google Pay　203
ICT　24
IoT　49, 194
iPhone　20, 216, 217, 219
iPod　55, 86
iモード　87
KOMTRAX　208
LINE Pay　203
Lモード　86
Mac　198
Master　203
MDウォークマン　55
Mobike　76
MRI　21, 121
NARUMIO　218
Netflix　22
Nintendo Switch　201
Office　198
ORIZURU　219
OS　179
OSORO　218
OTTビジネス　22
PayPay　203
Play Station4　201
PLC　61

QQ　210
QWERTY 式配列　54
R360 クーペ　167
SDGs　196
Socitey5.0　196
Spotify　22
S 字型普及曲線（S 字曲線）　44, 114-116, 118-120,
　123, 136

TikTok　210
T 型フォード　28
Uber Taxi　202
VISA　203
Wii　216, 217
Windows　198
　——95　50

人名索引

アイヴ（Jonathan P. Ive）　221
アッターバック（James M. Utterback）　70
アバナシー（William J. Abernathy）　30, 70
イアンシティ（Marco Iansiti）179
イ・セドル（Lee Sedol）　195
井深大　93
ウォズニアック（Stephen G. Wozniaik）　93
ウォルポール（Horace Walpole）　155
漆原篤彦　105
エジソン（Thomas A. Edison）161
遠藤千咲　105

カーライル（Thomas Carlyle）　92
クーン（Thomas S. Kuhn）　75
クラーク（Kim Clark）　30, 35
クリステンセン（Clayton M. Christensen）32,
　175
グリフィス（David W. Griffiths）92
黒崎正彦　86
古賀宣行　159
コグート（Bruce M. Kogut）　217
ゴビンダラジャン（Vijay Govindarajan）　211,
　214

桜井博志　209
左藤真通　94
ジェフリー（Geoffrey G. Parker）　203
シュムペーター（Joseph A. Schumpeter）　4, 100
ジョブズ（Steven P. Jobs）　20, 93
杉江理　159
鈴木健　159

高須賀宣　104
田子學　218

チェッチェ（Dieter Zetsche）196
出川通　89
ドシ（Giovanni Dosi）　175
ドボラク（Augaust Dvorak）　54
トリンブル（Cris Trimble）　211, 214

内藤淳平　159
中町剛　105
中村末広　91
西餅　94
ノイマン（John von Neumann）　92

パース（Charles S. Peirce）　224
濱门秀司　104
フォスター（Richard N. Foster）　66, 122
福岡宗明　159
藤沢武夫　93
フリードマン（Thomas L. Friedman）　211
ヘンダーソン（Rebecca M. Henderson）　35
本田宗一郎　93, 166

マクリーン（Malcolm P. McLean）　10
松下幸之助　99
松本博子　105
三波春夫　134
ムーア（Geoffrey A. Moore）　55
盛田昭夫　93, 100

レビーン（Roy Levien）　179
ローゼンブルーム（Richard S. Rosenbloom）175
ロジャース（Everett M. Rogers）43, 44, 55

和田一夫　23

アクセンチュア　222
旭酒造　208
アップル　8, 86, 93, 200, 216, 219–221, 223, 225
アマゾン　11, 52, 200, 222
アメリカン・ビスコース　68
アリババ　202, 204
イーストマン・コダック　137
石野製作所　167
インスタグラム　203, 221
インテル　181
ウーバー　21
ウォルマート　214
運輸省　163
エアビーアンドビー　52, 202, 221
エアロボティクス　211
エイベックス　153
エクレア　159
オクスフォード大学　211
オリンパス　159

カドー　159
カネボウ　165
キネティック　97, 98
キヤノン　97, 98
京セラ　3
キリン　144
クアルコム　181
グーグル　102, 200, 222
倉敷絹織　166
倉敷紡績　166
倉敷レーヨン　166
クラリーノ　166
クラレ　166
クリプトン　152
ケープタウン大学　211
現代自動車　14
コーネル大学　191
ゴールドマン・サックス　160
コマツ　208
コロンビア大学　217

サイボウズ　104
産業技術総合研究所　65
三星電子　14
三洋電機　86
シティバンク　21
シャープ　117
スウォッチ　28, 29
スズキ　166
スタンフォード大学　222
セイコー　29, 97, 98

セラニーズ　69
ゼロックス　183
ソニー　20, 91, 93, 98, 99, 116, 117, 130, 159

第一三共　3
第一製砥所　168
ダイソン　220, 221
ダイムラー　196
大和証券　158
タカラトミーアーツ　105
ディスコ　167, 168
デュポン　68, 69
テンセント　204, 222
天童木工　218
東京大学　222
東芝　3, 105
東北大学　89
東洋コルク工業　167
十勝バス　145
トヨタ　76, 101, 165, 168
豊田自動織機　166

ナーラーヤナ・フリーダヤーラヤ病院　214
鳴海製陶　218
日興証券　158
日産自動車　159
日清紡　165
任天堂　216
登ゴム工業所　168
野村証券　158

はとバス　145
パナソニック　98, 99, 104
パラマウント　161
バルミューダ　220
日立アプライアンス　105
ヒロボー　165
ピンタレスト　221
フェイスブック　200, 222
フォード自動車　23
フリーランサードットコム　210
富士通研究所　209
富士フイルム　3, 137
ボストン・コンサルティング・グループ　3
ホンダ　93, 163, 166, 168

マイクロソフト　102, 103, 179, 181, 198
増田護謨工業所　168
マッキンゼー　66
松下住設機器　98
松下電器　99

マツダ　162, 168, 169
ミカサ　168
無印良品　152
メルカリ　202
メルセデス・ベンツ　196
モーション・ピクチャー・パテンツ・カンパニー
　161
モバイル放送株式会社　87
モルガン・グレンフエル　160
モルテン　167, 168

山一證券　158
大和ミュージアム　168
ヤマハ発動機　166
ユニバーサル　161

楽天　202
ラザード・フレール　160
リアルフリート　159
良品計画　152
レゴブロック　152
ロスチャイルド　160

ワーナー・ブラザーズ　161

20世紀フォックス　161
3M　155
3QCUT　7
AT&T　49
Baidu　204
Deep Mind　195
GHQ　162
Huawei　204
IBM　176, 222
IDEO　229
IMD　12
INSEAD　191
LG　14, 118
LINE　142, 202, 203
MGM　161
NHK　158
NTT西日本　86
NTT東日本　86
QBハウス　7, 8
SAP　176
WHILL　159
WIPO　191
YouTube　52
ZARA　24
Ziba Design　105

著者紹介

具　承桓（ぐ　すんふぁん）　【第 1, 2, 3, 4, 11, 12 章執筆】

1968 年　韓国釜山生まれ
1994 年　釜山大学校商経大学経済学科卒業
1996 年　釜山大学校商経大学大学院経済学科修了（経済学修士）
2000 年　東京大学大学院経済学研究科修士課程修了（経済学修士）
2003 年　東京大学大学院経済学研究科博士課程単位取得退学
2003 年　京都産業大学経営学部専任講師として着任後，准教授を経て現職
現　在　京都産業大学経営学部・大学院マネジメント研究科　教授
　　　　博士（経済学）（東京大学；2007 年取得）

【主要業績・論文】

「自動車部品産業における 3 次元 CAD 技術の導入とその影響」（『組織科学』37(1)，2003 年）
「知識獲得経路としての合併とその成功要因」（『日本経営学会誌』17，2006 年）
『製品アーキテクチャのダイナミズム』（ミネルヴァ書房，2008 年）
『コア・テキスト 経営管理』（共著）（新世社，2009 年，2018 年（第 2 版））
『ICT イノベーションの変革分析』（共同編著）（ミネルヴァ書房，2012 年）
「日韓産業競争力転換のメカニズム－造船産業の事例－」（共著）（『組織科学』46(4)，2013 年）
"The rise of the Korean Motor Industry"（Paul Nieuwenhuis & Peter Wells（eds）. *The Global Automotive Industry*. Wiley, 2015）
「EV 市場をめぐるエコシステムの再編とイノベーション・ダイナミクス」（『研究技術計画』32(4)，2017 年）

森永泰史（もりなが　やすふみ）　【第 5, 6, 7, 8, 9, 10, 13 章執筆】

1975 年　和歌山県生まれ
1998 年　大阪市立大学商学部卒業
2001 年　神戸大学大学院経営学研究科修士課程修了
2004 年　神戸大学大学院経営学研究科より博士（経営学）を取得
　　　　神戸大学大学院経営学研究科学術研究員
2005 年　北海学園大学経営学部専任講師
2008 年　北海学園大学経営学部准教授
2014 年　北海学園大学経営学部教授
2016 年　京都産業大学経営学部教授
現　在　京都産業大学経営学部・大学院マネジメント研究科　教授

【主要業績・論文】

「デザイン（意匠）重視の製品開発」（『組織科学』39(1)，2005 年）
『デザイン重視の製品開発マネジメント』（白桃書房，2010 年）
「デザイナーを活用したデスバレー克服の可能性」（共著）（『日本経営学会誌』31，2013 年）
"Strategic Design Management Methods in Major Japanese Electronics Companies"（共著）（*International Journal of Affective Engineering*, 12(2), 2013）
『経営学者が書いたデザインマネジメントの教科書』（同文舘出版，2016 年）
「意匠情報や特許情報を活用したデザインマネジメント研究の発展可能性」（『日本知財学会誌』16(2)，2019 年）
"How Is Design Thinking Applied at R & D Stage in The Japanese Electronics Industry?"（*Markets, Globalization & Development Review*, 4(2), 2020）
『デザイン，アート，イノベーション』（同文舘出版，2021 年）

イノベーション入門
──基礎から実践まで──

2021 年 11 月 25 日 ⓒ　　　　　　初 版 発 行

著 者　具　　承 桓　　　　発行者　森 平 敏 孝
　　　　森 永 泰 史　　　　印刷者　加 藤 文 男

【発行】　　　　　株式会社　新世社
〒 151-0051　東京都渋谷区千駄ヶ谷 1 丁目 3 番 25 号
編集☎(03)5474-8818(代)　　　サイエンスビル

【発売】　　　　　株式会社　サイエンス社
〒 151-0051　東京都渋谷区千駄ヶ谷 1 丁目 3 番 25 号
営業☎(03)5474-8500(代)　　　振替 00170-7-2387
FAX☎(03)5474-8900

印刷・製本　加藤文明社
《検印省略》

ISBN978-4-88384-337-4
PRINTED IN JAPAN

サイエンス社・新世社のホームページのご案内
https://www.saiensu.co.jp
ご意見・ご要望は
shin@saiensu.co.jp まで.